D1753129

albert adrià los postres de **el bulli**

*Para Dr Spitzer
Un recuerdo Bulli 2001*

Ediciones Península

…a mi hermano Ferran

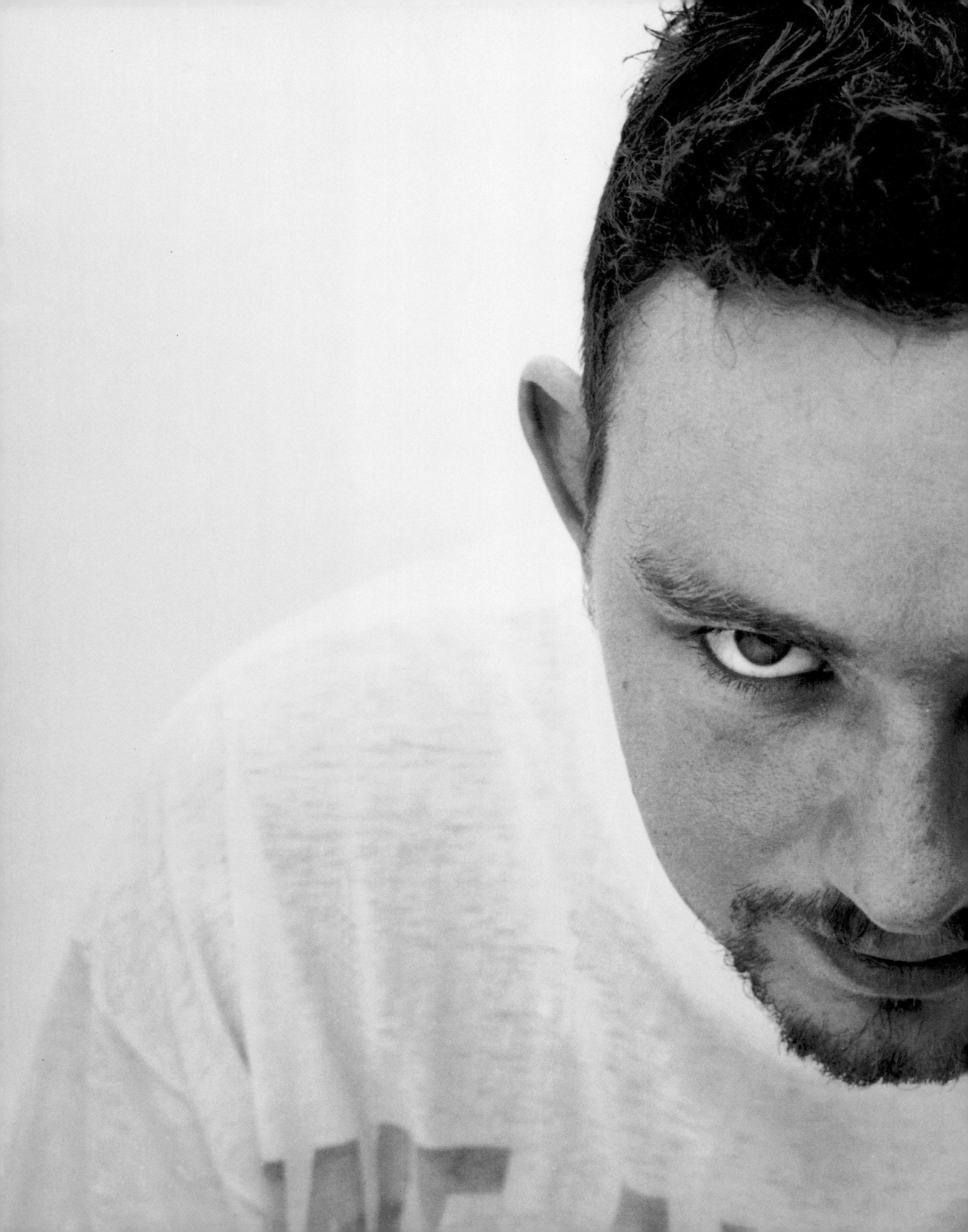

los postres de **el bulli**

albert adrià

francesc guillamet

pati núñez & laura meseguer

josep m. pinto

Ediciones Península

© Albert Adrià, 1998
© de las fotografías: Francesc Guillamet, 1998

Derechos exclusivos de la edición:
Ediciones Península, S.A., Peu de la Creu, 4, 08001 Barcelona

Diseño: Pati Núñez & Laura Meseguer (Cosmic)
Elaboración de los textos: Josep M. Pinto

Fotograbado: Paco Igual Fotograbados
Impresión y encuadernación: Cayfosa, S.A. Sta. Perpètua de Mogoda
Primera edición: octubre de 1998

ISBN: 84-8307-153-3   Dep. Leg.: B 36.648-1998

índice

presentación	9
cremas	27
crema montada	41
espumas de el bulli	57
caramelos y crocants	79
crocants líquidos	103
masas	117
gelatinas y sopas	129
salsas y reducciones	149
pastelería helada	163
frutas preparadas	187
frutas caramelizadas	205
el chocolate	219
el bulli	245
índice de nombres	252
índice de recetas	254

presentación

el libro que el lector tiene en estos momentos entre sus manos es, en cierto modo, el colofón a doce años de trabajo en el campo de la pastelería de restaurante. Esta "presentación en sociedad" tiene la finalidad de dar a conocer lo que, a raíz de mi experiencia en El Bulli, ha ido formándose, una visión personal de la pastelería cuyos caminos se han forjado en estrecha relación con los del estilo de cocina que Ferran ha desarrollado al frente del restaurante.

el momento elegido para su publicación no tiene nada de arbitrario. Habrá quien piense que llega tarde, teniendo en cuenta que el libro *El Bulli. El sabor del Mediterráneo* hace ya cinco años que apareció. Sin embargo, es preciso tener en cuenta la historia de la pastelería de restaurante para comprobar que, hasta hace no muchos años, los postres "de plato" eran casi una rareza en nuestro país.

el desarrollo de los postres de restaurante ha experimentado un cambio radical en los últimos quince años. Si, hasta entonces, todo restaurante que se preciara debía contar con un carro de postres, poco a poco se fue imponiendo un nuevo concepto en este sentido, y los pasteleros de restaurante empezaron a integrar su trabajo con los cocineros. En este sentido debe citarse a un pionero, Michel Guérard, y a un tándem que instauró una alianza entre cocinero y pastelero que creó escuela, el formado por Maximin y Torres. Por mi parte, durante cuatro años elaboré un carro de postres en el que intenté plasmar mi visión de lo que se entendía por pastelería de restaurante en aquellos momentos. Luego llegó el gran cambio. En el seno de la cocina empezó a bullir una idea, la de elaborar postres "de plato", cuyas características coincidieran conceptualmente con los platos que integraban la carta de El Bulli. Hace unos siete años decidimos arrinconar poco a poco el carro, y tras un año de transición, la elección ya estaba hecha. La evolución posterior es la que espero quede plasmada claramente en estas páginas. Pero al mismo tiempo nacía un problema terminológico que intentaré resolver en seguida.

mi oficio está pendiente aún de una definición satisfactoria. Como he señalado, las últimas tendencias en la pastelería de restaurante se han orientado hacia una simbiosis con el resto de la cocina. De este modo, las dos partes que integran este todo han decidido eliminar la barrera que las mantenía separadas y han iniciado un camino de mutua colaboración e, incluso, de préstamos entre una y otra. Las técnicas, los conceptos, las elaboraciones, el vocabulario, incluso los productos de la cocina tradicionalmente conocida como "salada" han invadido la cocina de postres, y viceversa. Los procesos que se realizan en ambas ramas de este laboratorio culinario se han amalgamado hasta casi borrar las fronteras. El pastelero de restaurante se ha convertido en un cocinero, mientras que el cocinero adopta técnicas del pastelero. Por su parte, este último ya no hace sólo pasteles (e incluso ha limitado su uso enormemente). En mi opinión, el único término que se me ocurre para definir la nueva función de aquella figura que antaño se encarnaba en el pastelero de restaurante es el de *cocinero de postres*. Debo añadir que considero que se trata de un oficio con futuro, al que cada día se dedica más gente.

las ventajas de trabajar en la cocina de un restaurante son, para un cocinero de postres, un auténtico regalo, pues en él se produce la anhelada inmediatez elaboración/consumo. A nivel técnico, estas ventajas resultan ser aún más importantes. En la cocina de un restaurante, el cocinero de postres tiene la posibilidad de controlar totalmente las condiciones de servicio de una preparación y, al mismo tiempo, puede realizar elaboraciones que, debido a su corta longevidad, en una pastelería son más difíciles: caramelos, crocants, chaud-froids, helados y sorbetes recién hechos, etc... Ello permite al mismo tiempo jugar con un gran número de parámetros, por ejemplo, con las texturas y temperaturas. Para elaborar los platos que servimos en El Bulli, este aspecto resulta fundamental.

la simbiosis a la que ya he aludido se plasma en mi caso en una comunión total con la cocina de Ferran. No en vano, él ha sido mi auténtico maestro, lo cual nos ha llevado a una gran unión creativa que se plasma en la conexión y armonía que se producen entre sus elaboraciones y las mías. El mayor empleo de verduras en los postres y, por parte de Ferran, de frutas en los platos, así como el intercambio de técnicas (crocants, espumas...), ha facilitado este proceso de continuidad a la hora de comer. Como se podrá apreciar a continuación, llega un momento en el que es difícil saber dónde acaba la comida y dónde empiezan los postres.

Para ilustrar la comunión que existe entre nuestros respectivos trabajos, nada mejor que un par de ejemplos, en este caso un postre mío de berenjenas que Ferran convirtió en un plato salado.

sorbete de berenjena confitada con yogur y caramelo balsámico (Elaboración en pág. 176)

sopa de berenjenas con raviolis de berenjena al caramelo balsámico

el vocabulario que utilizamos los cocineros de postres me servirá de excusa para ilustrar la conexión que, en mi opinión, debe existir entre este campo y la cocina "salada". Efectivamente, conceptos como los de lasaña, estofado, ensalada, reducción, canelón, ravioli, ahumado, o sopa, patrimonio anteriormente del cocinero de platos salados, han hecho su irrupción en los postres y conviven de manera amistosa con los tradicionales bizcochos, mousses, bavaresas, croissants o magdalenas. En definitiva, todo redunda en un hecho: el responsable de los postres de un restaurante debe dominar a la perfección las técnicas del pastelero, pero también, y a un mismo nivel, las del cocinero.

el menú de degustación es una forma de comer que adquiere todo su sentido en un restaurante gastronómico. De este modo un cocinero puede exhibir todo su arsenal de técnicas y preparaciones en un solo servicio; al mismo tiempo, el comensal puede llegar a conocer de una sola vez el estilo de un creador, gracias a la sucesión de platos que ilustran una determinada concepción de la cocina. Para un cocinero de postres, el menú de degustación constituye un reto, pues presenta unas exigencias distintas al servicio de carta. Por ello, tiene que prever dos postres que prolonguen la estética conceptual de los platos que el comensal acaba de consumir y, al mismo tiempo, pensar que la cantidad de alimentos que deben integrar dichos postres ha de ser acorde a su inclusión en una lista ya larga de platos. Los ocho aperitivos, siete tapas y tres platos que integran el *menú de degustación* de El Bulli (opción que solicita el 90% de nuestros clientes) obliga al cocinero de postres a elegir un tipo especial de recetas, teniendo en cuenta, además, que junto al café se sirven diez petits-fours. Comparados con los postres de carta, los postres de menú deben caracterizarse por su atrevimiento, su complejidad, tienen que mostrar en cantidades tal vez más pequeñas la propia importancia y entidad de una idea o una elaboración. Los postres de carta pueden ser más "seguros", teniendo presente que, muchas veces, no pueden ser una adaptación a mayor escala de los postres de menú, pues ciertas preparaciones sólo admiten ser consumidas en cantidades pequeñas.

el bulli lo ha representado todo para mi formación profesional y, sobre todo, personal. La línea marcada por el estilo de Ferran y Juli constituye para los que trabajamos en el restaurante una manera de vivir, singular y distinta a las demás. Cuando llegué a El Bulli tenía tan sólo dieciséis años, y muchas de las personas que me siguen acompañando en mi trabajo también eran muy jóvenes cuando comenzaron. El hecho de desarrollar nuestra actividad en un marco como la Cala Montjoi, en un local como el nuestro, forja un carácter que, de la mano de los responsables de El Bulli, nos caracteriza como cocineros pero, sobre todo, como individuos. El Bulli es, sin lugar a dudas, el alma de mi trabajo y de mi propia maduración como persona.

los principios que marcan la "filosofía" de El Bulli empapan toda la esencia de nuestro establecimiento, y se distinguen tanto en los postres como en los platos que los preceden. El *perfeccionismo* en las elaboraciones es uno de los pilares de nuestra cocina, es decir, todo debe estar en su punto exacto de cocción, de temperatura, etc. El *juego*, tanto a la hora de crear como a la de servir un postre, o, lo que es lo mismo, la gastronomía como *diversión*, proporciona la posibilidad de entender la cocina como una interacción lúdica entre el comensal y el cocinero.

Al mismo tiempo, la propia evolución de la línea de trabajo ha propiciado que los platos que se sirven acaben siendo algo *diferente* para la persona que ha venido a comer al restaurante o, dicho de otro modo, que ésta *sienta* algo diferente.

la cocina, es decir, el lugar físico en el que se realizan las elaboraciones que se sirven en un restaurante, desempeña un papel fundamental en el ejercicio de nuestro trabajo. Ésta debe presentar unas condiciones mínimas para que la labor del cocinero se vea facilitada al máximo; aspectos como el espacio, el equipamiento, el aire acondicionado tienen un valor que muchas veces (por la desdichada falta de costumbre) no se tiene en cuenta. En el campo de la cocina de postres, es importante contar con una zona consagrada única y exclusivamente a estas preparaciones. Precisamente, cuando en 1993 efectuamos las obras de ampliación y modernización de la cocina de El Bulli, pese a que todo el personal de cocina experimentó una gran mejora en las condiciones de trabajo, tal vez fuimos los cocineros de postres quienes más notamos el cambio. Por otra parte, como ya he señalado, el hecho de contar con todos los equipamientos y materiales más modernos no puede más que facilitar nuestra tarea.

los agradecimientos que, sin duda, quiero dejar reflejados en estas páginas deben ir dedicados en primer lugar a los miembros de la familia Escribà, con los que aprendí los fundamentos de la pastelería. También tengo que citar a Joan Turull y, obviamente, a Francisco Torreblanca, cuya ansia de perfeccionismo y calidad llegó a contagiarme. Asimismo quiero nombrar a mis amigos, cocineros de postres, Jordi Butrón y Oriol Balaguer, así como a mis compañeros profesores de la escuela CHOCOVIC, Ramon, Claudi, Enric, Lluís y Eduard.

mis postres

los sentidos desempeñan una función de primer orden en la cocina. Como es bien sabido, son el vehículo mediante el cual las sensaciones llegan a nuestro cerebro, que procesa los estímulos en relación con la información acumulada (tolerancia a los ingredientes, costumbre, substrato cultural, etc.). El gusto, el tacto y la vista son los más importantes en la cocina de postres, por lo que me extenderé algo más en su explicación. El olfato, que en la cocina caliente ejerce un papel importante, se ha cuidado muy poco en la cocina de postres, y por ello estoy trabajando en su desarrollo, tal y como expondré posteriormente. Incluso el oído podría incluirse en los sentidos que proporcionan estímulos al cerebro mientras se come, aunque su empleo se limite al crujir de algunas preparaciones (caramelos, crocants) cuando se muerden. Pero un sentido no físico debe regir también las decisiones del cocinero, el sentido común, para el cual es imprescindible ejercer el criterio adquirido en el otro lado de la relación, es decir, como comensal.

Un cocinero de postres debe saber comer para decidir qué armonías y qué combinaciones, visuales, tactiles y gustativas, serán las más acertadas, confiando en todo momento en su sensibilidad.

el gusto trabaja frente a un postre con unos parámetros distintos a los de la cocina salada, principalmente a causa de una diferente disposición del comensal ante estos platos; dicho de otro modo, se tiene que "cambiar el chip". Efectivamente, el hecho de prescindir casi siempre del sabor salado obliga al cocinero a armonizar un postre a base de matices tales como el ácido, el amargo y el agrio. En mi caso suelo utilizar, entre otros muchos productos, los cítricos y otras frutas ácidas, el café y los lácteos respectivamente. Con ellos no sólo busco el equilibrio de sabores, sino que compenso un eventual exceso de azúcar.

el tacto es uno de los factores que, tradicionalmente, más cuidamos en El Bulli. La combinación de texturas distintas entre sí adquiere en nuestra cocina una importancia comparable a la de los sabores, y siempre es un elemento imprescindible a la hora de idear un plato. Algunos de mis postres se basan en un ingrediente básico sometido a la modificación de su textura original (manteniendo siempre el sabor natural) en otras texturas distintas. El parámetro que completa el juego de texturas es la combinación de temperaturas, para el que me baso en un criterio parecido. Aquel ingrediente que se presta a su "atomización" en varias texturas puede presentarse asimismo en temperaturas diferentes. Por ello puede darse el caso que el comensal, de un solo bocado, esté probando una elaboración cuyo atractivo se base en captar varias texturas de un mismo gusto, e incluso un contraste de temperaturas…

la vista ejerce un papel de primera línea. A través de mi forma de emplatar, intento buscar un impacto visual que proporcione una emoción estética al comensal, con el fin de establecer, como siempre, una interrelación con él. Dado que la impresión visual es la primera, debo captar la atención del comensal en primer lugar a través de la vista, ofreciendo, a través de la disposición de los elementos, de los colores e incluso de la cantidad de ingredientes, una información que luego se completará y adquirirá mayor significación a través de los otros sentidos. Si además el comensal sabe qué plato recibirá pero ignora el aspecto que éste tendrá, el "juego" que se produce concurre en el goce lúdico que pretendo despertar.

equilibrio y proporciones son los términos que pueden resumir las cualidades que espero de un plato. Cuando quiero crear un plato partiendo de un ingrediente básico, probando todas las veces que sea necesario, voy añadiendo otros elementos hasta que considero que el postre está perfectamente equilibrado, calculando las cantidades de cada ingrediente y, además, la del plato en total. Luego deberé decidir si, por sus características, es más adecuado para servirse a la carta o para integrarlo en un menú, o para ambas cosas a la vez. Hay ciertos postres que resultan mucho mejores en pequeñas cantidades, como es el caso de la royal de fruta de la pasión, coco y menta (pág. 38), mientras que otros permiten un desarrollo mayor.

la ligereza es una de las piedras angulares de mi trabajo. Como ya he comentado, la gran cantidad de platos que se sirven en El Bulli me obliga a buscar preparaciones que se distingan precisamente por este factor. Del mismo modo que creo que un bombón bueno y pequeño es dos veces bueno, con los postres sucede lo mismo. De ahí que recurra a procedimientos como los sabayones, las espumas o las gelatinas, aun sin renunciar a otro tipo de elaboraciones, siempre con la vista puesta en el equilibrio entre todos los elementos.

los contrastes entre texturas distintas o temperaturas diferenciadas vienen dados por la variedad de preparaciones que propongo en los postres. Las espumas, los caramelos, los crocants, los purés, los postres fríos, los calientes o los chaud-froids, salados o dulces no sólo permiten diversificar enormemente la carta de postres de El Bulli, sino que al mismo tiempo inciden en ese "juego" que busco siempre en mi relación con el comensal. En mi opinión, todo lo que redunde en animar al comensal a experimentar nuevas sensaciones culinarias, a enriquecer su paladar, es positivo para ambos.

los productos

las frutas pueden llegar a complicar la resolución de un postre. Dicho de otro modo, los postres con frutas son los más complejos si se quiere mantener un nivel de perfección; efectivamente, cuando la fruta es el elemento principal del postre, el cocinero siempre está sujeto a la calidad individual de cada pieza: una fruta deficiente nos dará un postre deficiente. En mi cocina siempre intento respetar al máximo la fruta; dado que ésta presenta una combinación perfectamente equilibrada de ácidos, agrios y azúcar, manipularla en exceso no suele ser bueno para el resultado final del plato. El sabor de un postre con fruta ha de recordar lo más posible a la fruta en su estado natural, por lo que en mis postres, además de la fruta elaborada, suelo incluir la natural. Las salsas, espumas, gelatinas o sorbetes se pueden hacer únicamente con fruta, sin más ingredientes, y sin mezclarlas con bavaresas, mousses o merengues, salvo excepciones concretas, como algunos ácidos (fruta de la pasión, limón).
El consejo más importante que puedo dar es el de aprovechar la fruta de temporada.

los frutos secos constituyen una opción más a la hora de construir un plato, pues sus características están muy marcadas, tanto desde el punto de vista del sabor como de la textura. Hasta hace poco, en la cocina de postres se utilizaban únicamente algunos frutos secos: avellanas, almendras, piñones, pistachos, nueces, etc. Otras clases que no se habían probado nunca en esta faceta están introduciéndose poco a poco, caso del maíz frito, las pipas, los cacahuetes, las macadamias o las pacanas. Para el desarrollo de su uso ha sido muy importante el hecho de poder recurrir al vaso americano, gracias al cual se pueden convertir en pralinés. Entre las preparaciones en las que participan los frutos secos dentro de mi cocina debo destacar los crocants, los helados, los pralinés, las mousses y las espumas. Finalmente, quiero destacar una tendencia que se va imponiendo, la de utilizar los frutos secos tiernos, es decir, cuando aún no han alcanzado el estado de maduración que tradicionalmente se buscaba en estos alimentos.

las especias son un pilar básico de mis platos. Por otra parte, su empleo viene determinado por el trabajo de Ferran, por lo cual constituyen uno de los grandes puntos de contacto entre nosotros. Cuando, al poco tiempo de trabajar en El Bulli, me di cuenta de lo mucho que las especias enriquecían el paladar, descubrí algo totalmente desconocido para mí, el gran valor culinario que tienen. Como suele decir Ferran (por cierto, uno de los primeros cocineros que hizo un helado de azafrán), las especias no son ni dulces ni saladas, pese a que tradicionalmente, salvo unas pocas, casi nunca se han utilizado en los postres. Al contrario que las frutas, las especias me permiten ampliar el campo de combinaciones e investigar con todo tipo de cremas, flanes, cremas montadas, espumas de cremas montadas, etc.

las hierbas frescas

me permiten investigar tanto como las especias. Como se observará, en todos los capítulos aparecen hierbas, que pueden prepararse de muchas formas distintas. Me parecen especialmente interesantes (además de en estado natural) en gelatinas, sopas, granizados o espumas, preparaciones en las que puedo extraer toda el agua y la esencia que contienen. Se asemejan a las frutas en el respeto que merece el producto en su estado natural, por lo que intentaré que el sabor final de la preparación sea lo más parecido posible al original.

los alcoholes

pueden llegar a plantear algún problema, sobre todo en la crema montada o en los helados (si el producto tiene un alto porcentaje alcohólico hay que recordar que éste congela a una temperatura muy baja, por lo que los helados suelen quedar algo más flojos y las cremas montadas se bajan), pero presentan la ventaja de su gran poder conservador, que nos permite mantener frutas y confeccionar excelentes gelatinas con alcoholes. También podemos realizar reducciones o postres a partir de la combinación de frutas con su propio alcohol.

El marrasquino y el kirsch, el calvados o el licor de peras suelen ser los mejores acompañantes para las cerezas, las manzanas o las peras, respectivamente. Con dichos alcoholes también se pueden embeber bizcochos en postres que contengan estas frutas. Al mismo tiempo, el alcohol puede ser un excelente sazonador.

las esencias naturales y las aguas destiladas

son, en mi opinión, una evolución del uso de las especias, aunque de momento suelo limitar su empleo, salvo en casos concretos. Las esencias constituyen la exacerbación del sabor de las especias, y si la intensidad gustativa de éstas ya nos puede parecer fuerte, con las esencias se debe controlar hasta la mínima gota la cantidad que se ponga, pues presentan problemas de integración con otros ingredientes y, en caso de abuso, pueden llegar a ser desagradables. El ejemplo más claro que se me ocurre es el postre de chocolate al aroma de azahar (pág. 198), un postre *que huele*. Ello me lleva a una idea que me rondaba por la cabeza cuando ideé dicho plato: en comparación con los platos salados calientes, los postres no suelen oler.

En el postre citado intenté remediar este problema, calentando una campana en la parte superior de la gratinadora y, en el momento del pase, añadiendo esencia de azahar y alcohol en el interior mediante un pulverizador; de esta manera, cuando el plato llega a la mesa y el camarero levanta la campana, el comensal se impregna del olor del azahar, incluso antes de probar el primer bocado. Por lo que respecta a las aguas destiladas, aunque las uso con mayor frecuencia (especialmente la de rosas), también considero que deben emplearse con sabiduría y precaución para sacar el máximo rendimiento de las mismas.

el chocolate es, sin lugar a dudas, uno de los productos más extraordinarios de la cocina, y su singularidad se deja notar tanto en la calidad propia del producto como en la complejidad a la hora de combinarlo con otros ingredientes. Debido a su fuerza y personalidad, el resto de ingredientes de un plato gravita a su alrededor, y en general, ninguno de ellos logra robarle el protagonismo. Para mí, los postres con chocolate son los más complicados de crear, en parte por el temor a estropear un producto tan noble. Por esta misma razón, cuando se acierta la combinación y el postre sale como uno desea, el resultado es doblemente satisfactorio. Debido a mi pasión por el chocolate, en este libro ocupa el capítulo final, en el que pretendo extenderme todo lo que este producto se merece.

otros productos que no aparecen englobados en ninguno de los grupos anteriores acaban demostrando ser tan importantes como éstos. De hecho, a la vista de mis recetas, dichos elementos aparecen en gran número de mis postres, y hasta podría haber quien pensara que abuso de ellos. En realidad, me sirven para equilibrar el resto de los ingredientes. La miel o el coco se pueden usar para endulzar o neutralizar el porcentaje de azúcar de los postres; por su parte, el café, el limón o el yogur pueden desempeñar un papel de distorsión (amargo, ácido, agrio), con la que "reconducir" y regular la posible falta de coherencia en un postre.

el proceso creativo

la creación es un concepto difícil de definir, y no sólo en el terreno culinario. Cada creador busca un camino mediante el cual canalizar sus concepciones, concretar sus conocimientos y dar rienda suelta a su inspiración. Para ello, es importante poseer un método, o incluso varios, que contribuyan a que este caudal de conocimientos se encauce y se resuelva en una obra hecha. La posesión de un método no basta para definir lo que es la creación, un fenómeno inasible que a veces ni el propio creador puede explicarse. En ocasiones la inspiración para un plato puede llegar de la nada, en un momento en el que el cocinero no lo había previsto. Pero siempre es posible facilitar este cauce de ideas o, dicho de otro modo, de *profesionalizar* la creación. Para ello sí es interesante disponer de unos métodos en los que trabajar constantemente para que, cuando esa chispa de la inspiración se produzca, los resultados puedan aprovecharse inmediatamente y profundizarse hasta donde se crea conveniente.

el descubrimiento de una nueva técnica constituye un salto cualitativo fundamental en el proceso creativo. Un cocinero puede crear una combinación de tres ingredientes, o adaptar un plato ya existente. Si otro cocinero pretende llevar más allá tales creaciones, se verá limitado por estas premisas (en este caso, bien los tres ingredientes, el plato original o el adaptado). En cambio, si se produce la aparición de un nuevo concepto técnico, las posibilidades de creación se multiplican. El cocinero que inventó la mousse o el flan, la cocción al papillote, o el que batió un huevo y dio con la tortilla, legó a todos los que le siguieron conceptos nuevos que permitieron infinitas variaciones de los mismos. Actualmente es más difícil crear, pues la cocina ya cuenta con una larga historia, pero siguen apareciendo nuevas técnicas, como las espumas, las gelatinas calientes o los compactos; a ello ha contribuido el desarrollo de la maquinaria (sifón montador de nata, utensilios de cocción al vacío, gratinadora, etc.), que ha permitido la confección de elaboraciones que antes eran imposibles de realizar. La aparición de un nuevo concepto técnico se sitúa, pues, en la parte más alta de la pirámide de la creatividad.

la adaptación es uno de los métodos en los que me baso a la hora de crear postres. Mediante el mismo pretendo ofrecer una visión personal de postres clásicos y emblemáticos, como pueden ser la tarta tatin, la tarta al whisky, la selva negra o el tiramisù. El proceso consiste básicamente en disociar los elementos que constituyen cada postre, intentando en todo momento mantener el espíritu original del mismo. Con la adaptación puedo llegar a ofrecer un postre cuyos ingredientes sean los mismos que los del postre original, pero que hayan sido sometidos a una serie de modificaciones que pueden llegar a la disolución total del aspecto, las texturas y las presentaciones del postre original; el resultado es otro postre distinto, en el que hay un eco, una simple resonancia de sabores del plato en el que me he inspirado. En definitiva, es una diversión. Gracias a este método he logrado descubrir algunas de las elaboraciones que más me enorgullecen, como los crocants líquidos o los compactos. Pero aun así, mi método creativo se basa sobre todo en otro sistema, el de las combinaciones.

la combinación no es otra cosa que el trabajo sobre una lista de productos que me permite, de un lado, ahorrar una cantidad de tiempo enorme a la hora de investigar y, por el otro, tener siempre presente todas las posibilidades que se ofrecen a un cocinero de postres. Sin embargo, y a pesar de tratarse de una manera rápida de crear, es preciso recordar que una vez elegidos los ingredientes falta lo más difícil: encontrar la receta o la elaboración más adecuada para cada ingrediente y el equilibrio y la armonía del plato. A continuación ofrezco una lista de algunas de las combinaciones a las que suelo recurrir; esta lista es interminable, y el tipo de elaboración o combinación es el que marcará el grado de creatividad.

1. coco/chocolate/plátano/curry
2. melocotón/menta/yogur/dátil
3. vainilla/vinagre/cerezas
4. lácteos/chocolate blanco/plátano
5. almendras/limón/fresas/sésamo
6. cítricos/menta/té
7. lácteos/miel/fresas/ácidos
8. piña/hinojo/anís
9. lichi/cilantro/mandarina
10. maíz/pera/toffee/chocolate
11. rosa/canela/mandarina
12. mango/fresas/lácteos/miel
13. albaricoque/canela/yogur
14. pera/chocolate blanco/yogur/café
15. coco/fresitas/limón/plátano
16. fruta de la pasión/pistacho/naranja/frambuesa
17. zanahoria/jengibre/miel
18. fresas/almendras/vinagre/pimienta
19. azahar/chocolate/naranja/menta/regaliz
20. fruta de la pasión/menta/coco
21. melón/menta/oporto/grosellas
22. turrón/chocolate/castañas/ron
23. piña/toffee/ginebra/pimienta
24. toffee/plátano/cardamomo/yogur
25. cacahuetes/naranja/queso/miel
26. mango/lima/jengibre/coco
27. Pedro Ximénez/bacon/piñones/café
28. fruta de la pasión/higos/rosas/toffee
29. <u>manzana/azafrán/miel/chocolate</u>
30. melón/lichis/grosellas
    etc...

los ingredientes que aparecen subrayados en la lista anterior nos servirán de ejemplo para ilustrar el método creativo. Tomando, pues, como punto de partida la combinación manzana/azafrán/miel/chocolate, veremos de qué manera se pueden realizar cinco postres distintos. Aunque, como es lógico, el sabor final de todos ellos coincide en parte, la resolución estética es diferente y se basa en elaboraciones distintas. Ello debe servir para subrayar un elemento que considero básico: lo más importante no es fijarse en los postres concretos que aparecen en el libro, sino concentrarse en el mensaje del mismo, es decir, adoptar cada una de las recetas como un punto de partida infinito, que proporcione un sinnúmero de ideas a todo aquel que decida empezar a adentrarse en este maravilloso mundo.

Aquí vemos cómo, partiendo de una misma combinación, elegimos diferentes elaboraciones para realizar diversos platos. La finalidad de este esquema es comprobar que el mensaje del libro se encuentra en su totalidad y no en la exclusiva elaboración y composición de los platos.

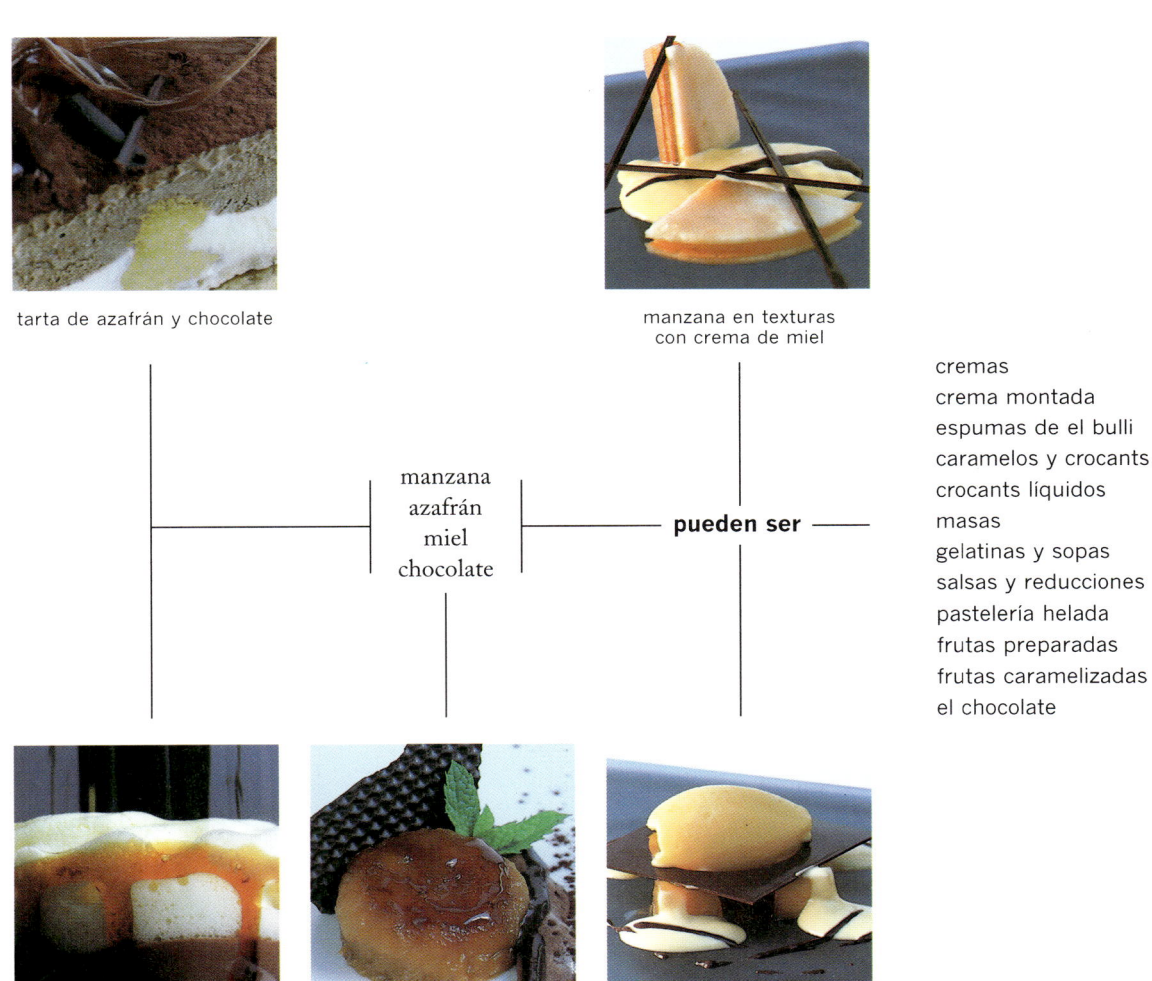

tarta de azafrán y chocolate

manzana en texturas con crema de miel

manzana
azafrán
miel
chocolate

pueden ser

cremas
crema montada
espumas de el bulli
caramelos y crocants
crocants líquidos
masas
gelatinas y sopas
salsas y reducciones
pastelería helada
frutas preparadas
frutas caramelizadas
el chocolate

espuma de azafrán con flan de chocolate

tatin de manzana al azafrán con caramelo de miel

helado de azafrán con manzanas salteadas y flan de miel

En este cuadro observamos la enorme similitud que puede existir entre las diferentes elaboraciones. Vemos así cómo gelatinas, sopa, espumas o cremas tienen una gran capacidad de polivalencia, mientras que otras como los helados, reducciones o sorbetes están más definidos.

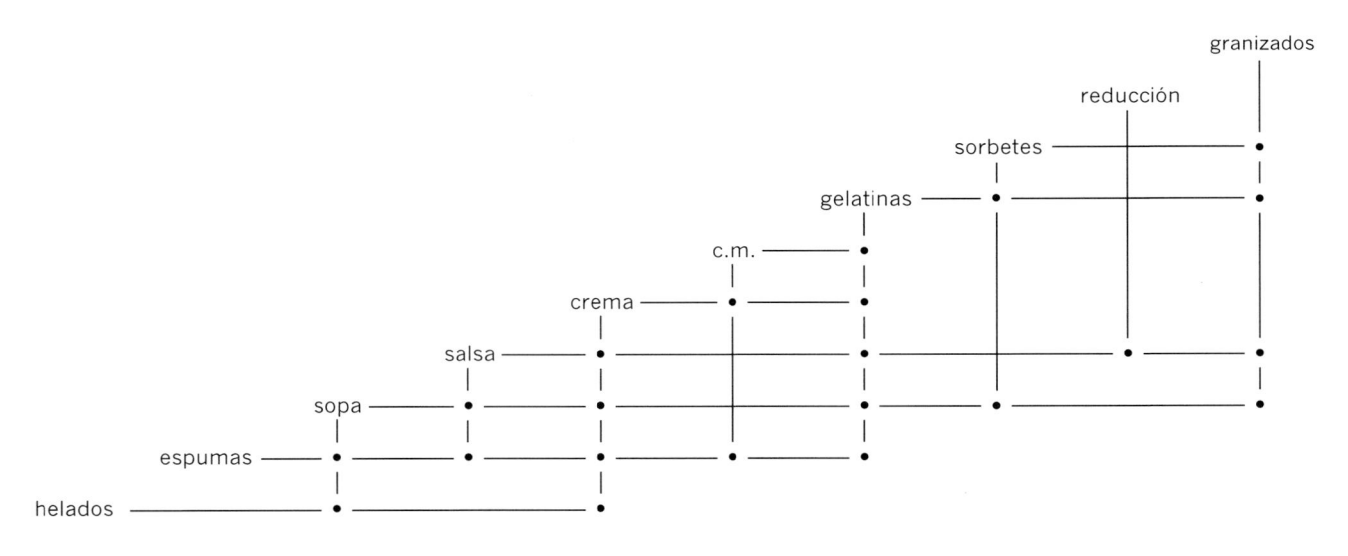

Ejemplo: en este gráfico vemos cómo una espuma puede ser (se puede convertir en) una sopa, una salsa, una crema, una crema montada o una gelatina. En cambio, un sorbete puede ser (se puede convertir en) un granizado, una gelatina o una sopa.

Por otro lado vemos cómo el resto de los capítulos que forman el libro pertenecen a un mismo grupo dominado por el azúcar.

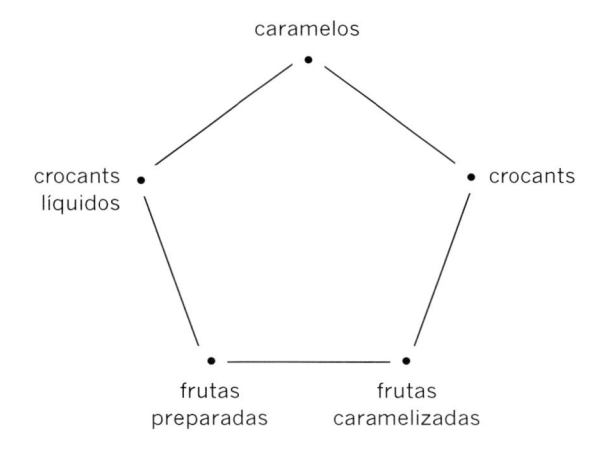

petits-fours

queda pendiente un elemento básico de mi cocina, constituido por los petits-fours. Pero esta omisión es intencionada, pues debido a su importancia dentro de mi estilo, dentro de poco tiempo los petits-fours contarán con el espacio de todo un libro dedicado exclusivamente a ellos y a los snacks salados que prepara Ferran, y en el que una vez más intentaremos mostrar la comunión y conexión que existe entre nuestros dos respectivos ámbitos de trabajo.

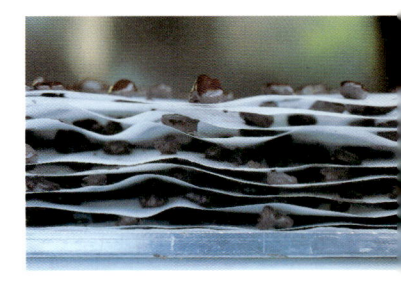

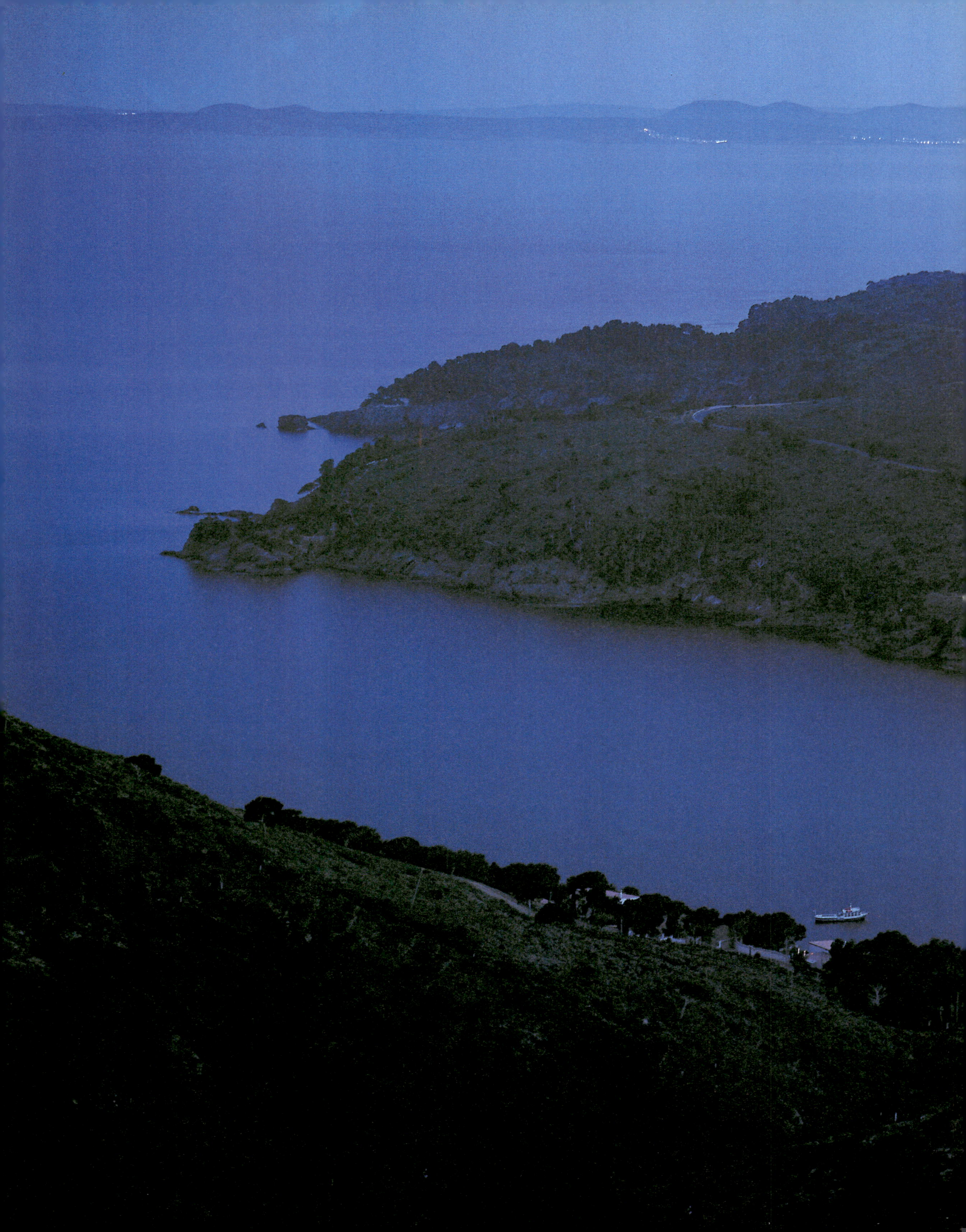

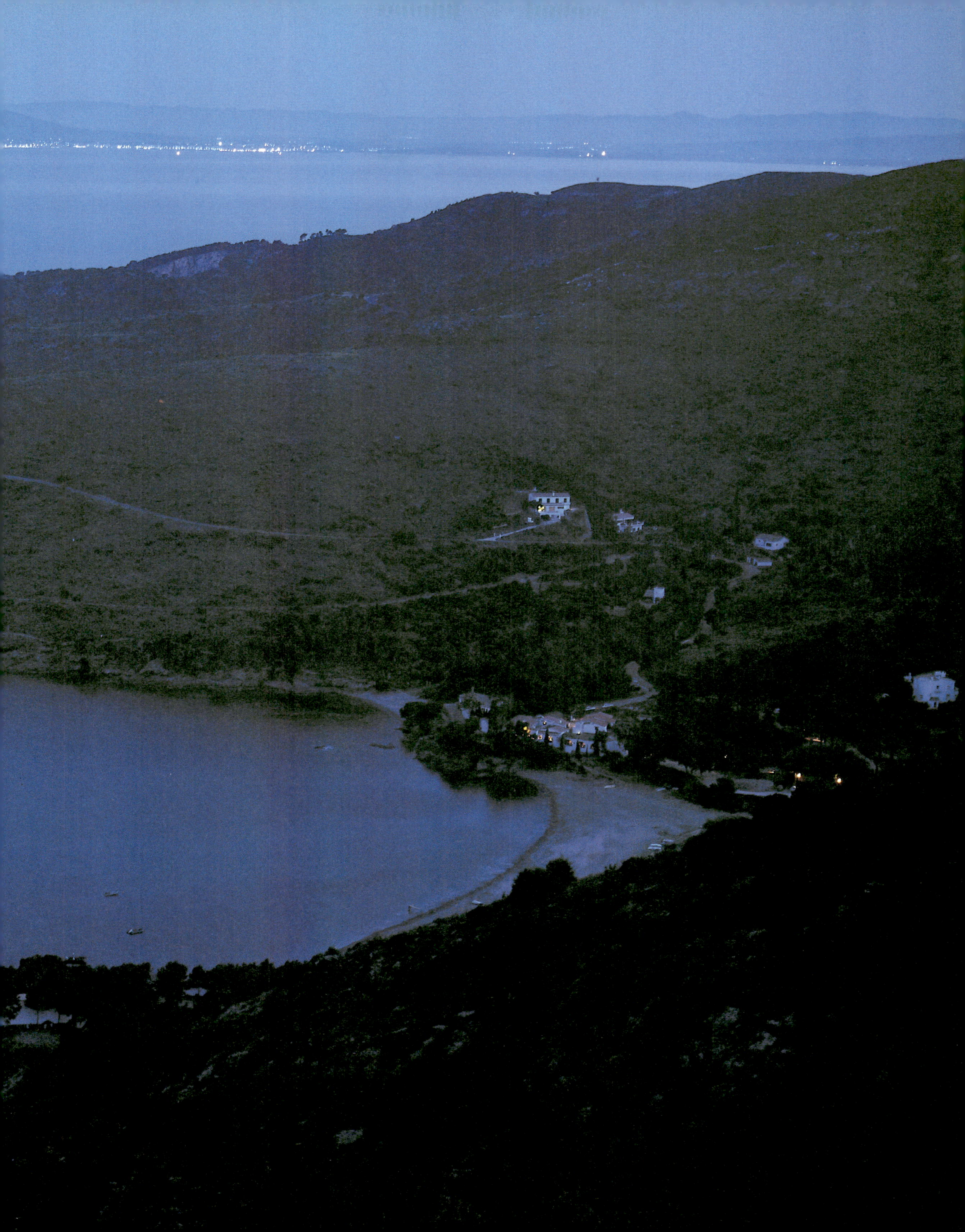

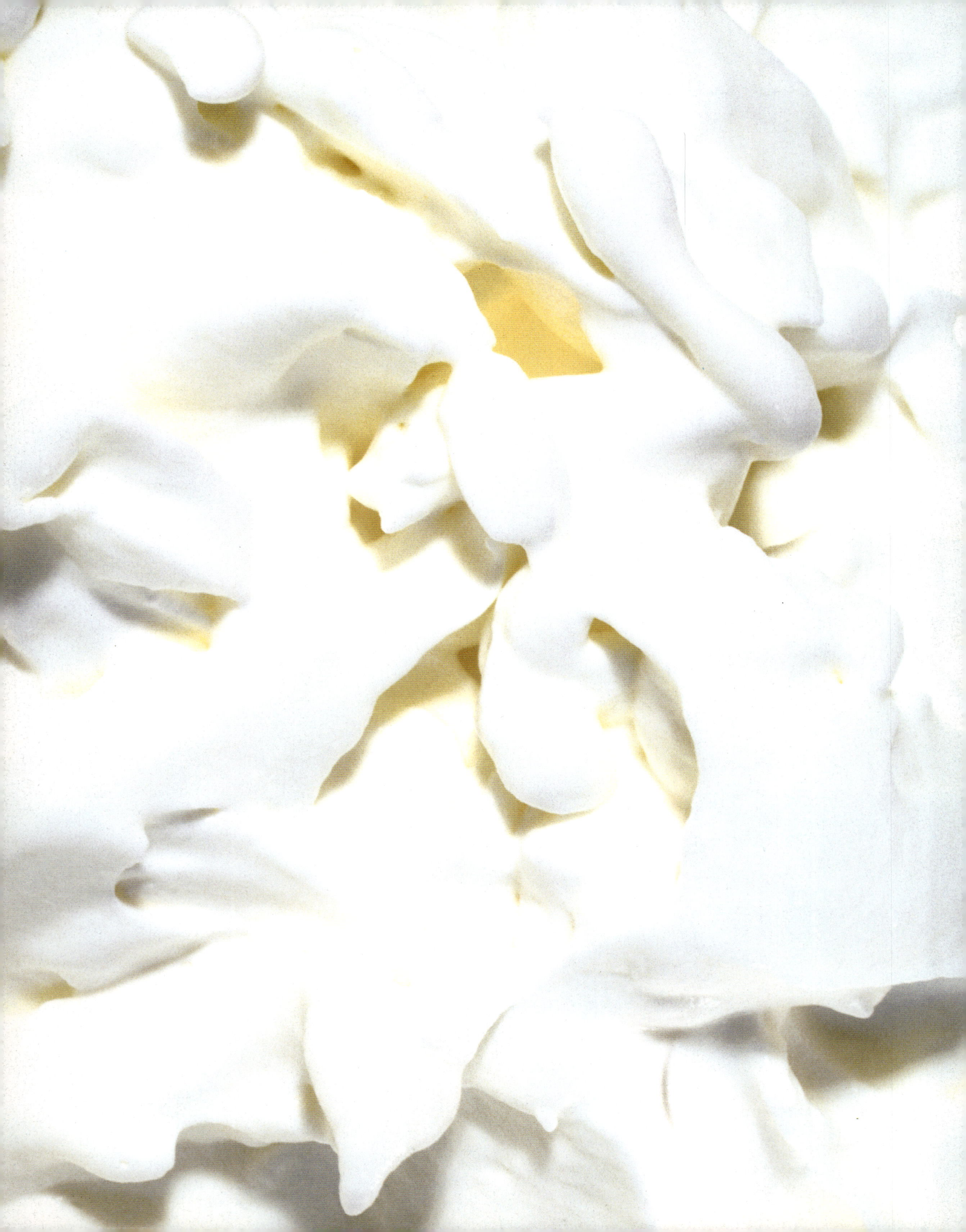

cremas

las cremas

pueden ser

a preparadas en caliente   **b** preparadas en frío

trufa cocida (ganache)   trufa cruda
                          nata montada
a1 cocidas con yemas chantilly
  bavaresa   c. de mantequilla
  c. inglesa   c. de almendras
  c. montada   frangipane
  clafoutis   mousse…
  flan chino
  flan de huevo
  royal
  sabayón
  tocino de cielo…

a2 cocidas con fécula
  c. catalana
  c. chiboust
  c. de cítricos
  c. de chocolate
  c. diplomate
  c. ligera
  c. mousseline
  c. pastelera
  crème brulée
  natillas
  soufflée
  yema cocida…

cremas

Si en lugar de estar dedicado a los postres de restaurante, el presente libro lo estuviera a los pasteles, las recetas de cremas serían, junto a las de las masas, las más numerosas. Sin embargo, en mi pastelería no ocupan un lugar tan importante, sobre todo en el caso concreto de las cremas más espesas (cocidas con fécula) cuya densidad y pesadez se alejan de la ligereza que, como ya he señalado en la introducción, suelo buscar en todos mis postres. Aun así, siguen siendo una elaboración a tener en cuenta dentro del manual de cualquier pastelero. Personalmente, utilizo a menudo las cremas cocidas con yemas, como las royales, los sabayones o sobre todo, la crema montada (que merece capítulo aparte); ésta puede sustituir la crema ligera o la bavaresa, pues su empleo es más práctico y no interfiere en la calidad final.

He decidido separar las cremas en dos apartados, distinguiendo aquéllas cuya elaboración se hace a partir de una cocción *en caliente* de las que se preparan sin intervenir el fuego, y que denomino *en frío*.

A lo largo del libro se podrá observar de qué modo algunos tipos de crema pueden manipularse para que ejerzan funciones distintas a las originales. Por ejemplo, si se emulsiona con el vaso americano un flan con cuerpo, adquiere la textura de una natilla; si se rebaja con leche o con nata, adoptará la textura de una salsa; si la natilla emulsionada se pasa por la sorbetera, se convertirá en un helado de flan. Con una misma base obtendremos, pues, cuatro texturas diferentes; tal y como vemos en el gráfico de la pág. 22.

En cualquier caso, y antes de pasar a desarrollar el tema, debo señalar que (como veremos también en el capítulo de la crema montada) otra posibilidad es la de pasar las cremas por el sifón, tanto si se trata de cremas frías como cocidas. Por mi parte, cada vez utilizo más este procedimiento, principalmente en el caso de la crema montada. En el caso de las cremas cocidas (como la crema catalana), se consigue la misma sensación y sabor que los del producto original, pero con una consistencia más etérea. Por este mismo motivo, pienso que con cremas tan excelentes como la mousseline, los flanes o la crema pastelera, el empleo del sifón puede conducirnos a resultados sorprendentes.

cremas

a las cremas preparadas en caliente

Como su nombre indica, estas cremas precisan de una cocción en caliente, que se efectúa con yemas o con féculas. En el primer caso, la crema resultante es más fina y se adapta mucho mejor a la ligereza que suelo buscar en los postres. En cambio, las cremas cocidas con féculas (entre las que se encuentran recetas tan clásicas como la mousseline, la pastelera o la yema cocida) presentan una textura más densa y pesada y, por esta razón, hasta ahora no suelo incluirlas en mis platos.

Las siguientes recetas están cocidas en todos los casos con yemas; para las recetas de cremas con féculas existen ya multitud de libros que las explican.

a1 cocidas con yemas

crema helada de flan de limón

Ingredientes:

300 cc de zumo de limón
300 g de azúcar
8 huevos enteros
3 pieles de limón ralladas

Elaboración:

Mezclar y batir todos los ingredientes en frío. Dejar reposar la mezcla 24 h en la nevera para que ésta madure y se forme espuma en la parte superior. Pasarla por el colador y cocer la crema al baño maría a 160° en un recipiente de pírex en el que se habrán puesto 2 cm de mezcla, durante unos 12 min. Triturar en el vaso americano cuando aún esté caliente y pasarlo por la sorbetera.

flan de romero (para la tatin de peras)

Ingredientes:

700 cc de nata líquida
250 cc de leche
7 yemas
1 huevo
125 g de azúcar
15 g de romero

Elaboración:

Hervir e infusionar la nata con la leche, junto al romero. Batir las yemas y el huevo con el azúcar y añadir luego la nata y la leche infusionada, durante 5 min como mínimo; cocer de igual modo que el flan de limón.

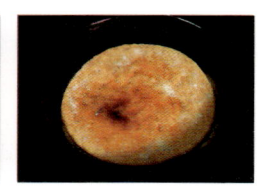

flan de chocolate

Ingredientes:

100 g de pasta de cacao
75 g de cobertura "guyabe"
75 g de azúcar
500 cc de agua
2 huevos enteros

Elaboración:

Hervir el agua con el azúcar para hacer el jarabe; entretanto, fundir en el microondas la pasta de cacao con el chocolate. Cuando los dos elementos alcancen una temperatura similar, mezclarlos y añadir los huevos enteros; emulsionar la mezcla con un golpe corto de túrmix y dejar reposar durante 24 h. Colar y cocer de la misma manera que en los casos anteriores.

b las cremas preparadas en frío

Con este nombre designo a las cremas en cuya elaboración no interviene el fuego, pese a que pueda emplearse el mismo posteriormente en una cocción como la que se realiza en la crema de almendras, que se puede hornear. Aunque son menos numerosas que las cremas preparadas en caliente, en este grupo se incluyen elaboraciones tan importantes como las mousses, que por sí solas podrían formar un grupo aparte.

mousse de chocolate

Ingredientes:

500 g de cobertura "ocumare"
500 cc de leche
250 g de yemas de huevo
400 g de nata montada

Elaboración:

Hervir la leche y añadirla a las yemas; remover enérgicamente para evitar que se cuezan y deshacer en esta crema inglesa el chocolate muy troceado. Remover e integrar, dejar que se enfríe a temperatura ambiente y, sólo entonces, añadir la nata a 3/4 de montado, con cuidado para evitar que se corte.
Esta mousse de chocolate tiene una textura que se adapta muy bien a distintas circunstancias, y por ello es la que utilizo con mayor frecuencia.

mousse de coco y chocolate blanco

Ingredientes:

400 g de puré de coco SICOLY
240 g de chocolate blanco
3 hojas de gelatina
400 g de nata montada

Elaboración:

Calentar una parte del puré de coco y deshacer en él las hojas de gelatina. Añadir el chocolate blanco muy picado, remover e integrar; equilibrar la temperatura con el resto de puré de coco, dejar enfriar a temperatura ambiente, como en el caso de la mousse de chocolate, y añadir la nata a 3/4 de montado, removiendo con cuidado para que no se corte.
Guardar en el frigorífico.

mousse de maíz

Ingredientes:

125 g de maíz hervido y escurrido
40 g de nata montada
3/4 de hoja de gelatina

Elaboración:

Pasar el maíz por la licuadora, hasta 3 veces si hace falta, para obtener todo su jugo. Calentar una pequeña parte fundiendo en la misma la gelatina; equilibrar las temperaturas y por último añadir la nata montada y dejar enfriar. Esta mousse tiene muy poco cuerpo, pero considero que precisamente ahí radica su gracia.
Se trata de una receta particular, ya que el porcentaje de nata es pequeño, al igual que la cantidad de gelatina. Por ello, es especialmente recomendada para productos pulposos; de hecho, aunque anteriormente ya he señalado que no soy un gran amante de las mousses de fruta, esta receta sería la más indicada para estos ingredientes, pues es la que altera lo menos posible el propio gusto de la fruta.

cremas

jengibre·naranja·mango·tomate·albahaca

| | Ingredientes para 4 personas: | Elaboración: |

flan de jengibre
100 cc de nata
50 cc de leche
2 yemas de huevo
20 g de azúcar
10 g de jengibre confitado

Infusionar el jengibre confitado con la nata y la leche una vez hervidas. Batir y blanquear las yemas con el azúcar, triturar todo en un vaso americano y cocer al baño maría a 160° durante 20 min.

ravioli de mango
1 mango
100 g de flan de jengibre

Elegir mangos en su mejor estado de maduración. Cortar 12 lonchas transversales finas en la máquina cortadora, extender las láminas de mango sobre una placa plastificada y poner una cucharada de flan de jengibre en medio; cerrar el ravioli y guardar en la nevera.

naranja confitada
2 naranjas enteras
500 cc de agua
200 g de azúcar
100 g de glucosa

Levantar el hervor de las naranjas pinchadas y enteras en agua fría, colar y enfriarlas. Poner en un cazo a hervir el agua, el azúcar y la glucosa. Cocer a fuego lento de 2 a 3 horas. Una vez cocidas, guardarlas en la nevera. Cortarlas el día de su uso.

granizado de tomate
2 tomates maduros
30 g de jarabe
(ver composición en índice de nombres pág. 253)
6 hojas de albahaca
1/2 hoja de gelatina

Poner al horno los tomates troceados junto a las hojas de albahaca y el jarabe, a 160°, durante 25 min. Al salir del horno, triturar todo en un vaso americano y colar, deshacer la hoja de gelatina y, si fuera necesario, rectificar con un poco de agua. Poner a congelar a -8°.

gelatina de albahaca

Elaboración en pág. 134.

otros
· mango caramelizado (pág. 210)
· zumo de naranja natural colado (hecho al momento)
· jengibre confitado

montaje y pase
En un plato sopero, poner tres raviolis de mango y jengibre, apoyando sobre los mismos tres trozos pequeños de naranja confitada y tres cuadrados pequeños de gelatina de albahaca. Encima de los raviolis, disponer una tira en juliana de jengibre confitado y guardar en la nevera. En el momento del pase, hacer el zumo de naranja, ponerlo en una jarra para que lo sirva el camarero y montar el timbal de mango caramelizado con el granizado de tomate.

"Hasta el día de hoy, la tecnología más moderna no ha sido capaz de igualar la calidad del zumo natural de naranja. Como decía Ferran, 'pocas sopas podrás hacer que sean tan buenas y tan fáciles'. A partir de este simple comentario surgió este postre. Es un excelente primer plato, complejo, pero que a la vez contiene sabores que no complican mucho la comprensión del mismo por parte del comensal."

33

cremas

la tatin de peras "coulant" de romero

| | Ingredientes para 4 personas: | Elaboración: |

flan de romero

Elaboración en pág. 30.

tatin de peras

4 peras medianas
jarabe oscuro (c.s.)
(ver composición en índice
de nombres pág. 253)

Pelar y cortar la pera en la máquina cortadora lo más fina posible. Sumergir la pera en un jarabe oscuro, montar la tatin y cocer a 160° hasta que la pera esté cocida. Escurrirla, llenar de flan romero y volver a poner en el horno 5 min para que el flan se integre. No se deben hacer individualmente, sino según la cantidad que se vaya a necesitar. (Ver fotos de montaje en pág. 30)

hojaldre

250 g de harina
5 g de sal
115 cc de agua
225 g de mantequilla
(35g y 190 g)

azúcar lustre

Hacer un pastón con la harina, sal y agua junto a 35 g de mantequilla, que se separará del resto. Dar una vuelta sencilla y una doble, estirarlo bien fino y cortar círculos del diámetro de la tatin; espolvorear con azúcar lustre y cocer a 200° con una placa encima durante 7 min.

yogur al limón

125 g de yogur griego
20 g de azúcar
la piel de un limón rallada

Disolver el azúcar en el yogur griego y añadir la piel del limón rallada.

salsa de flan de limón

Elaboración en pág. 36.
En este caso, el uso que daremos al flan será el de una salsa espesa que se obtendrá al triturarlo, una vez frío, en el vaso americano.

caramelo de ácido cítrico

100 g de azúcar
agua (c.s.)
ácido cítrico (c.s.)

Hacer un caramelo rubio con el azúcar, descaramelizar con el agua hasta obtener una textura densa y disolver el ácido cítrico.

otros

· decoración de caramelo de pasta de cacao

montaje y pase

Poner el hojaldre ya caramelizado en la tatin y darle la vuelta; emplatar y poner el yogur y la salsa de flan de limón. Napar la tatin con el caramelo de ácido cítrico, colocar la decoración de caramelo de pasta de cacao y servir.

"Se trata de una tatin que reúne dos cualidades que no se encuentran en la clásica: en primer lugar, el hojaldre no se humedece, pues se sirve al momento. En segundo lugar, al rellenarla de flan, se le da una sensación semilíquida. Estas cualidades no la hace mejor que la original, sino tan sólo diferente."

35

cremas

limón·anís·plátano·aguacate

Ingredientes para 4 personas:

Elaboración:

flan de limón

8 huevos enteros
250 g de azúcar
8 limones (250 cc aprox.)
la piel de 4 limones rallada
30 g de mantequilla

Mezclar los 3 ingredientes en frío: huevos azúcar y zumo de limón (junto a la piel rallada de 4 limones) y dejar reposar en la nevera 12 h. A continuación, desespumar la parte superior del flan y cocer al baño maría a 160° durante 20 min. Al salir del horno y aún en caliente, triturar con el túrmix y añadir la mantequilla para que quede bien fino y guardar en la nevera.

plátano caramelizado

1 plátano
jarabe oscuro (c.s.)

Laminar el plátano en la máquina cortadora, empaparlo en jarabe oscuro y ponerlo en una hoja de silpat, al horno, durante 5 min a 160°.

gelatina de caramelo al anís

200 g de jarabe oscuro
50 cc de anís seco
1,5 hojas de gelatina

Calentar una pequeña parte del jarabe oscuro para deshacer la gelatina y mezclar el anís seco; guardar en la nevera.

caramelo de hierba luisa

100 g de fondant
50 g de glucosa
10 g de hierba luisa fresca

Hacer un caramelo neutro, tal como se explica en la pág. 86; estirar una porción del mismo entre dos silpats para dejarlo lo más fino posible, y poner la hierba luisa picada encima. Volver a poner al horno formando pañuelos, como se explica en la pág. 84.

otros

· 1 aguacate laminado

montaje y pase

Con la ayuda de un molde cortapastas del diámetro deseado, montar el tián poniendo en la base 2 cucharadas de flan de limón, en medio el plátano estofado y encima el aguacate laminado de forma escalopada. Posteriormente, una cucharada de gelatina de caramelo al anís, que previamente se habrá calentado un poco y dejado en el frigorífico para que semicuaje. En el momento de sacar el plato, desmoldar y poner el caramelo de hierba luisa.

"Este postre pretende homenajear a uno de mis cocineros preferidos, Jacques Maximin, y a uno de sus platos más celebrados, el 'tián de cordero'."

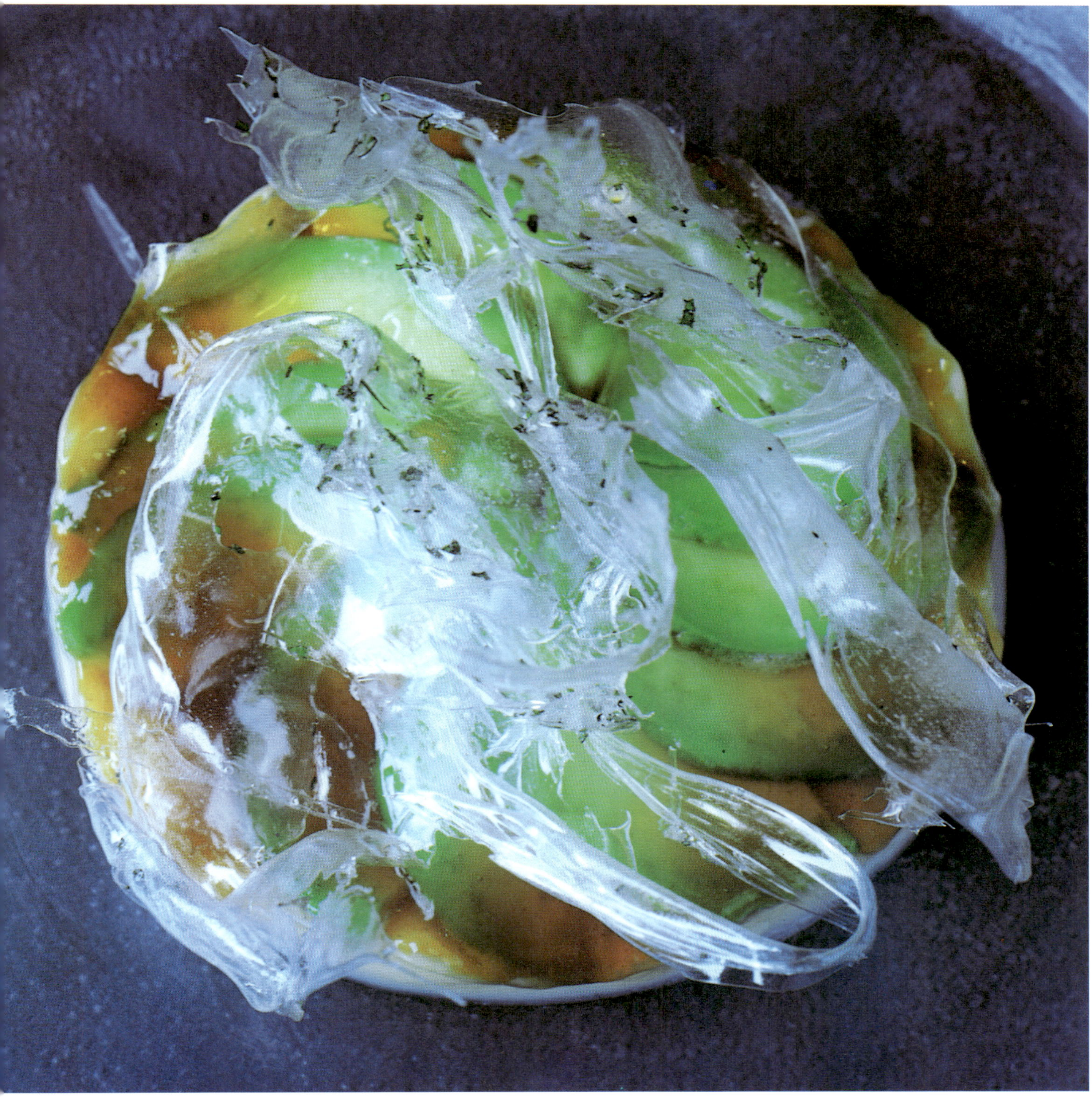

cremas

fruta de la pasión·coco·menta

| | Ingredientes para 4 personas: | Elaboración: |

royal de fruta de la pasión

1/4 l de zumo de fruta
de la pasión
85 g de jarabe
85 cc de agua
1 huevo entero
1 clara

Mezclar todos los ingredientes en frío y dejar reposar la mezcla 12 horas. Pasar por un colador y cocer, tal y como se explica en el montaje y presentación del plato.

espuma de coco

250 g de puré de coco SICOLY (colado)
1 hoja de gelatina

Colar el puré de coco SICOLY y guardar sólo el líquido. Calentar una pequeña parte y añadir la gelatina; llenar el sifón, cargar y guardar en el frigorífico.

granizado de menta

100 g de menta
agua (c.s.)
jarabe (c.s.)

Separar y lavar las hojas de menta, escaldarlas en agua hirviendo durante 10 seg y enfriarlas en agua y hielo. Triturarlas con el vaso americano con un poco del agua del escaldado y jarabe; colar y poner en el congelador a -4°.

montaje y pase

Cocer las royales en flaneras con 1 cm de altura a 160° durante 7 min. Se debe sacar del horno cuando aún se mueve un poco del centro, ya que con el calor que condensa se acabará de cocer sola. Calentarlas brevemente en la salamandra según se tengan que servir. Poner encima la espuma de coco y a continuación el granizado de menta.

*"Es un postre sencillo, que me demuestra que las cosas simples y buenas son las que más cuestan de crear. Perfecto equilibrio entre sabores, temperaturas y texturas de los tres ingredientes. Sin duda, uno de los postres a los que mejor se puede aplicar lo de **compleja sencillez**."*

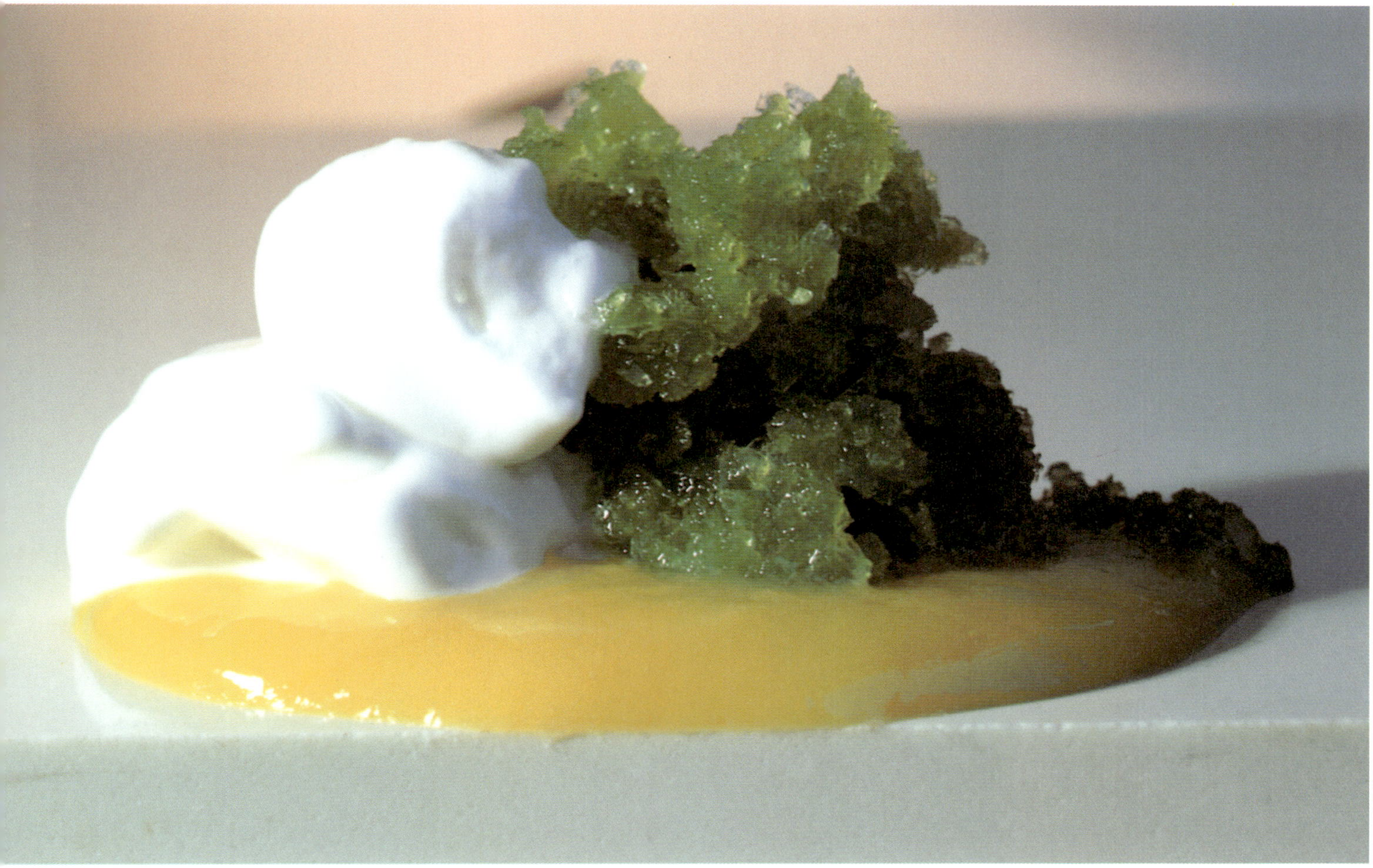

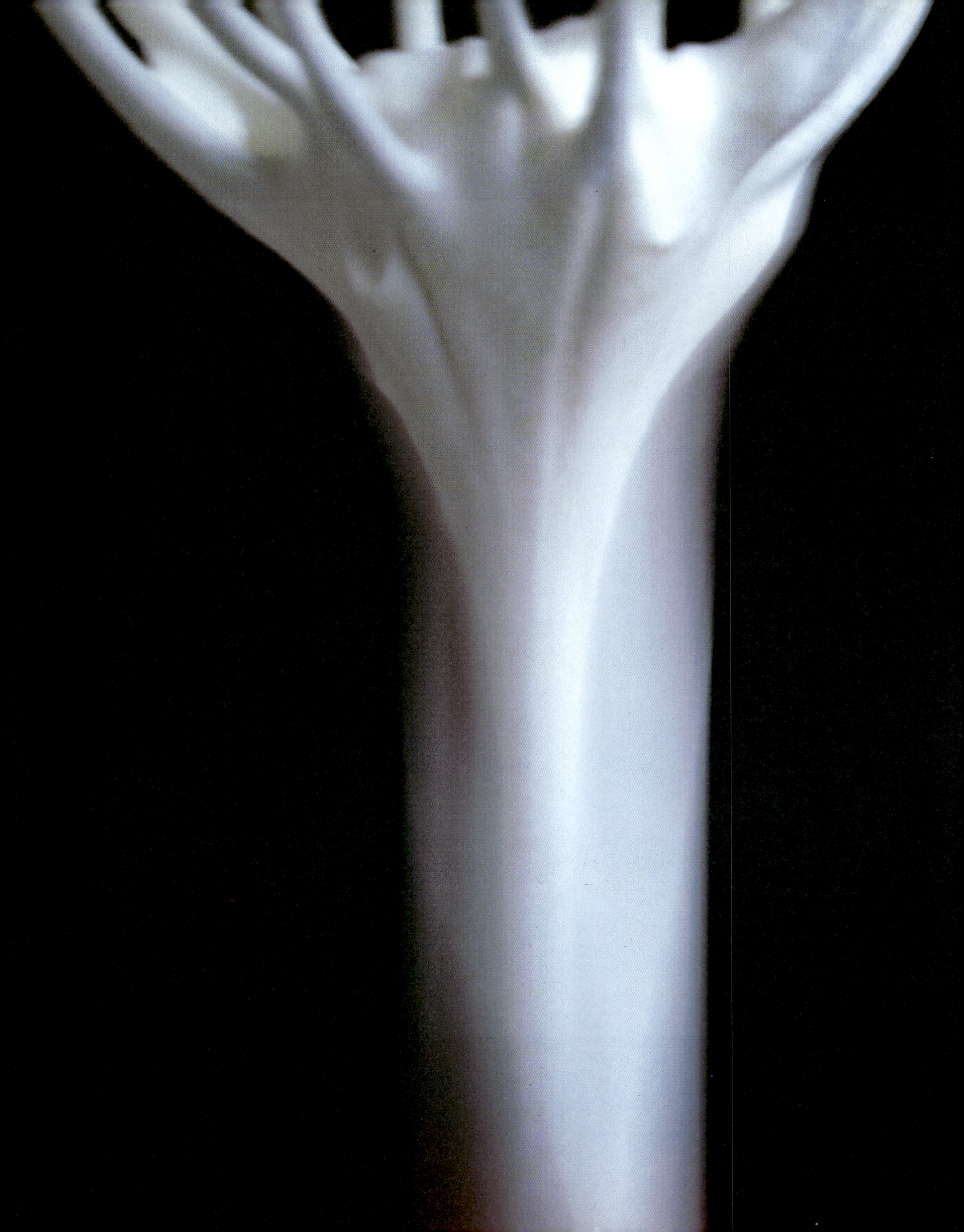

crema montada

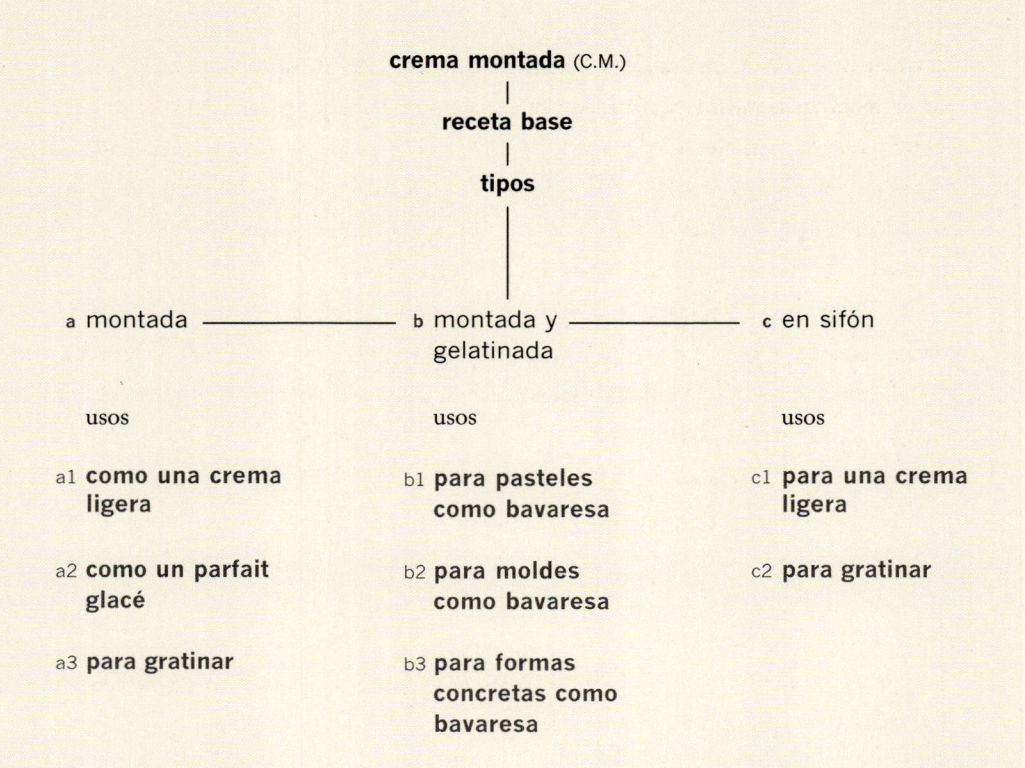

crema montada (C.M.)
|
receta base
|
tipos
|

a montada ———————— b montada y ———————— c en sifón
                        gelatinada

usos | usos | usos

a1 **como una crema ligera**

b1 **para pasteles como bavaresa**

c1 **para una crema ligera**

a2 **como un parfait glacé**

b2 **para moldes como bavaresa**

c2 **para gratinar**

a3 **para gratinar**

b3 **para formas concretas como bavaresa**

crema montada

La crema montada es, sin duda, la elaboración más determinante de todo mi trabajo, tanto por su importancia intrínseca como por tratarse de la primera que realicé. Aunque no parte de una receta original, sino que se trata de una variación de algo ya existente, su polivalencia me permite realizar multitud de combinaciones, tales como salsas, bavaresas, sabayones, espumas o cremas. Todo ello, junto a la facilidad de manipulación que presenta y la gran variedad de gustos que permite, la convierte en una referencia continua en mis postres.

Han pasado ya cerca de ocho años desde el día en que, mientras estaba haciendo pruebas en la pastelería Escribà para confeccionar los primeros postres emplatados para El Bulli, descubrí la C.M. Partí de la siguiente idea: si la nata era capaz de montar una vez hervida, podía realizar una crema inglesa sustituyendo la leche por nata y, después de un reposo conveniente, montarla.

El resultado me proporcionó algo diferente a lo que yo conocía hasta el momento; sus tres ingredientes, las yemas de huevo, la nata y el azúcar, se emulsionaron hasta adoptar la textura de una crema fina y untuosa, a la que bauticé con el nombre de crema montada, y a la que suelo referirme como C.M.

La idea básica, pues, es la de reemplazar (aunque no en todos los casos) algunas elaboraciones compuestas más o menos similares como las bavaresas, las mousses o la crema ligera por una crema única, no compuesta (formada por una única mezcla), a fin de ahorrar tiempo en preparaciones y buscar una simplificación en la *mise en place*, sin que el resultado se vea mermado por dicha sustitución.

En los años siguientes seguí trabajando y desarrollando su empleo, y, por ejemplo, al utilizar el sifón amplié sus posibilidades. El sifón ha dado a la C.M. un nuevo aire (y nunca mejor dicho) a esta crema, pues la textura que se obtiene es, sencillamente, única.

A continuación ofrezco algunas de las aplicaciones de la C.M.

crema montada

receta base

Ingredientes:

1 l de nata líquida
10 yemas de huevo
150 g de azúcar

Elaboración:

Llevar a ebullición la nata con el azúcar; una vez arranque el hervor, retirar del fuego e ir incorporando las yemas ya batidas poco a poco, removiendo enérgicamente para favorecer su disolución.

Una vez acabada, cuando aún está caliente, pasar por un túrmix para que quede bien fina. Dejar madurar la mezcla en el frigorífico de 12 a 24 horas; luego, montar en la batidora hasta obtener una crema montada.
Esta preparación pretende sustituir la crema ligera (que es una crema pastelera con nata montada). Al no incluir fécula y, por otra parte, montarse en la batidora todos sus ingredientes a la vez, es mucho más aireada y, por lo tanto, resulta más ligera.

crema montada

a1 como una crema ligera

Una vez realizada la crema base, veamos algunas variaciones que nos permitirán dar a la C.M. el gusto que deseemos. Todas las cantidades que ofrezco son aproximadas, debido a los distintos tipos, marcas o calidades de productos que ofrece el mercado.

algunos ejemplos

C.M. de infusiones: 120 g de café expreso u otra infusión por receta.

C.M. de miel: sustituir el azúcar por 180 g de miel reducida por receta.

C.M. de hierbas frescas: de 80 a 100 g de hierbas por receta.

C.M. de alcoholes: de 120 a 140 cc de alcoholes blancos por receta.

C.M. de purés de fruta: de 150 a 200 g de puré por receta.

C.M. de praliné: reemplazar el azúcar por 200 g de praliné del fruto seco elegido.

C.M. de aguas destiladas (flores): de 60 a 80 cc de agua por receta.

crema montada

a2 como un parfait glacé

Elaboración:

Tanto en el caso de los alcoholes como en el de los purés más líquidos, y pese a que la crema inglesa los admite sin problemas, es evidente que tanta cantidad de líquido plantea mayores problemas que en otros casos.

Por este motivo, las dos opciones que considero más acertadas son las siguientes: poner la crema en un sifón (como veremos más adelante) o bien, con la crema recién montada, congelarla. Con este último procedimiento conseguiremos algo muy parecido a un parfait glacé. Recordemos que un parfait glacé está constituido por yemas montadas con un jarabe en caliente de densidad variable, más el puré, la especia o el perfume y la nata montada, es decir, prácticamente lo mismo que la C.M. Sin embargo, la elaboración de esta última, al llevar todos los ingredientes integrados, es más rápida y cómoda de hacer; por otra parte, no se separan tanto los ingredientes como en el caso del parfait. Simplemente se baja un poco, pero se puede volver a remontar sin problema tantas veces como se desee.

a3 para gratinar

Ingredientes:

1 l de nata
10 yemas de huevo
2 huevos enteros
200 g de azúcar
y el producto elegido
para aromatizar.

Elaboración:

Se elabora de igual modo que la crema base (crema ligera) explicada anteriormente. Esta variante, con los dos huevos enteros y mayor cantidad de azúcar, nos permitirá obtener una crema excepcional para gratinar, y que puede sustituir al sabayón. Como se verá, las diferencias con éste son mínimas, aunque a C.M. tiene más cuerpo y aguanta más tiempo, por lo que permite una preparación más cómoda sin alterar (lo cual es lo más importante) la calidad de la elaboración. También se puede pasar la crema para gratinar en un sifón, con lo cual el montado será más cómodo y la crema saldrá más consistente.

crema montada

b **montada y gelatinada**

b1 para pasteles como bavaresa

En este caso se emplea la misma crema obtenida mediante la receta base, pero una vez terminada se añaden, en caliente, unas hojas de gelatina, se deja reposar una noche en el frigorífico y al día siguiente se monta. Con esta crema reemplazo la conocida bavaresa (que fue la crema más usada en la ya penúltima generación de pasteles), cuya base es una crema inglesa neutra con gelatina y nata montada.

A la hora de comparar, las diferencias entre la bavaresa y esta C.M. son mínimas. La más importante, tal vez, es que esta última necesita menos hojas de gelatina para obtener la misma textura. En las dos recetas que ofrezco a continuación, la gelatina sirve simplemente para aguantar el suero de la nata y de este modo evitar que vaya bajando. No es preocupante el hecho de que la crema esté prácticamente cuajada en el momento de montarla, pues una vez ésta haya reposado y vuelto a descender de temperatura la gelatina hará efecto de nuevo.

crema montada de cacao

Ingredientes:

1 l de nata líquida
150 g de azúcar
130 g de cacao
(de la mejor calidad)
10 yemas de huevo
2 hojas de gelatina

Elaboración:

Elaborar la receta base incorporando en caliente la gelatina; dejar enfriar y montar una vez haya semicuajado (2 hojas son insuficientes para que acabe de cuajar); incorporar el cacao tamizado.

crema montada de anís estrellado

Ingredientes:

1 l de nata líquida
150 g de azúcar
10 yemas de huevo
3 hojas de gelatina
8 semillas de anís estrellado

Elaboración:

Elaborar la receta base infusionando en la nata las semillas enteras (y nunca en polvo) de anís estrellado y deshacer la gelatina en caliente; colar y dejar enfriar. Una vez haya reposado, montar.

crema montada

b2 para moldes como bavaresa

Partiendo del mismo tipo de crema, existe otra posibilidad consistente en utilizar los moldes que ofrece el mercado para obtener formas concretas y, de este modo, poder aumentar las posibilidades de montaje de los postres. En la fotografía que aparece bajo estas líneas se pueden comprobar las posibilidades que ofrece el PVC, y de las que me di cuenta al confeccionar el tiramisù.

Para que el desmoldado se efectúe limpiamente, en primer lugar es necesario congelar la crema, tal y como se hace con los pasteles. Luego se desmolda y se deja descongelar.

crema de mascarpone

Ingredientes:

1 l de nata líquida
250 g de azúcar
10 yemas de huevo
1 kg de mascarpone
3 hojas de gelatina

Elaboración:

Hervir la nata con el azúcar. Una vez levante el hervor, retirar del fuego y añadir las yemas removiendo enérgicamente. A continuación, fundir las hojas de gelatina y, cuando la crema esté tibia, incorporar el mascarpone y triturarlo todo en el túrmix para que la crema quede bien fina.
Dejar reposar toda una noche, montar al día siguiente y llenar los moldes de PVC para poner a congelar. No descongelar hasta el día en que deba usarse.
Ciertamente, en este caso la gelatina puede endurecer algo más de la cuenta esta crema que una crema de mascarpone más tradicional (sin gelatina). Sin embargo, el hecho de sacrificar en cierto modo la textura quedará compensado por el resultado final.

crema montada

b3 para formas concretas como bavaresa

Se trata de otra manera de usar la crema montada con una receta del mismo tipo que las anteriores. Se utiliza la C.M. base con gelatina y, una vez montada, se pone en un recipiente que sea cómodo para trabajar. Con una cuchara se puede obtener una forma de quenelle clásica o, como en este caso, poniendo la cuchara totalmente vertical y girándola sobre sí misma, conseguiremos el efecto que se puede observar en el sabayón de rosas.

sabayón de rosas

Ingredientes:

1 l de nata líquida
10 yemas de huevo
150 g de azúcar
60 a 80 cc de agua de rosas
3 hojas de gelatina

Elaboración:

Hervir la nata con el azúcar. Una vez haya hervido retirar del fuego e incorporar las yemas, batiendo enérgicamente. A continuación, deshacer las hojas de gelatina y, cuando la crema se encuentre a temperatura ambiente, añadir el agua de rosas (nunca cuando la crema está a temperatura demasiado elevada, para evitar que el agua de rosas pierda aroma). Dejar reposar 24 h en la nevera y montar; llenar el recipiente elegido y dejar enfriar.

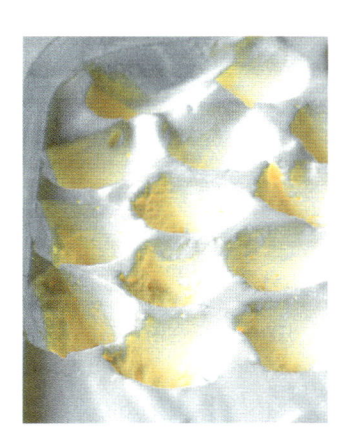

c en sifón

c1 para una crema ligera

c2 para gratinar

A fin de evitar posibles confusiones, y debido a que en el libro aparece ya un capítulo entero dedicado a las espumas, estas preparaciones se encuentran desarrolladas en el apartado de cremas montadas de dicho capítulo (págs. 66 y 67)

crema montada

mi tiramisù

	Ingredientes para 4 personas:	Elaboración:
salsa de café	100 g de nata líquida 1 yema de huevo 15 g de azúcar 1/2 taza de café (30 cc aprox.) 1/3 hoja de gelatina	Hervir la nata en un cazo junto al azúcar, retirar del fuego y añadir la yema removiendo enérgicamente con un batidor, poner la hoja de gelatina, el café y dejar enfriar en el frigorífico.
crema montada de mascarpone		Explicación en pág. 48.
gelatina de amaretto	65 cc de amaretto 35 cc de agua 1/2 hoja de gelatina	Calentar el agua y disolver la 1/2 hoja de gelatina; dejar que alcance temperatura ambiente y poner el amaretto; dejar enfriar en el frigorífico.
bizcocho a la cuchara	100 g de azúcar lustre 5 yemas de huevo 1 huevo entero 50 g de azúcar 5 claras de huevo 325 g de harina	Montar en la batidora las yemas con el azúcar lustre, montar por otro lado un merengue con las claras y el azúcar. Mezclar el huevo entero a las yemas montadas e incorporar con cuidado la harina. Añadir finalmente el merengue. Estirar en planchas y cocer al horno a 210° durante 5 min. Cortar en triángulos.
crocant líquido de bizcocho	100 g de bizcocho a la cuchara seco y molido 175 g de jarabe 50 g de glucosa	Poner el bizcocho seco y molido junto al jarabe y la glucosa en un vaso americano. Triturar y pasar por un colador. Cocer en tiras finas al horno, durante unos 6 min.
compacto de café	100 cc de café poco azucarado	Elaboración en pág. 175.
otros	· cacao · café líquido · caramelo de cacao (elaboración en pág. 240)	
montaje y pase	Poner una cucharada de salsa de café en el centro del plato, desmoldar del PVC dos cilindros de C.M. de mascarpone y ponerlos encima de la salsa. Embeber un triángulo de bizcocho a la cuchara con café y colocarlo entre los dos cilindros, luego la gelatina de amaretto, y espolvorear con un poco de cacao, encima del crocant de bizcocho a la cuchara, y por último, en el momento del pase, hacer una tira fina de caramelo de cacao y disponer medio compacto de café.	

"Tal vez se trate del postre mío que más gente ha probado."

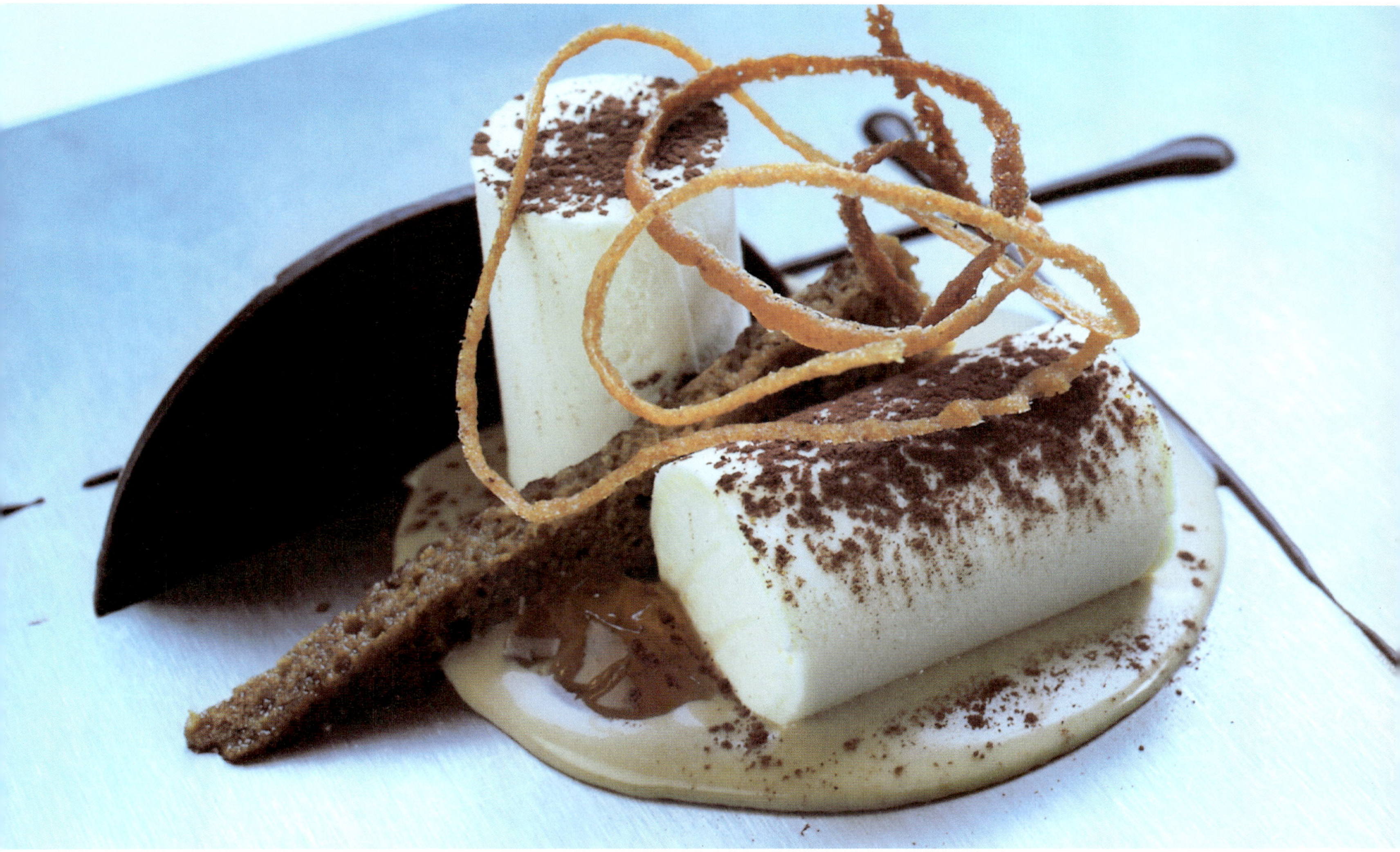

crema montada

canela·mandarina·rosas

| | Ingredientes para 4 personas: | Elaboración: |

sabayón de rosas

Elaboración en pág. 49.

gelatina de agua de rosas

25 cc de agua de rosas
100 cc de agua
20 g de jarabe
2,5 hojas de gelatina

Hervir en un cazo el agua y el azúcar; añadir la gelatina, dejar que se enfríe a temperatura ambiente para incorporar el agua de rosas. Dejar enfriar y cuajar. Una vez cuajada, romper con un batidor y dejar una salsa gelatinada y semilíquida.

reducción de mandarina

100 cc de zumo de mandarina
30 g de azúcar
piel rallada de 1 mandarina

Reducir en un cazo el zumo y el azúcar hasta obtener una densidad espesa; una vez fría, añadir la piel de mandarina para que sea más aromática.

granizado de mandarina

100 cc de zumo de mandarina
25 g de jarabe
piel rallada de 1 mandarina

Congelar el zumo de mandarina a -4°. Si resulta excesivamente ácido, recomiendo elevar el gusto rectificando de jarabe y añadiendo un poco de piel rallada de mandarina.

helado de canela

1/2 l de leche
60 g de azúcar
5 yemas de huevo
1 rama de canela
50 g de glucosa
4 g de estabilizante
canela en polvo (c.s.)

Hervir la leche con el azúcar y la glucosa e infusionar la canela (cuanto más tiempo mejor) y volver a levantar el hervor. Retirar del fuego y añadir las yemas poco a poco, batiendo sin parar. Al pasar por la sorbetera, rectificar de canela en polvo si fuera necesario, para que sea más aromático.

azúcar de mandarina

100 cc de zumo de mandarina
40 g de azúcar
40 g de juliana de piel de mandarina

Elaboración en pág. 211.

otros

· 12 gajos de mandarina

montaje y pase

Hacer 3 quenelles de sabayón de rosas, con una cuchara pequeña, verticalmente y girándola sobre sí misma. A continuación, disponer 3 gajos de mandarina, la reducción de mandarina y el agua de rosas. En el momento del pase, poner el granizado y el helado de canela y espolvorear con el azúcar de mandarina.

"Postre de resonancias marroquíes, con un gran equilibrio y ligereza. Creo que es uno de los que más gustaría, en una cata general de mis postres."

53

crema montada

mi selva negra

	Ingredientes para 4 personas:	Elaboración:
estofado de cerezas	50 g de cerezas 15 g de jarabe oscuro 30 g de puré de cerezas	Reducir en una sartén el jarabe oscuro y tirar las cerezas deshuesadas y partidas por la mitad; añadir el puré de cerezas y, cuando levante el hervor, retirar del fuego.
bizcocho de cacao	100 g de azúcar lustre 5 yemas de huevo 1 huevo entero 50 g de azúcar 5 claras de huevo 150 g de harina 60 g de cacao	Montar en la batidora las yemas con el azúcar lustre, montar aparte un merengue con las claras y el azúcar normal. Mezclar el huevo entero a las yemas montadas e incorporar con cuidado la harina y el cacao tamizados. Por último, añadir el merengue. Estirar en planchas y cocer al horno a 210° durante 5 min. Cortar en finas tiras.
punch de kirsch	50 g de jarabe 50 cc de agua 50 cc de kirsch	Mezclar los ingredientes en frío.
caramelo de cacao		Elaboración en pág. 240.
c.m. de kirsch	250 cc de nata líquida 3 yemas de huevo 75 g de azúcar 35 cc de kirsch 1 hoja de gelatina	Hervir la nata con el azúcar, retirar del fuego y añadir las yemas batiendo enérgicamente. Poner la hoja de gelatina y, cuando esté a temperatura ambiente, el kirsch. Dejar reposar 24 h, montar y poner en un molde rectangular de 4 cm de altura, congelar.
crocant líquido de bizcocho negro		Elaboración en pág. 108.
compacto de cerezas	puré de cerezas ligeramente azucarado	Elaboración en pág. 175.
otros	· galleta Oreo ligeramente troceada (sin el interior blanco) · virutas de chocolate	
montaje y pase	Con la ayuda de una brocha, dar forma alargada al caramelo de cacao. Cortar dos rectángulos congelados de C.M. de kirsch y ponerlos en el plato, a continuación el estofado de cerezas y el bizcocho negro embebido en punch de kirsch, y la viruta de chocolate. Poner en el frigorífico hasta el momento del pase. A la hora de servir, poner la galleta Oreo rota, el crocant líquido y el compacto de cerezas.	

"Postre de planteamiento similar al tiramisù; resulta más fresco que éste, y por tanto, más veraniego, al llevar una fruta de temporada, las cerezas."

55

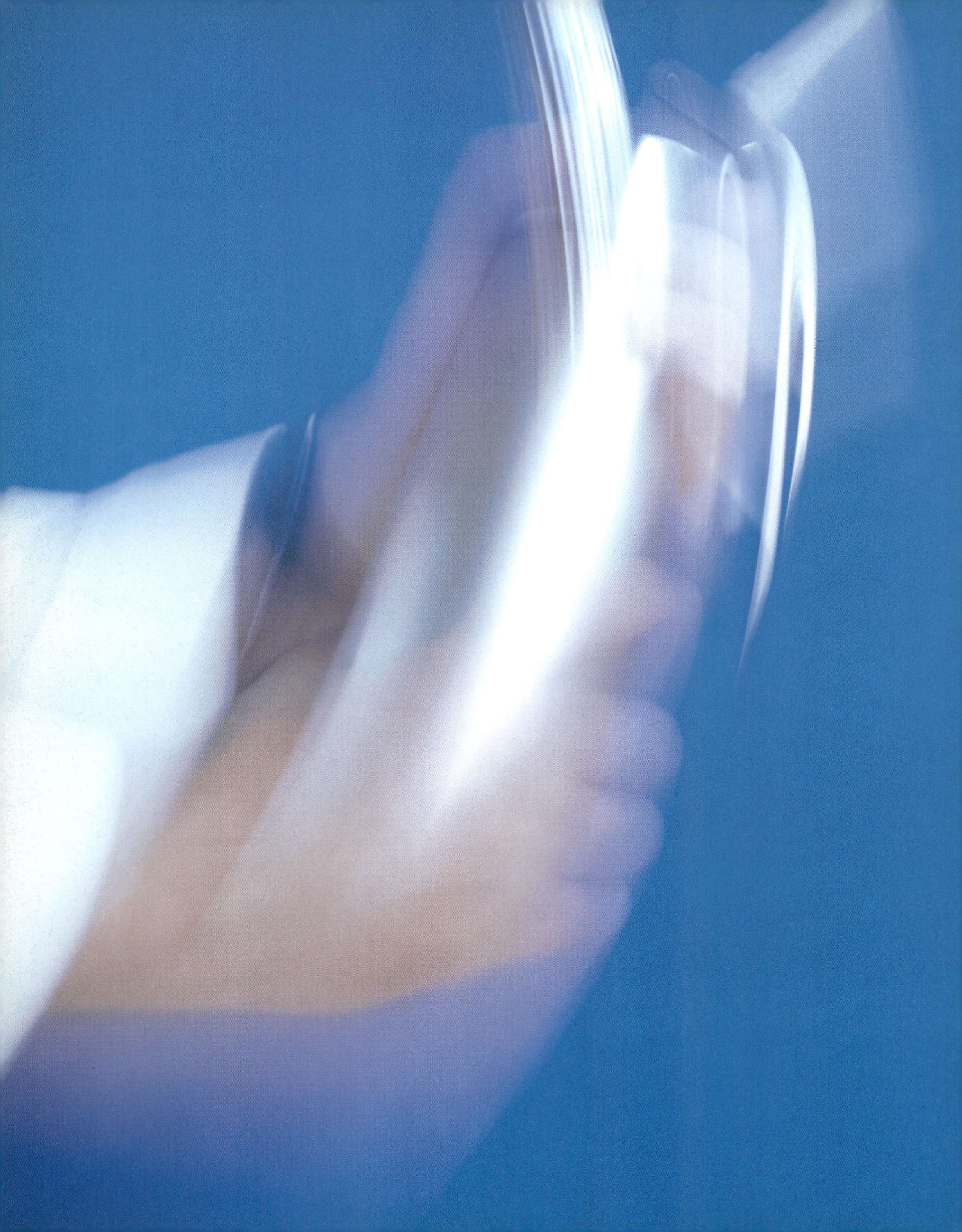

espumas de **el bulli**

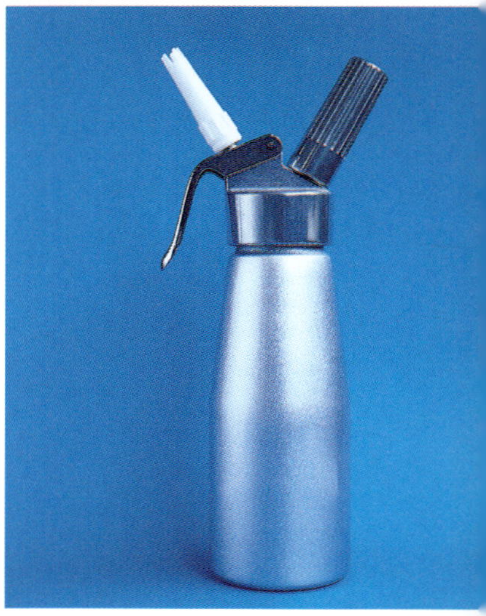

espumas de el bulli

Si tuviera que elegir una palabra que defina lo que representó el nacimiento de las espumas, no lo pensaría dos veces: *revolución*.

Efectivamente, se trata de una revolución efectuada a partir del concepto de la mousse, término que, en francés, significa precisamente espuma. Las mousses parten de unas mezclas ligeras realizadas a base de un puré o una crema, que se airean añadiendo nata montada o merengue.

Ferran quiso ir más lejos y pensó en hacer una mousse partiendo tan sólo del ingrediente básico, puesto que opinaba que lo que se ganaba en ligereza se perdía en sabor, debido a la adición de nata o merengue. Después de considerar la idea durante varios años, y tras muchas pruebas, se dio con el primer resultado positivo; había nacido la *espuma*. Desde entonces se ha producido una evolución tendente a dominar el sistema de los sifones.

Esta elaboración es muy sencilla. Se limita a poner purés, cremas, líquidos o aguas ligeramente gelatinadas, dependiendo de su densidad o contenido en grasas, en el sifón ISI. Se obtiene de este modo una espuma que contiene únicamente el producto base, como en el caso de la espuma de frambuesas. Paralelamente, hemos comprobado su polivalencia, pues admite cremas inglesas, leches con un porcentaje de nata, lácteos, merengues, gelatinas licuadas, purés de frutas o incluso estamos realizando pruebas con bizcochos y soufflés.

Aunque las modas y la evolución de la cocina son imprevisibles, y son las que marcan el mayor o menor uso de una serie de productos y elaboraciones, vaticino a las espumas una larga existencia. Por de pronto, los "inventores" del antecesor de la espuma, los franceses, han optado por traducir nuestras elaboraciones con el nombre de *écume*, sinónimo de *mousse* que, hasta el momento, nunca se había utilizado en gastronomía. Este hecho no deja de ser un reconocimiento a la entidad diferenciada que han adquirido.

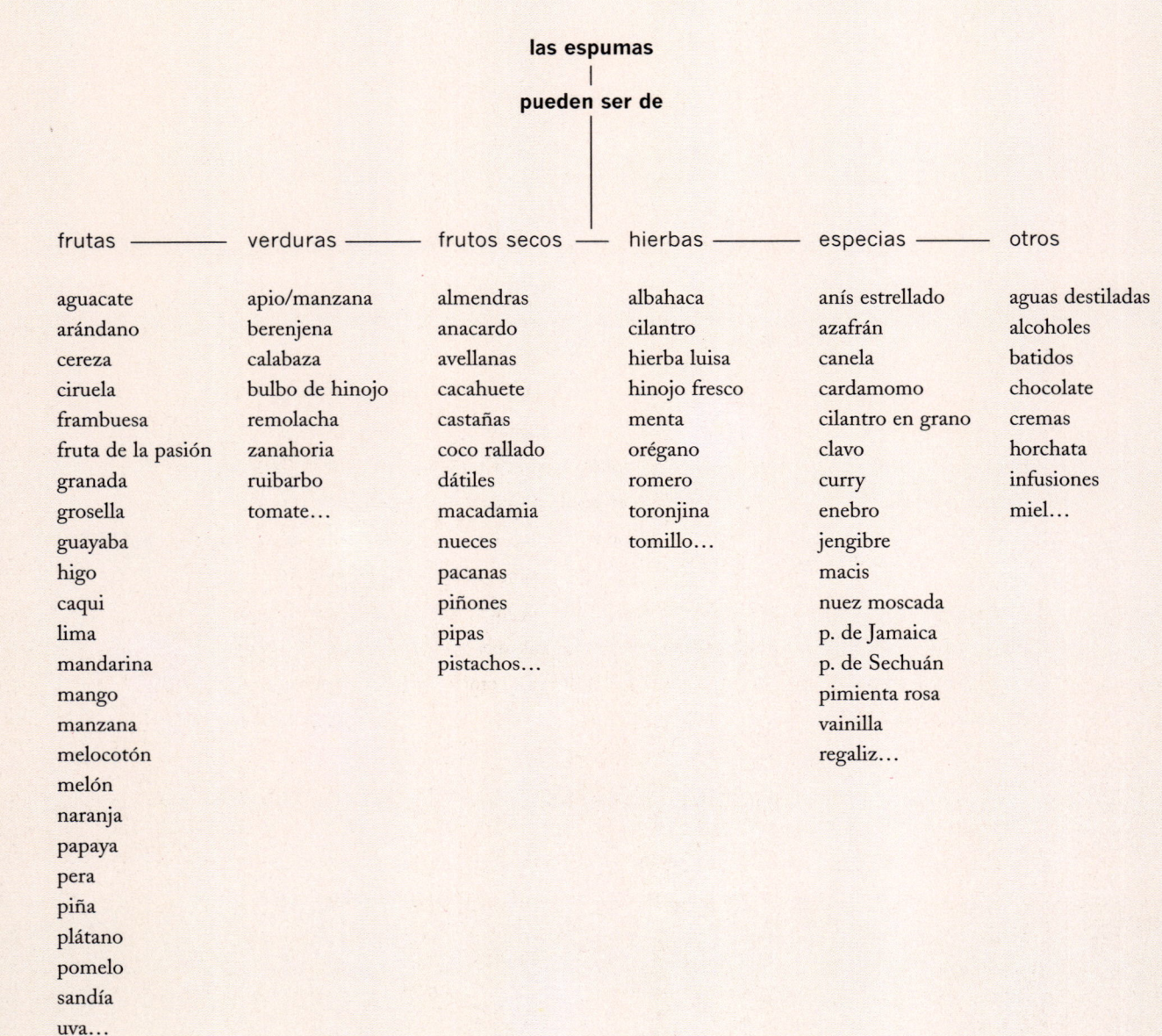

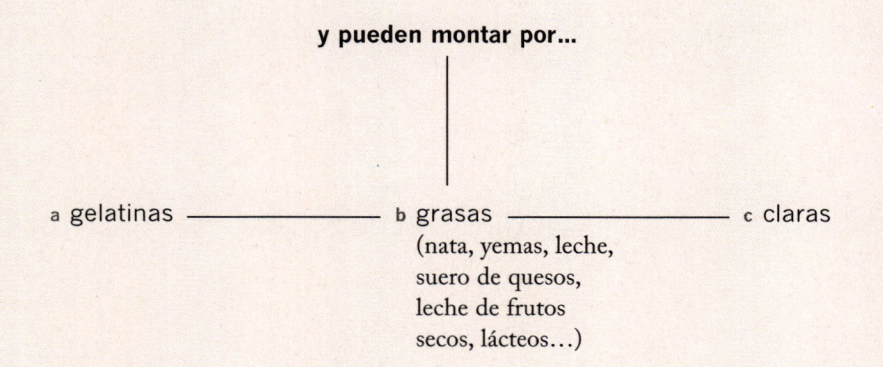

las espumas

pueden ser de

frutas	verduras	frutos secos	hierbas	especias	otros
aguacate	apio/manzana	almendras	albahaca	anís estrellado	aguas destiladas
arándano	berenjena	anacardo	cilantro	azafrán	alcoholes
cereza	calabaza	avellanas	hierba luisa	canela	batidos
ciruela	bulbo de hinojo	cacahuete	hinojo fresco	cardamomo	chocolate
frambuesa	remolacha	castañas	menta	cilantro en grano	cremas
fruta de la pasión	zanahoria	coco rallado	orégano	clavo	horchata
granada	ruibarbo	dátiles	romero	curry	infusiones
grosella	tomate…	macadamia	toronjina	enebro	miel…
guayaba		nueces	tomillo…	jengibre	
higo		pacanas		macis	
caqui		piñones		nuez moscada	
lima		pipas		p. de Jamaica	
mandarina		pistachos…		p. de Sechuán	
mango				pimienta rosa	
manzana				vainilla	
melocotón				regaliz…	
melón					
naranja					
papaya					
pera					
piña					
plátano					
pomelo					
sandía					
uva…					

y pueden montar por…

a gelatinas ——— b grasas ——— c claras
(nata, yemas, leche,
suero de quesos,
leche de frutos
secos, lácteos…)

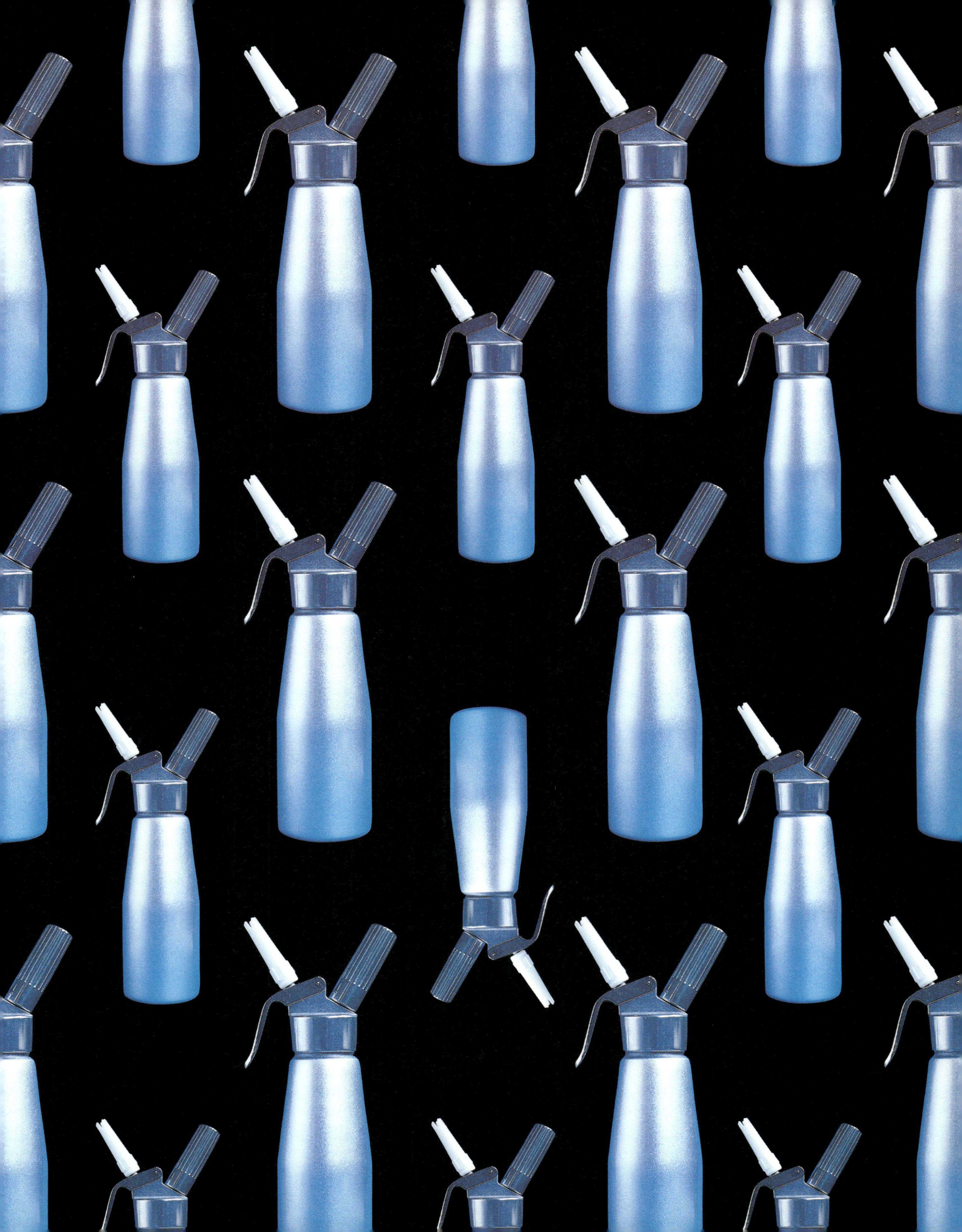

espumas
cómo usar los sifones

Preparar el puré o el zumo gelatinado elegido.

Pasar el producto por un colador y llenar el sifón.

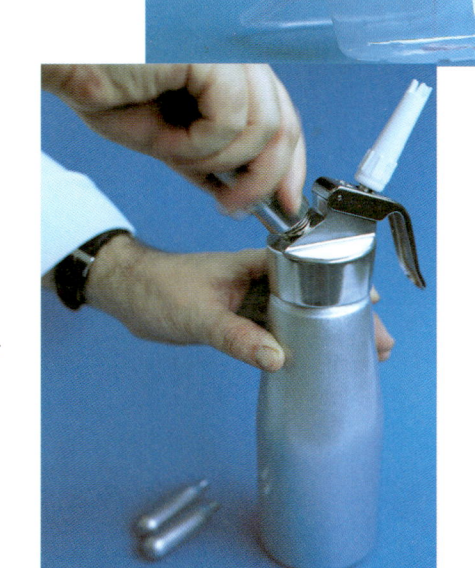

Cerrar el sifón y poner las cargas de aire.

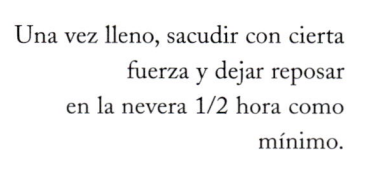

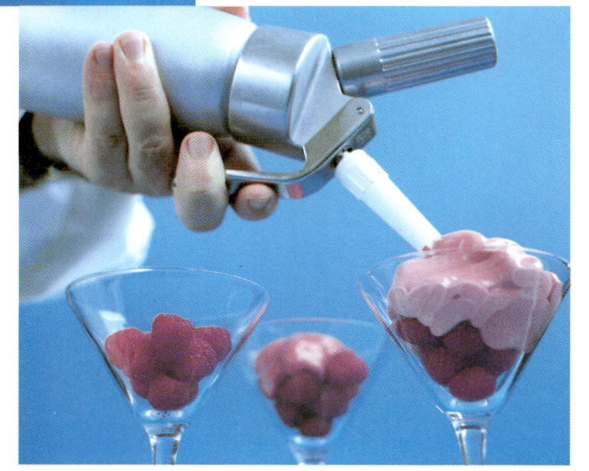

Una vez lleno, sacudir con cierta fuerza y dejar reposar en la nevera 1/2 hora como mínimo.

espumas

cómo usar los sifones

Veamos ahora algunos consejos sobre el uso del sifón ISI, así como ciertas características sobre su funcionamiento.

- Para un correcto uso, los sifones se deben llenar en un 90% de su capacidad con el producto elegido. En caso de no hacerlo se presentarían dificultades para introducir el gas.
- Una vez se vacíe y se cambie el producto, limpiar bien todos los componentes, para comprobar que no han absorbido los olores de anteriores cargas y que las gomas están en perfecto estado.
- Mantener siempre las cargas en un sitio seguro, lejos de toda fuente de calor.
- El reposo en la nevera es importante para que la gelatina o el puré se asienten y la espuma salga sin problemas. Si se trabaja con prisa, se puede agitar el sifón con golpes secos y fuertes, lo cual también provocará que salga la espuma.
- No es aconsejable poner más de dos cargas, pues la presión sería muy grande y la espuma podría salpicar, además de bajar más rápidamente.
- La parte más sensible del sifón es el grifo de mano; hay que procurar que no reciba golpes.
- Si se dispone de varios sifones, es conveniente aplicar en cada uno de ellos un papel adhesivo con el nombre del producto que contienen. Ello nos permitirá no equivocarnos en espumas que sean del mismo color.
- Insistiré en la importancia de colar los purés antes de ponerlos en el sifón, circunstancia crucial para obtener un buen resultado.
- Si se quisiera vaciar el contenido del sifón antes de que se acabe, es necesario agotar la espuma hasta que salga todo el aire. Sólo entonces se podrá abrir con toda seguridad.
- A pesar de que todos estos consejos puedan parecer excesivos, cualquier ama de casa puede usar el sifón sin más problemas. Sólo hace falta probarlo para comprobar su simplicidad.
- Por último, se puede afirmar que la calidad del resultado final vendrá dada por una proporción equilibrada de:

  cantidad del producto / cargas de aire / hojas de gelatina / reposo / porcentaje de grasa.

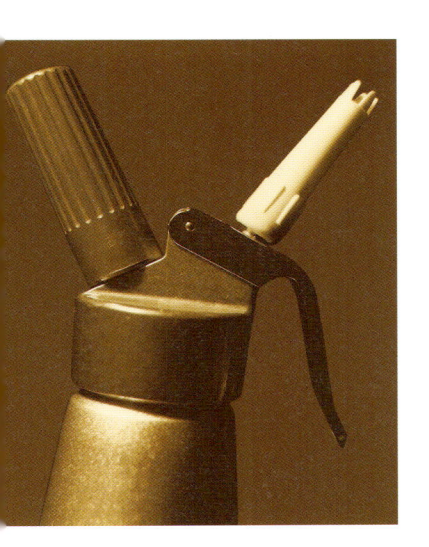

espumas

pueden montar por... gelatinas

a **espumas gelatinadas**

De entre los grupos enumerados anteriormente, éste es, quizás, el que más posibilidades ofrece, y por ello es el que más utilizamos en la cocina de El Bulli, sobre todo porque en estas elaboraciones se nota más la magia especial que rodea a una receta cuando se hace por primera vez.

Cuando se introduce agua ligeramente gelatinada en el sifón y el resultado es una espuma muy parecida a la de afeitar, es fácil imaginar lo que sucederá si en su lugar utilizamos un agua de menta. Las otras elaboraciones que se realizan con el sifón (como el merengue o las cremas), pese a ser también especiales, no resultan tan espectaculares. Para una mayor facilidad del uso de los sifones, vamos a separar las espumas gelatinadas en cuatro grandes grupos, para luego ver una receta correspondiente a cada grupo (que luego será aplicable al resto de los productos):

a1 espumas de frutas gelatinadas
a2 espumas de frutos secos gelatinados
a3 espumas de agua de hierbas gelatinadas
a4 espumas de jarabes ligeros gelatinados

a1 espumas de frutas gelatinadas

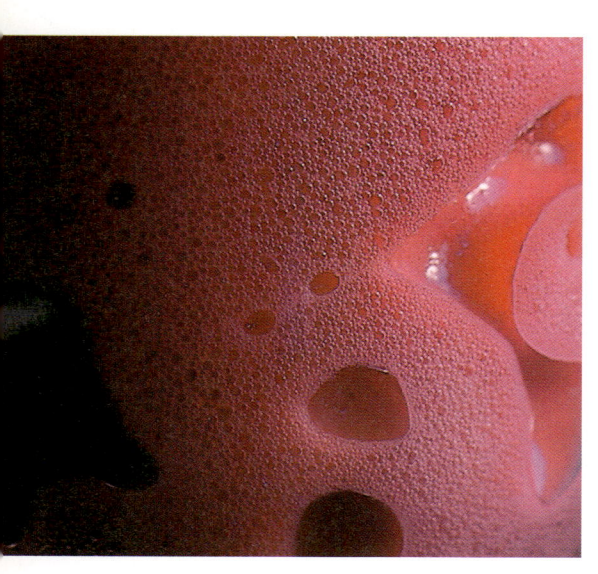

espuma de frambuesas

Ingredientes:
800 g de frambuesas naturales
200 g de jarabe
200 cc de agua
4 hojas de gelatina

Elaboración:
Introducir las frambuesas y el agua en el vaso americano; entretanto hervir el jarabe y disolver la gelatina en caliente. Triturarlo todo muy bien y pasarlo hasta dos veces por un colador para asegurarse de haber eliminado todas las pepitas, que podrían atascar el sifón.

a2 espumas de frutos secos gelatinados

espuma de almendras

Ingredientes:

1 kg de granillo de almendra sin tostar
1.300 cc de agua
200 g de jarabe
3 hojas de gelatina

Elaboración:

Dejar los tres primeros ingredientes (almendras, jarabe y agua) en remojo, durante 12 horas como mínimo, para que se hinche el granillo. Triturarlo todo en el vaso americano hasta que quede bien fino, luego pasarlo por la estameña para que salga toda la leche y calentar una pequeña parte en el microondas para fundir la gelatina. Para asegurarse se puede pasar por un colador fino. Llenar el sifón, dejar reposar 1 hora y utilizar.

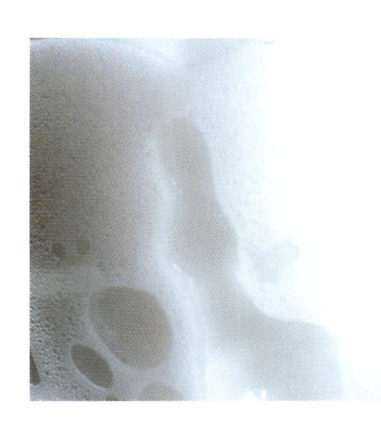

a3 espumas de hierbas gelatinadas

espuma de albahaca

Ingredientes:

100 g de hojas de albahaca
agua (c.s.)
jarabe (c.s.)
hojas de gelatina (4 por cada litro de agua de albahaca)

Elaboración:

Limpiar y lavar las hojas de albahaca, previamente seleccionadas. Escaldarlas en agua hirviendo, enfriar en agua con hielo y triturar las hojas en el vaso americano, añadiendo el agua usada en la cocción y rectificando con jarabe; dejar triturar muy bien para que saque todo su jugo y pasar el puré por un colador fino para que salga toda el agua. Poner de 4 a 6 hojas de gelatina por litro según la utilización que se haya previsto. Llenar el sifón, cargar y utilizar inmediatamente si se desea.

"En esta receta no indico las cantidades de los ingredientes puesto que dependen del tipo de albahaca utilizado y del estado en que se encuentren las hojas."

a4 espumas de jarabes ligeros

espuma de azafrán

Ingredientes:

1/2 l de agua
75 g de azúcar
6 hebras de azafrán
3 hojas de gelatina

Elaboración:

Hervir el agua con el azúcar para obtener un almíbar ligero; a continuación, deshacer las hojas de gelatina y añadir las hebras de azafrán. Dejar reposar en el frigorífico hasta que la gelatina haya cuajado, lo cual indicará que ya se puede llenar el sifón; colar, cargarlo y usarlo inmediatamente si se desea.

espumas

pueden montar por... grasas

b crema montada

como una crema ligera

Retomando el capítulo anterior, recordaré que las cremas montadas también se pueden montar en el sifón. El sifón puede solventar algunas de las dificultades que plantean ciertas recetas, caso de la crema montada de alcoholes o la de frutas líquidas. Efectivamente, al incorporar tanto líquido a la crema, a ésta le podría costar montar más de lo normal, y al mismo tiempo baja más rápidamente, por lo que nunca llega a alcanzar una textura tan densa como en otros casos. En cambio, en el sifón todo son ventajas, pues además de adquirir más volumen debido a la presión, la crema siempre está en perfecto estado.

A continuación ofrezco una receta de crema montada de alcoholes y una de crema montada de frutas:

b1 crema montada de alcoholes

Ingredientes:

1 l de nata
10 yemas de huevo
150 g de azúcar
140 cc de ginebra

Elaboración:

En ambos casos, poner a hervir la nata con el azúcar; una vez hierva la nata retirar del fuego e incorporar las yemas batiendo enérgicamente. Cuando la crema esté fría añadir el alcohol o el puré de frutas; llenar el sifón, cargar y usar.

b2 crema montada de frutas

Ingredientes:

1 l de nata
10 yemas de huevo
150 g de azúcar
200 g de puré de fruta de la pasión

espumas

b3 para gratinar como un sabayón

Elaboración:

Tal y como se explica en la página 46, otra manera de gratinar con la crema montada es la que se realiza poniendo la crema en el sifón, al salir con una textura más dura que montada a mano, resistirá más en la salamandra antes de que se baje.

b4 cremas diversas

Recientemente hemos trabajado con cremas cocidas, cuyo espesor nos impulsó en un principio a prescindir de los sifones. Pero, como ya he repetido, la ligereza en un postre constituye para mí una auténtica obsesión, así que me decidí a probarlas en un sifón.

La crema pastelera, la mousseline, las natillas o la crema catalana, además de todas las cremas citadas en la página 28, una vez manipuladas para introducirlas en el sifón (por ejemplo, reduciendo la cantidad de harina u otro tipo de espesantes, y adaptando las proporciones) nos ofrecen una textura totalmente nueva. Como muestra, lo mejor es probar la crema catalana cuya receta ofrezco a continuación.

crema catalana

Ingredientes:

1/2 l de leche
1/2 l de nata líquida
150 g de azúcar
15 g de harina o almidón
raspadura de naranja
y un poco de limón
1/2 rama de canela
1 rama de vainilla
10 yemas de huevo

Elaboración:

Hervir e infusionar la canela, la vainilla y las pieles en la leche y la nata. Separar las yemas y blanquearlas con el azúcar, añadir la harina e incorporar a estos tres ingredientes la leche, una vez infusionada, pasándola por un colador. A continuación, cocer todo a fuego lento.
Dejar que se enfríe y llenar y cargar el sifón.

espumas

b5 espumas de lácteos

Podría haber titulado este apartado "Espumas de yogur", pues éste es el elemento lácteo que más empleo en mis elaboraciones, pero cualquier otro producto de estas características, como el queso fresco, el mató, quesos muy tiernos u otros convenientemente manipulados para que su estado llegue a ser semilíquido, nos permitirá hacer espumas. Una manera más sencilla de realizarlas sería sacar el suero en el caso de los más duros o añadir agua para dejar una textura semilíquida en el caso del mató o el queso fresco. Explicar y desarrollar todo este proceso resultaría muy largo, por lo que me centraré en la espuma de yogur. En mi opinión, este elemento es muy importante, porque resulta ser uno de los pocos agrios con los que se puede trabajar en cantidades importantes, y además, es excelente para equilibrar los postres de azúcar.

espuma de yogur

Ingredientes:

800 g de yogur
200 cc de nata líquida
150 g de azúcar

Elaboración:

Mezclar los ingredientes hasta que el azúcar esté bien disuelto y llenar el sifón. En este caso vemos una variante de las otras recetas, consistente en añadir un pequeño porcentaje de nata, únicamente para que el sifón la levante y se monte. De este modo, la espuma aguantará sin necesidad de gelatina.

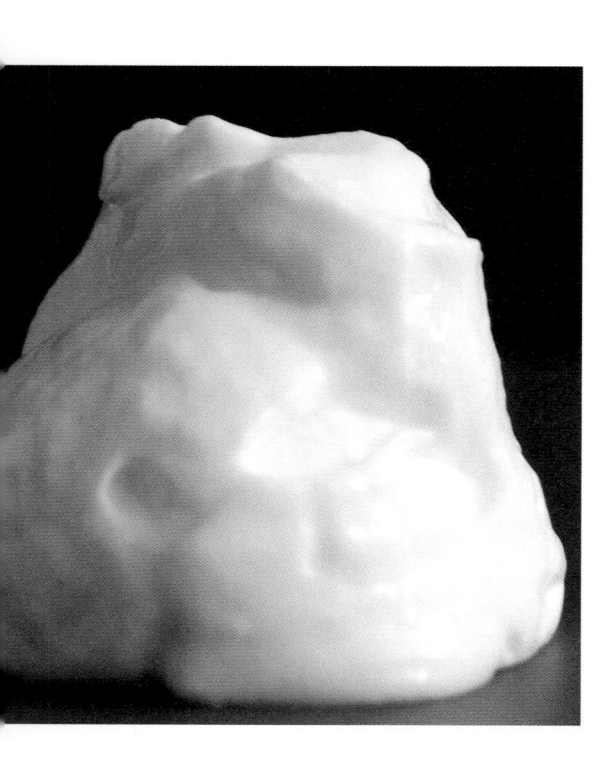

pueden montar por... claras

c merengues

Sin duda es una de las elaboraciones que más se beneficia del uso del sifón, ya que con este utensilio se terminan todos los problemas de incluir un merengue en un postre por temor a que no aguante lo suficiente o a que esté más o menos duro. Se llegan a hacer merengues de una calidad y dureza excelentes, con relativamente poco azúcar. La receta, muy sencilla, es la siguiente:

Ingredientes:

1 l de claras de huevo
250 a 400 g de azúcar
una pizca de sal

Elaboración:

Mezclar las claras con el porcentaje de azúcar escogido y pasarlas por un colador antes de introducirlas en el sifón, para romper la albúmina, con lo cual quedarán más sueltas. Llenar el sifón, cargar y dejar reposar una hora. El baremo de azúcar es el límite de menos a más que he observado que pueden admitir las claras para el montaje de un postre. Debe pensarse que con 250 g de azúcar quedará poco dulce pero bajará muy rápido. Con 400 g, aguantará bien, pero resultará más dulce.

espumas

frambuesa-pimienta de sechuán

	Ingredientes para 4 personas:	Elaboración:
espuma de frambuesa	500 g de frambuesas naturales 100 cc de agua 100 g de jarabe 2 hojas de gelatina unas gotas de zumo de limón	Triturar en el vaso americano las frambuesas, el agua, el jarabe y las gotas de zumo de limón, todo ello sin cocer para preservar al máximo el perfume de las frambuesas. Pasar muy bien por un colador y calentar una pequeña parte para disolver las 2 hojas de gelatina; llenar el sifón, cargar y guardar en el frigorífico.
helado de pimienta de sechuán	1/2 l de leche 100 cc de nata 70 g de azúcar 20 g de glucosa 5 yemas de huevo 15 g de pimienta de Sechuán 4 g de estabilizante	Hervir en un cazo la leche, la nata, la glucosa y el azúcar (junto al estabilizante), infusionar la pimienta de Sechuán y volver a levantar el hervor. Retirar del fuego y añadir las yemas, batiendo poco a poco y sin parar. Dejar madurar 12 h en el frigorífico y pasar por la sorbetera.
frambuesa caramelizada	8 frambuesas 50 g de caramelo neutro (pág. 86)	Estirar el caramelo neutro entre dos silpats, lo más fino posible (pág. 83), pasar luego a un papel sulfurizado y cortar cuadrados de 2 cm. Poner cada cuadrado encima de una frambuesa y calentar en la salamandra unos segundos.
pomelo a la menta	4 gajos de pomelo 4 hojas de menta	Cortar los vértices de cada gajo de pomelo para dejar el centro del gajo, y envolver alrededor una hoja de menta.
montaje y pase	En primer lugar, caramelizar las frambuesas, tal como he explicado anteriormente. Luego, en un plato sopero o en una copa helada, poner la quenelle de helado de pimienta de Sechuán, a continuación la espuma de frambuesa, en un lado las dos frambuesas caramelizadas y en el otro el pomelo a la menta. Servir rápidamente.	

"Sencillo plato compuesto de dos elementos, la espuma y el helado, que son de una calidad tan excelente que no vale la pena complicarlo. El pomelo a la menta pretende alegrar el plato, por lo que recomiendo comerlo a la mitad. Es de pase muy fácil, y excelente como postre de menú."

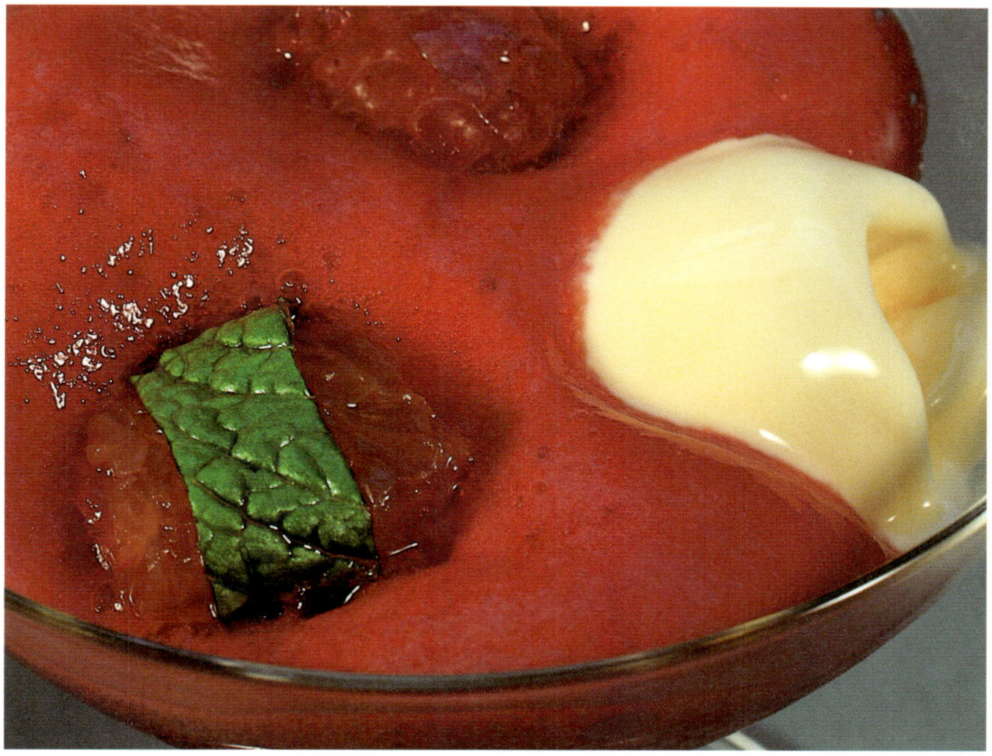

espumas

manzana-yogur/queso fresco-albahaca

| | Ingredientes para 4 personas: | Elaboración: |

gelatina de manzana

Elaboración en el postre del plato de las especias (pág. 142).

sorbete de queso fresco y yogur

250 g de yogur
250 g de queso Quark
la piel rallada de 1 limón
80 g de glucosa
40 g de azúcar

Emulsionar e integrar todos los ingredientes en el vaso americano y rayar la piel de limón justo antes de pasarla por la sorbetera.

espuma de albahaca

100 g de albahaca fresca
agua (c.s.)
jarabe (c.s.)
gelatina (c.s.)

Escaldar en agua hirviendo las hojas de albahaca seleccionadas, durante 10 seg, y enfriar en agua con hielo. Triturar las hojas en el vaso americano con un poco del agua del escaldado y rectificar de jarabe.
Por cada 250 cc de agua de albahaca obtenida, poner 1 h de gelatina. Llenar el sifón.

para la ensalada

8 hojas de "ficoïde glaciale"
4 fresas pequeñas
8 trozos laminados de apio (sin fibra)
16 cuadrados pequeños de manzana verde
4 hojas pequeñas de menta fresca
4 hojas pequeñas de albahaca fresca

montaje y pase

Poner a un lado del plato las 2 hojas de "ficoïde glaciale", los 2 dados de manzana y 1 fresa. Ocupar 3/4 partes del fondo del plato con la gelatina de manzana tapando estos ingredientes y acabar de poner el resto de la ensalada. En el momento del pase acabar con la espuma de albahaca y la quenelle de sorbete de queso fresco y yogur.

"Adaptación evolutiva de un plato mío en el que utilizo un ingrediente muy singular, el 'ficoïde', que al combinar con la gelatina parece que esté relleno de agua de manzana."

73

espumas

limón·café·plátano

	Ingredientes para 4 personas:	Elaboración:
helado de flan de limón	8 limones (250 cc aprox.) 250 g de azúcar 8 huevos enteros la piel rallada de 2 limones	Batir los huevos con el azúcar, exprimir el limón y añadir el zumo. Cocer al baño maría a 160° durante 20 min. Al sacarlo del horno, aún caliente, triturar en el vaso americano y pasar por la sorbetera.
granizado de café	125 cc de café exprés 25 g de azúcar 1/2 hoja de gelatina	Disolver el azúcar y la gelatina en el café aún caliente y congelar a -4°.
toffee de plátano a la vainilla	75 g de toffee 50 cc de nata líquida 50 cc de leche 125 g de plátano 18 g de jarabe oscuro 1 rama de vainilla unas gotas de zumo de limón	Hacer un toffee tal y como se explica en la pág. 236. Cocer el plátano en el microondas con el jarabe oscuro y el zumo de limón. Infusionar la vainilla en la nata y la leche hervidas y ponerlo todo en el vaso americano; triturar hasta que quede una salsa consistente. Colar y guardar.
merengue	250 g de claras de huevo 80 g de azúcar	Mezclar, batiendo pero sin montar las claras con el azúcar, pasarlo por un colador e introducirlo en el sifón. Dejar reposar, cargar y usar.
montaje y pase	Sobre un cortapastas en plato frío, poner el helado de flan de limón, a continuación el merengue con el sifón. En el medio poner el granizado de café y, justo entre el merengue y el granizado, el toffee de plátano.	

"Postre de contrastes claros y de muy difícil equilibrio. Aconsejo probar el postre para saber cuáles son las proporciones necesarias exactas de cada elaboración."

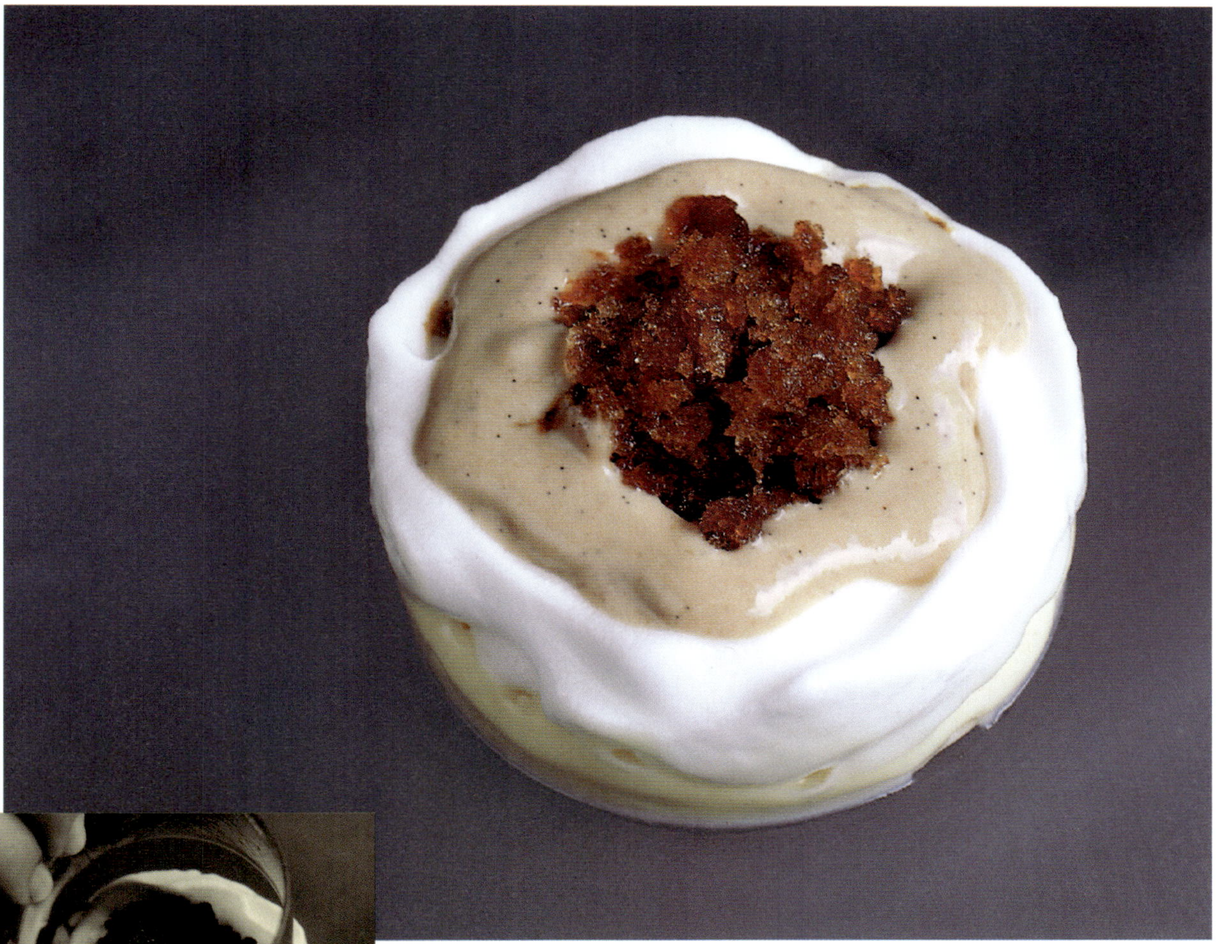

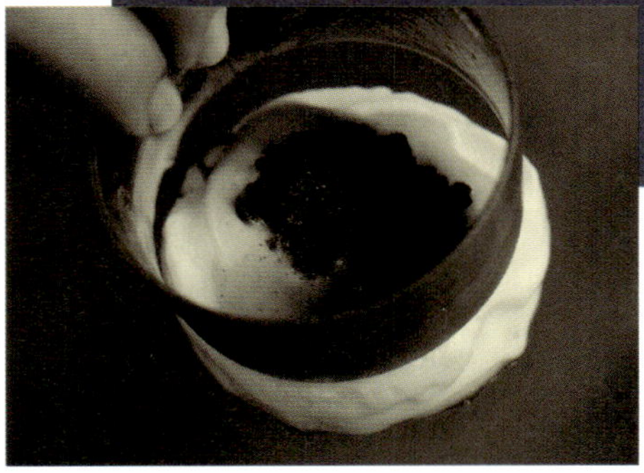

espumas

chocolate·hinojo·menta

	Ingredientes para 4 personas:	Elaboración:
sopa de chocolate amarga	300 cc de nata líquida 200 g de pasta de cacao 75 g de cobertura "guaranda" 75 g de gianduia 50 g de mantequilla 25 g de glucosa 375 cc de agua	Hervir en un cazo la nata y el agua, retirar del fuego y disolver la mantequilla y la glucosa. Fundir en el microondas o al baño maría el chocolate, la pasta de cacao y la gianduia, dejar a temperatura ambiente y cuando ambas partes estén a temperatura similar, mezclarlas. Pasarlo todo por el túrmix para dejarlo bien fino. Colarlo y guardarlo en el frigorífico.
espuma de hinojo	100 g de hinojo fresco jarabe (c.s.) agua (c.s.) 6 hojas de gelatina por litro de agua de hinojo	Deshojar y escaldar el hinojo en agua hirviendo durante 15 seg. Triturar por el vaso americano con un poco del agua de la cocción y jarabe. Pasar por un colador y rectificar de gelatina según cantidad.
trufa de menta	175 g de cobertura "guaranda" 50 g de pasta de cacao 350 cc de nata líquida 100 g de menta fresca 35 g de tremolina 35 g de mantequilla salada	Hervir la nata en un cazo e infusionar la menta fresca durante 5 min. Triturar, colar y reservar. Poner el chocolate picado en el vaso americano junto a la pasta de cacao. Calentar la nata de menta al microondas e incorporarla al chocolate. Seguir poniendo la tremolina y la mantequilla salada, procurando que la temperatura final de la trufa sea de unos 35° para favorecer la cristalización de la manteca de cacao. Dejar enfriar y cortar en cuadrados de 2x2 cm.
caramelo de pasta de cacao		Elaboración en pág. 86.
granizado de cacao	130 cc de agua 30 g de glucosa 15 g de cacao (de la mejor calidad) 10 g de azúcar 1/2 hoja de gelatina	Hervir el agua en un cazo junto a la glucosa y el azúcar, retirar del fuego y disolver el cacao y la gelatina. Triturar, colar y congelar a -4°.
otros	· decoración de chocolate (virutas)	
montaje y pase	Hacer el ravioli de chocolate y menta, tal como se explica en la pág. 92; entretanto, calentar la sopa de chocolate en el microondas. En un plato sopero, poner una tira de salsa de chocolate y la espuma de hinojo, encima de ésta disponer el granizado de cacao y la decoración de chocolate, y una cuchara de postre al lado con el bombón de menta en su interior.	

"Postre de difícil ejecución, ya que se tienen que tener en cuenta varias cosas: la temperatura de la sopa, la calidad del ravioli de menta (que por cierto, se sirve en la cuchara para que el comensal lo consuma en primer lugar y, además, sin mezclarlo con nada más para notar ese efecto líquido único que posee). Al mismo tiempo, la espuma de hinojo puede estropear estéticamente el postre si se baja rápido."

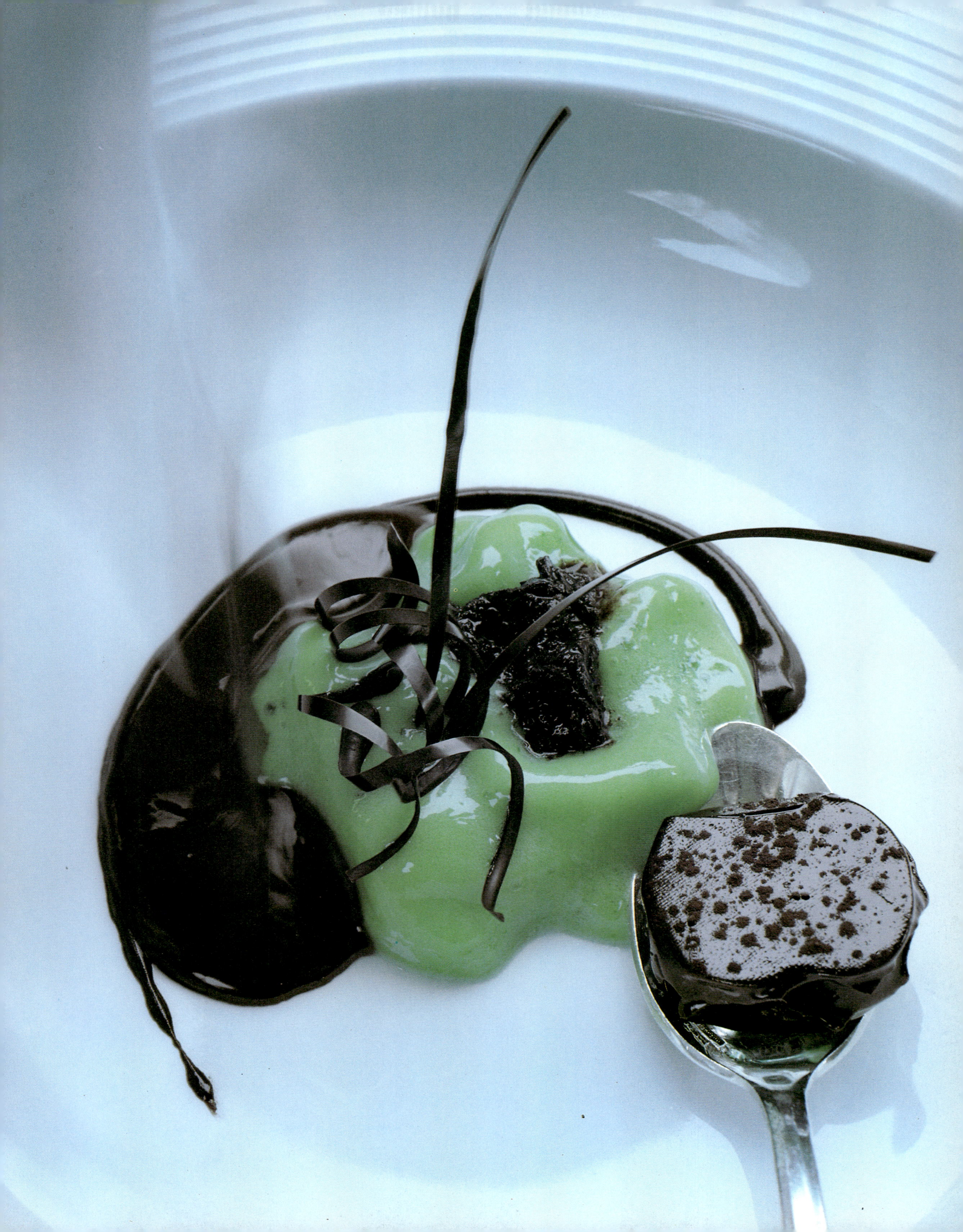

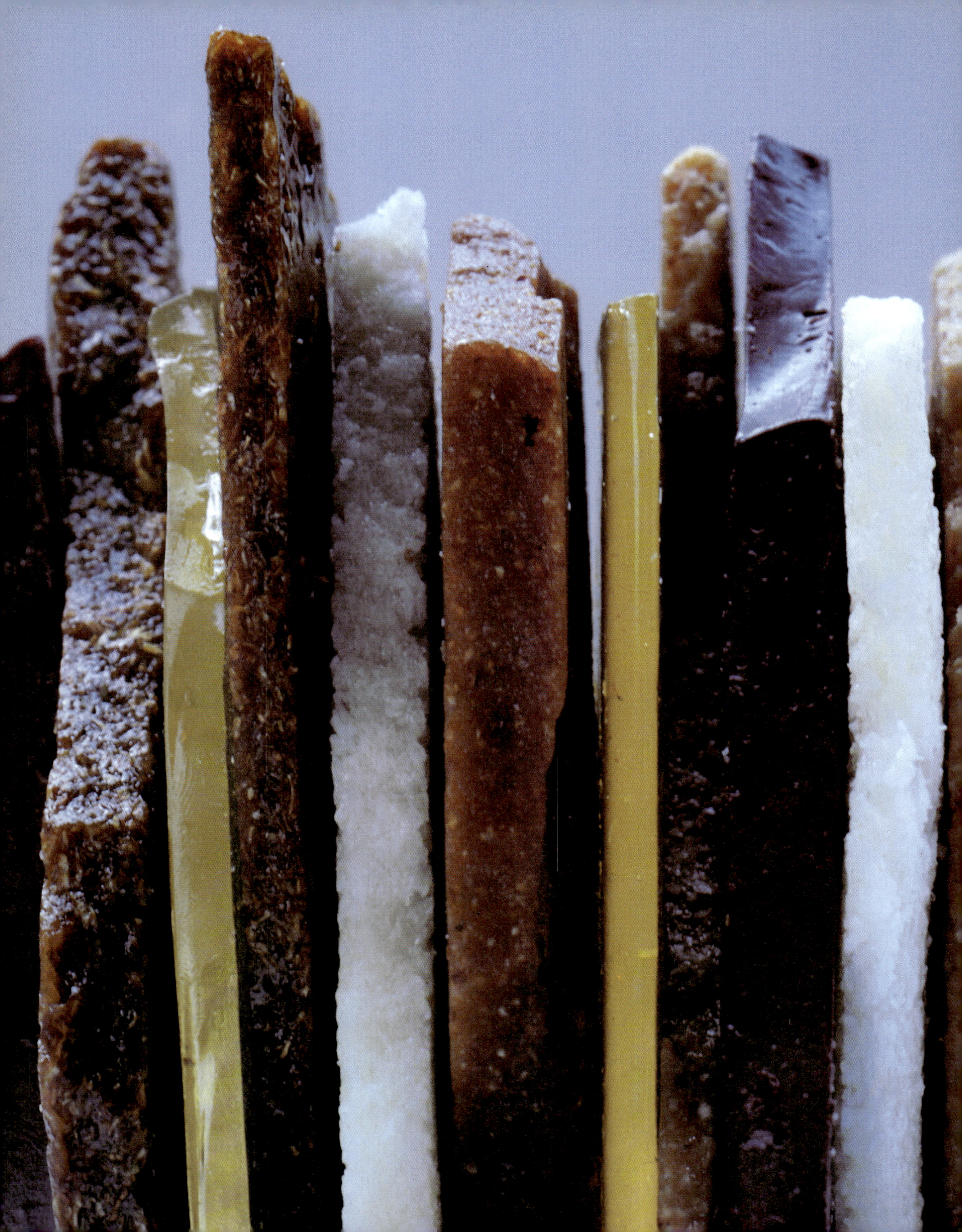

caramelos y crocants

los caramelos
|
pueden ser
|
neutros y de

a chocolates ────────── **b** hierbas ────────── **c** aromatizados ────────── **d** otros

chocolate blanco   hierba luisa   aguas destiladas   ahumado
chocolate con leche   hinojo   esencias   café
pasta de cacao   menta…   pieles de cítricos…   leche en polvo
                                                                    miel…

los crocants
|
pueden ser de

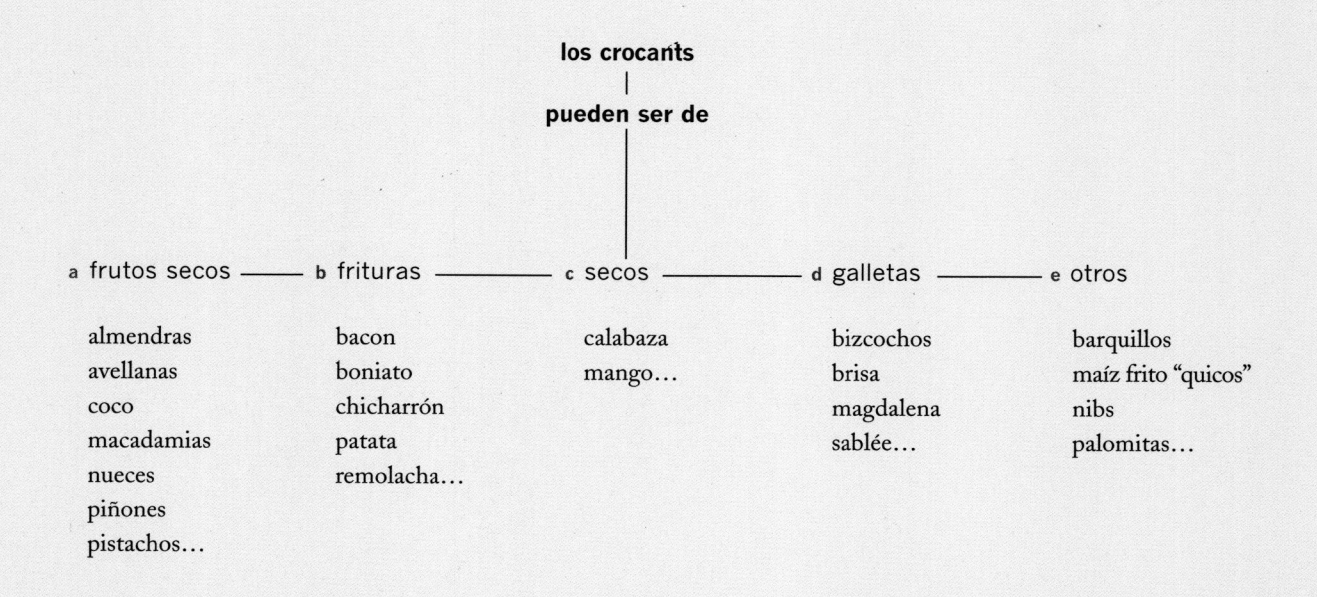

a frutos secos ────── **b** frituras ────── **c** secos ────── **d** galletas ────── **e** otros

almendras   bacon   calabaza   bizcochos   barquillos
avellanas   boniato   mango…   brisa   maíz frito "quicos"
coco   chicharrón   magdalena   nibs
macadamias   patata   sablée…   palomitas…
nueces   remolacha…
piñones
pistachos…

También es posible realizar mezclas de dos tipos distintos, como por ejemplo de cacahuete y miel o de galleta y café, con lo que las posibilidades son ilimitadas.

caramelos y crocants

Podría afirmar que los caramelos y los crocants son los elementos que más me cuesta descartar a la hora de hacer un plato, pues sin duda, de entre todas las elaboraciones que conozco, son los que presentan una textura más diferenciada y especial.

Por otra parte, tanto los crocants como los caramelos admiten perfectamente una gran variedad de combinaciones y de formas, y otorgan a los postres una textura muy característica, que posee el aliciente de no tener parangón en los platos salados. Es conveniente, pues, aprovechar este factor, pues difícilmente en un plato de cocina tendremos tanta facilidad para añadir este tipo de texturas crujientes.

Ciertamente, también ofrecen problemas: en primer lugar, añaden mucho azúcar al plato, por lo que es importante utilizar una cantidad equilibrada en el total del postre, para que en definitiva no resulte demasiado dulce. En segundo lugar, debe tenerse en cuenta la humedad ambiental, que en algunos casos es difícilmente evitable. Finalmente, debo señalar el tiempo necesario para el aprendizaje de la técnica de elaboración, para dominarlos cuando se trabajan en el horno, principalmente en el caso de los caramelos, que deben ser lo más finos posible.

Se trata de un tipo de preparaciones que, por supuesto, no he creado yo mismo, aunque debo aclarar que sí he investigado algunas técnicas de uso (pág. 84, 91 y 92) y una serie de combinaciones de ingredientes (caramelo ahumado, crocant de frituras o maíz frito) cuya existencia anterior, caso de darse (en otra parte del mundo o, por qué no, al lado de casa), desconozco, al menos a tenor de los libros que he podido consultar.

La tarea de estirar los caramelos, cortarlos y manipularlos para que adopten su forma final puede llegar a ser ardua, aunque una vez se controlan los equilibrios de temperaturas y cantidades de producto en el horno la operación resulta sencilla y apasionante. En las siguientes páginas veremos distintos tipos de caramelos y crocants, como el de coco, chocolate, los clásicos de frutos secos, caramelos con aromas o bien combinaciones de dos tipos distintos, todo un abanico de combinaciones para obtener de ellos una fuente inacabable de inspiración.

caramelos y crocants

cómo hacer el caramelo...

Elaboración:
Para hacer el caramelo neutro se debe poner en un cazo el fondant y la glucosa a cocer a fuego lento, con el termómetro de azúcar. Sin remover y procurando que hierva con fluidez pero sin fuerza, se tiene que esperar a que alcance una temperatura de 158°, dejar que pare de hervir (con lo que alcanzará los 5° más que necesita) y estirarlo sobre un papel sulfurizado. Se trata del caramelo cuya elaboración resulta más cómoda, y además no plantea ningún problema de cristalización. (Elaboración en pág. 86.)

...y los crocants

Una vez el caramelo neutro haya alcanzado una temperatura de 158°, retirarlo del fuego y dejar que pare de hervir. A continuación, tirar el producto elegido (casi siempre en polvo) todo a la vez y removiendo con fuerza para evitar que se enfríe muy rápido. Se enfriará entre dos papeles sulfurizados y, una vez frío, se conservará tal y como explico en la pág. 93.

caramelos y crocants

cómo estirar...

Colocar un trozo de crocant o de caramelo en el horno entre dos silpats a una temperatura de 163° aproximadamente.

Estirar con el rodillo presionando con fuerza para que quede lo más fino posible.

Volver a poner en el horno, esta vez entre papel sulfurizado, para darle forma. Para utilizarlo como placa, como en el caso del caramelo de miel (pág. 100), es suficiente el paso anterior.

Un minuto más tarde, cuando la placa haya cogido calor y el caramelo se ablande, retirar la placa del horno y, con el cuchillo, un molde o un cortapastas, darle la forma deseada. En el caso de que se quiera dar algún tipo de volumen, se puede volver a poner en el horno con golpes cortos de calor, tantas veces como se desee.

caramelos y crocants
otra manera de estirar los caramelos

Se trata de una técnica bastante desconocida y que prácticamente se limitaba a la decoración de pasteles. Dado que la finura que se consigue con este sistema es realmente notable, la he incorporado a mi trabajo con asiduidad.

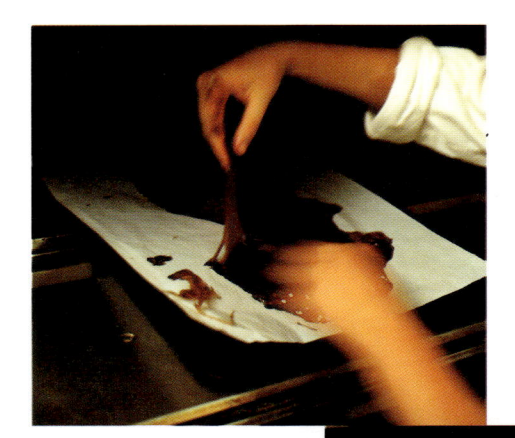

Una vez se haya estirado el caramelo elegido entre dos silpats, tal y como he explicado anteriormente, pasar el caramelo a un papel sulfurizado.

Poner en el horno y dejar que coja un poco de calor (apenas 30 segundos); a continuación, estirar con las manos hasta dejarlo finísimo.

El resultado, como se puede comprobar, es un caramelo de apariencia estética preciosa, algo propenso a coger humedad.

caramelos y crocants

crujientes

Esta elaboración es una consecuencia directa de las masas. Si me he decidido a separarlos de éstas es porque, debido a sus cualidades individuales, todos ellos presentan una textura crujiente, similar en algunos casos a la de los caramelos y crocants.

En este apartado entran a formar parte todas las masas que, por su complejidad de realización sin maquinaria adecuada (como la philo y la brick) o por su textura muy singular (como dentelles o algunos tipos de tejas, incluso las más azucaradas, que parecen caramelos), se apartan un poco de lo que se suele considerar masas, aun siéndolo.

Los cereales también constituyen otro tipo de crujiente que aporta textura a los postres. Su uso es cada vez más extendido, como en el caso de la combinación con el chocolate y los pralinés. Debido a que muchas de estas elaboraciones se pueden comprar o bien existen ya algunos libros que hablan de ellas, no considero necesario incluir recetas de las mismas.

crujientes

a masas	b elaborados (tejas)	c cereales
brick	barquillos	arroz inflado
philo	café	copos de avena
strudel…	dentelles	de maíz (corn flakes,
	frutos secos	maíz frito, etc.)
	miel…	muesli…

caramelos y crocants

Veamos ahora algunas recetas correspondientes a un elemento de cada grupo. Es preciso recordar que el resto de las recetas se efectúa el mismo modo.

caramelo neutro

Ingredientes:

250 g de fondant
125 g de glucosa

Elaboración:

Poner a cocer en un cazo a fuego lento el fondant y a glucosa con la ayuda de un termómetro; cuando llegue a 158°, retirar del fuego y dejar que alcance los 5° que le faltan.

Utilizo el fondant y la glucosa para confeccionar el caramelo base, porque las pruebas que he efectuado a lo largo de los años me han demostrado que son los elementos más cómodos y beneficiosos para trabajar, pues no plantean ningún problema de cristalización, les cuesta absorber humedad y, además, en el caso de la glucosa, ésta endulza menos que el azúcar normal.

a caramelo de chocolate

caramelo de pasta de cacao

Ingredientes:

200 g de azúcar
200 g de glucosa
90 g de pasta de cacao
agua (c.s.)

Elaboración:

Poner en un cazo a hervir a fuego lento y sin remover el azúcar, el agua y la glucosa junto al termómetro de azúcar. Cuando alcance una temperatura de 158°, retirar del fuego y dejar que alcance los 5° que le faltan; añadir la pasta de cacao muy picada.

Es uno de mis caramelos preferidos. En este caso todo son ventajas: equilibrio, textura, facilidad de elaboración, resultados muy brillantes al manipularlos... Además, al incorporar la pasta de cacao le cuesta absorber humedad. También es posible hacerlo de chocolate blanco y de chocolate con leche.

caramelos y crocants

b **caramelo de hierbas**

caramelo de hierba luisa

Ingredientes:

250 g de fondant
125 g de glucosa
hierba luisa picada (c.s.)

Elaboración:

Una vez hecho el caramelo neutro, cuando ya se ha estirado fino entre dos silpats, añadir hierba luisa picada en gran cantidad; a continuación, introducirlo varios segundos en el horno para que la hierba se adhiera.

Se trata de un caramelo muy aromático, que plantea algún problema de humedad.
Es aconsejable utilizar hierbas muy frescas y con un perfume pronunciado.

c **caramelo aromatizado**

caramelo de naranja

Ingredientes:

100 g de fondant
100 g de piel de naranja confitada (cristalizada)
50 g de glucosa

Elaboración:

Picar en el vaso americano la piel de naranja confitada (pág. 211) y poner en el horno a 80° hasta que pierda su humedad. Entretanto, preparar un caramelo a 163° con el fondant y la glucosa. Mezclar el caramelo y la piel de naranja.

d **otros caramelos**

caramelo de miel

Ingredientes:

300 g de glucosa
300 g de fondant
200 g de miel

Elaboración:

Cocer los 3 ingredientes (fondant, glucosa y miel) en un cazo a fuego lento y sin remover. Comprobar, con la ayuda del termómetro de azúcar, que alcance 165°. Estirar sobre papel sulfurizado y guardar.

Es conveniente dar algún grado más de cocción a este caramelo. No debe preocuparnos el hecho de que suba de color, ya que la miel oscurece al cocer, además de adquirir un toque ahumado. Es propenso a humedecerse.

caramelos y crocants

a **crocant de frutos secos**

crocant de cacahuete y miel

Ingredientes:

550 g de cacahuetes molidos (tostados)
400 g de fondant
200 g de glucosa
200 g de miel

Elaboración:

Poner a cocer en un cazo a fuego lento y sin remover el fondant, la glucosa y la miel. Cuando alcance una temperatura de 163°, retirar del fuego, dejar que pare de hervir y añadir los cacahuetes molidos.

Tan bueno como sugerente. Se puede añadir flor de sal cuando esté estirado y salga del horno para convertirlo en un snack.

b **crocant de fritura**

crocant de remolacha

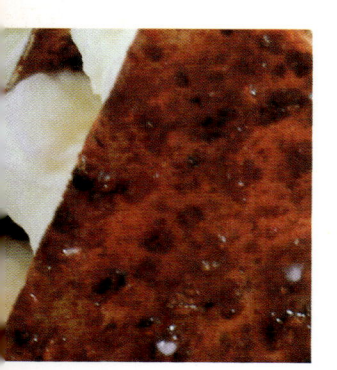

Ingredientes:

550 g de fondant
400 g de glucosa
500 g de remolacha frita triturada

Elaboración:

Cortar el producto que se vaya a freír (en este caso la remolacha), en la máquina cortadora lo más fino posible. Freírlo. Cocer el fondant y la glucosa a 163°, tal y como explicamos anteriormente, romper con una maza la fritura y untarla de caramelo.

Sin duda es el crocant más especial, ya que hay que freír el ingrediente (alcachofa, remolacha o chicharrón, por ejemplo). El resultado es sorprendente.

crocant de bacon

Ingredientes:

550 g de fondant
400 g de glucosa
500 g de bacon

Elaboración:

Su elaboración es la misma que para las frituras, pero en este caso, el producto se hornea. Cortar el bacon en la máquina cortadora, freírlo en el horno, procurando que quede muy crujiente. Luego triturarlo y mezclarlo con el caramelo. Piénsese que el uso del bacon no es tan raro como pudiera parecer, ya que en la pastelería tradicional catalana está muy extendido el uso del chicharrón ("coca de llardons").

caramelos y crocants

c **crocants secos**

crocant de mango o calabaza

Ingredientes:

100 g de fondant
100 g de mango o calabaza
50 g de glucosa

Elaboración:

Cortar la fruta en láminas finas en la máquina cortadora y secarlas en el horno a 80° hasta que pierdan toda la humedad. Luego triturarla en el vaso americano. Hacer un caramelo a 163° con el fondant y la glucosa y añadir la fruta seca picada.

Este crocant permite emplear productos complicados de freír y que, además, contienen bastante agua. Hay que tener en cuenta que algunas frutas pierden su sabor al secarlas.

d **crocant de sablée o galleta**

Ingredientes:

150 g de glucosa
275 g de fondant
200 g de masa de sablée o galleta triturada

Elaboración:

Se realiza exactamente igual que en los casos anteriores, horneando la pasta sablée, triturándola hasta que esté en polvo y añadiéndola a un caramelo a 163°.

La idea de este crocant me la proporcionó una receta de Michel Bras, en la que utilizaba algo tan sencillo como una sablée mezclada con caramelo. Esta combinación de dos texturas muy características da, como resultado, una textura nueva.

e **otros crocants**

crocant de maíz frito

Ingredientes:

275 g de fondant
150 g de glucosa
285 g de maíz frito molido
Mr. Corn

Elaboración:

Cocer el fondant y la glucosa a 163°, como en los casos anteriores, dejar que pare de hervir y añadir el maíz frito.

Este crocant es otro de mis preferidos, y resulta muy bueno como snack o bien como petit-four. El toque salado del maíz ofrece una combinación estupenda con el azúcar. Como se puede observar, las posibilidades para hacer caramelos y crocants, además de ser enorme, resulta sumamente divertida.

caramelos y crocants

cómo hacer los garrapiñados

Los frutos secos garrapiñados pueden considerarse en cierto modo el eslabón anterior a los crocants. El conocimiento de esta técnica, así como su uso, son muy antiguos. Existen varias maneras de hacerlos, pero en mi opinión, la siguiente receta es la que mejor resuelve el problema de la humedad.

Ingredientes:
400 g de frutos secos tostados (enteros o troceados)
100 g a 300 g de azúcar
100 cc de agua

Poner el agua y el azúcar a cocer a fuego lento en un cazo con el termómetro de azúcar, limpiando los bordes del cazo con un pincel empapado con agua y eliminando las impurezas con una espumadera.

Dejar que alcance una temperatura de 117° y retirar del fuego.

Añadir los frutos secos y remover hasta que el caramelo cristalice y se adhiera al fruto.

Volver a poner el cazo a fuego medio, removiendo continuamente hasta que adquiera color. Sólo entonces se pueden disponer los frutos secos sobre papel sulfurizado. Conviene hacer pocas cantidades y conservarlos en tarros herméticos.

caramelos y crocants
otra manera de hacer garrapiñados

Una de las mayores satisfacciones que nos trajo el año 1997 en El Bulli fue la de descubrir un sistema de envolver los frutos secos con caramelos o crocants; esta técnica, que al principio nos parecía que sería muy lenta y difícilmente viable, ha acabado convirtiéndose en un procedimiento habitual en mi trabajo. Aunque el resultado se asemeja al de los encerrados (página siguiente), su ejecución es más rápida y su preparación puede pensarse a más largo plazo.

Estirar una placa del crocant o caramelo deseado, procurando que quede lo más fina posible.

Coger el producto que se desee envolver y colocarlo encima del crocant, que se habrá dispuesto en la puerta del horno, con la misma abierta para que el crocant no pierda calor.

Envolverlo girándolo sobre sí mismo y estirar con fuerza y rapidez para obtener un buen resultado estético.

Es importante que el producto que se vaya a poner en el interior tenga la mínima humedad. Las posibilidades de combinación son enormes; al ser una técnica de reciente creación, creo que va a depararnos muchas sorpresas.

caramelos y crocants

encerrados de caramelos y crocants

Esta técnica es tan sencilla como espectacular, y su importancia es, sin duda, mayor que la de los crocants líquidos. Consiste en encerrar un producto entre dos trozos de caramelo o crocant, formando un ravioli que se colocará debajo de la salamandra.

El caramelo adoptará la forma del producto que contiene, se cerrará y quedará sellado.

A continuación ofrezco uno de los encerrados más brillantes, el de chocolate, que con este sistema se convierte en un bombón líquido.

Estirar una placa fina de caramelo de pasta de cacao y cortarla en cuadrados de 4 cm.

Poner una trufa encima de un cuadrado y tapar con otro.

Gratinar por ambos lados, dejar que funda la trufa y espolvorear con cacao.

otras variaciones

A pesar de que esta técnica es de reciente creación (1996), hemos realizado bastantes combinaciones, mediante el sistema del gratinado.

- Crocant de pistachos con una frambuesa en el interior.
- Caramelo neutro al cacao con mascarpone en el interior.
- Crocant de coco al curry con plátano estofado en el interior.
- Caramelo de miel con mató en el interior.

Estos encerrados deben consumirse a corto plazo; en el caso de los líquidos, el consumo ha de ser inmediato.

caramelos y crocants
cómo conservar

Guardar los crocants o caramelos, en trozos de 2 a 4 cm de espesor, en pequeñas bolsas herméticas, con otra bolsa cerrada en su interior que contenga gel de sílice o cloruro cálcico.

Otra posibilidad es la que prevé el empleo de cajas de porexpán, con los mismos productos antihumedad del caso anterior, separados convenientemente en la parte inferior de la caja.

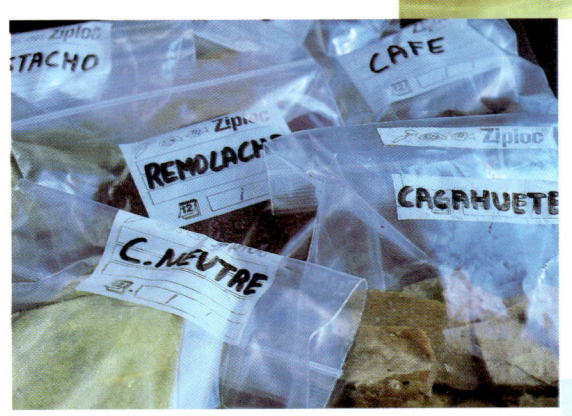

Si se desea una placa fina, lo mejor es estirar la cantidad que se crea justa y dejarla encima del horno, o bien en el lugar más seco de que se disponga.

Las piezas manipuladas, es decir, el producto acabado, también se guardan en cajas de porexpán con gel de sílice.

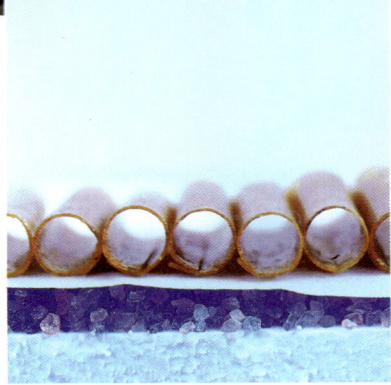

caramelos y crocants

lichis-remolacha-café-coco

	Ingredientes para 4 personas:	Elaboración:
granizado de lichis	250 cc de agua 50 cc de azúcar 250 g de lichis 1 hoja de gelatina	Pelar y deshuesar los lichis, hacer un almíbar ligero hirviendo el agua y el azúcar. Incorporar los lichis y al volver a levantar el hervor retirar del fuego, triturar, colar y poner la gelatina; congelar el líquido a -4°. El lichi en conserva es excelente y si se tritura se consigue un sabor muy similar, aunque de color diferente.
crocant de remolacha		Elaboración en pág. 88.
mousse de coco y chocolate blanco		Elaboración en pág. 31.
gelatina de café	100 cc de café exprés 25 g de azúcar 1/2 hoja de gelatina	Disolver el azúcar y la hoja de gelatina en el café caliente recién hecho. Dejar enfriar y cuajar en el frigorífico.
lichi relleno de arándanos	4 lichis en almíbar 25 g de puré de arándanos ligeramente gelatinado	Coger 4 lichis en almíbar, cortarlos por un lado y pelar la parte astringente del interior. Rellenarlos con el puré de arándanos y volver a formar el lichi entero.
puré de remolacha	100 g de remolacha cocida 20 cc de agua	Cocer en agua abundante la remolacha pelada, triturarla en el vaso americano en incorporar los 20 cc de agua. No es necesario añadir azúcar.
montaje y pase	Poner en el centro del plato una cucharada pequeña y fina de gelatina de café y en un lado el lichi relleno, en el otro el puré de remolacha y, en el momento del pase, montar los triángulos de crocant de remolacha y mousse de coco y chocolate blanco; poner en el plato justo en el momento de servir, con una base de granizado de lichis.	

"Postre del año 1997, con un alto grado de dificultad de combinación, al mezclar el café con un producto tan suave como el lichi, además de la remolacha y el coco. A pesar de lo que pueda parecer, es muy equilibrado, y ha sido uno de los postres preferidos."

95

caramelos y crocants

bacon·piñones·anís·pedro ximénez

	Ingredientes para 4 personas:	Elaboración:
crocant de bacon		Elaboración en pág. 88. Una vez estirada la placa finamente, cortamos en rectángulos de 15x5 cm y los enrollamos para obtener cilindros.
helado de piñones	250 cc de leche 3 yemas de huevo 50 g de piñones tostados 35 g de azúcar 4 g de estabilizante	Hervir la leche en un cazo, retirar del fuego y poner el azúcar con el estabilizante. Pasar por el vaso americano y añadir los piñones. Triturar bien, poner las yemas y volver a cocerlo hasta 86°. Dejar madurar en la nevera 24 h y pasar por la sorbetera.
reducción de pedro ximénez	250 cc de Pedro Ximénez 30 g de azúcar 20 g de glucosa	Poner a reducir los 3 ingredientes hasta que alcancen una textura densa, tal como se detalla en pág. 154.
salsa de piñones	100 g de piñones tostados 20 g de jarabe 50 cc de agua	Poner los 3 ingredientes en el vaso americano y triturar todo hasta que quede una pasta bien fina. Colar y poner en un dosificador (fermenta en 2 días).
gelatina de café	100 cc de café exprés 25 g de azúcar 3/4 hoja de gelatina	Disolver el azúcar y deshacer la gelatina en el café recién hecho, dejar enfriar y cuajar en la nevera.
otros	· viruta de chocolate (1 por postre) · semillas de anís (2 granos por postre) · piñones tostados y picados (c.s.)	
montaje y pase	Poner en un plato una tira de piñones picados, a la que seguirá otra de Pedro Ximénez reducido, salsa de piñones, dos semillas de anís y una viruta de chocolate. Por último, y en el momento del pase, añadir la gelatina de café y rellenar el rulo de bacon con helado de piñones.	

"El crocant de bacon puede parecer extraño, pero después de todo este postre no deja de ser una variación de la tradicional 'coca de llardons', acompañada por el helado de piñones y la reducción de vino dulce."

97

caramelos y crocants

higos·fruta de la pasión·rosas

	Ingredientes para 4 personas:	Elaboración:
higo estofado	4 higos jarabe oscuro (c.s.)	Poner a reducir en una sartén el caramelo oscuro y estofar los higos pelados muy lentamente, procurando que el jarabe vaya penetrando.
sorbete de higos	higos (c.s.)	Pelar y triturar los higos en el vaso americano; una vez emulsionados, pasar por la sorbetera.
toffee		Explicación en pág. 236.
salsa de agua de rosas	80 cc de agua 50 g de jarabe 100 cc de agua de rosas 1 hoja de gelatina	Calentar el agua y disolver en ella la hoja de gelatina; una vez se encuentre a temperatura ambiente, mezclar el resto de ingredientes y guardar en el frigorífico.
espuma de fruta de la pasión	250 cc de nata líquida 3 yemas de huevo 40 g de azúcar 30 cc de zumo de fruta de la pasión	Hacer una crema inglesa, tal como se explica en la pág. 44. A continuación, añadir el zumo de fruta de la pasión y cargar el sifón.
caramelo de leche en polvo	140 g de fondant 60 g de glucosa 25 g de leche en polvo	Poner en un cazo el fondant y la glucosa, y cocer hasta que alcance los 163°. Retirar del fuego y añadir la leche en polvo. Guardar y estirar conforme se vaya necesitando, tal y como se explica en el apartado "Otra manera de estirar los caramelos" (pág. 84).
otros	· 125 g de yogur griego	
montaje y pase	En el centro del plato, poner una cucharada de yogur, apoyar sobre ella el higo estofado y rodearlo de gelatina de rosas. Salsear con toffee y, en el momento del pase, poner una quenelle de sorbete de higos encima del higo estofado. Acabar con el caramelo de leche en polvo.	

"Postre sugerente, que basa su fuerza en el sorbete de higos, hecho únicamente con este ingrediente. Es muy importante la calidad de la fruta."

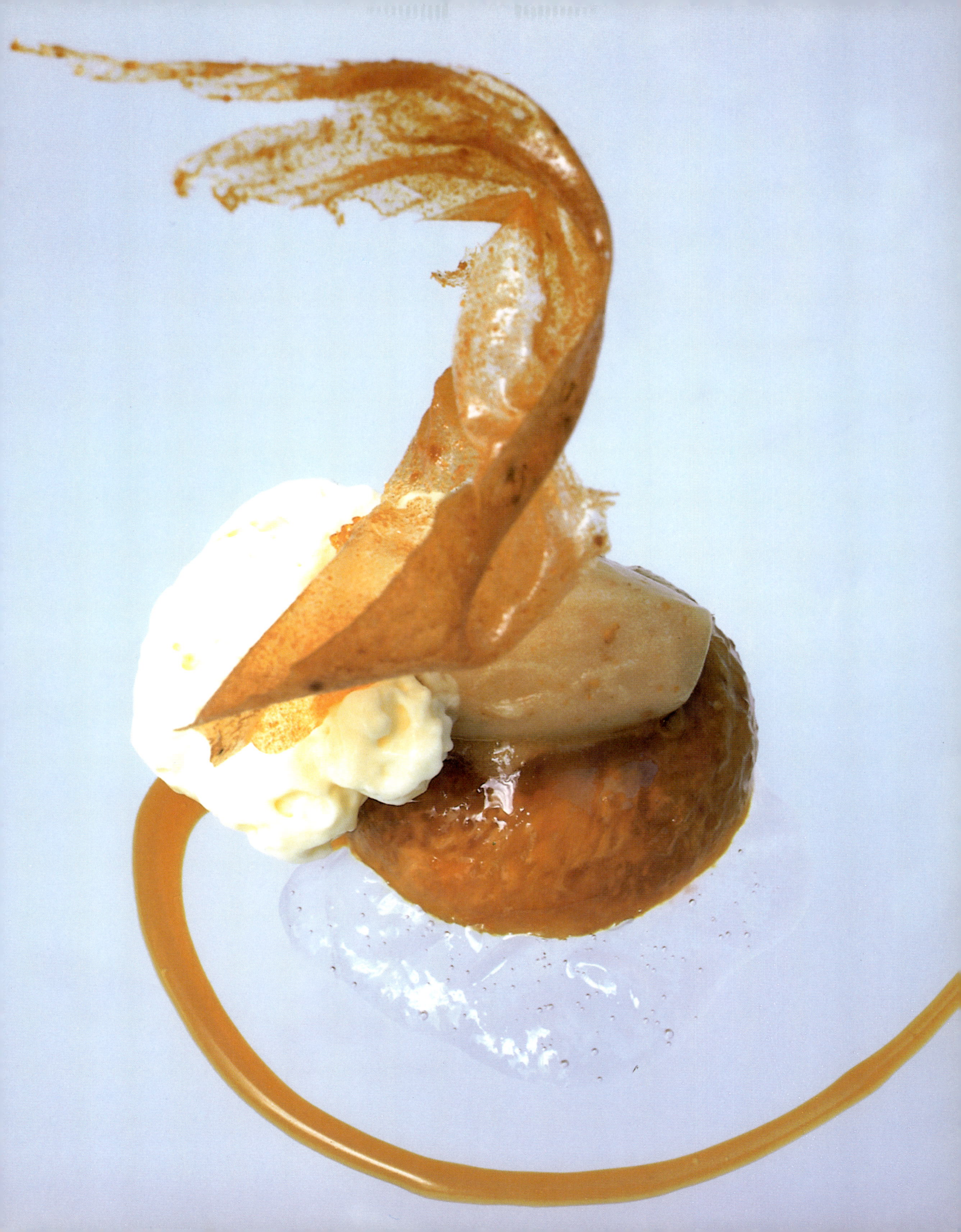

caramelos y crocants

miel·mató·frambuesas

	Ingredientes para 4 personas:	Elaboración:
caramelo de miel	30 g de fondant 30 g de glucosa 20 g de miel	Poner en un cazo el fondant, la glucosa y la miel a cocer a fuego lento y sin remover, con la ayuda de un termómetro, hasta que alcance 163°. Enfriar en papel sulfurizado y, cada vez que se vaya a usar, extender el caramelo entre dos silpats.
estofado de frambuesas	50 g de puré de frambuesas 12 frambuesas naturales	Poner a hervir en una sartén el puré de frambuesas azucarado. Tirar las frambuesas naturales, saltear y retirar del fuego rápidamente para que no se deshagan.
gelatina de miel caramelizada	150 g de miel agua (c.s.) 1,5 hojas de gelatina	Reducir la miel en un cazo hasta que caramelice, retirar del fuego y añadir agua hasta que el total complete 1/4 de litro; añadir la gelatina, colar y dejar enfriar y cuajar.
otros	· mató "de drap" FONTETA cortado en barras de 5x1 cm.	
montaje y pase	Hacer una base de gelatina de miel en el centro del plato, de las mismas dimensiones que el mató que se ha cortado. Poner el mató encima de la gelatina y, en una esquina de la última barra de mató, poner las tres frambuesas estofadas. Por último, en el momento del pase, intercalar en los huecos dejados por el mató el caramelo de miel estirado muy fino.	

"Este postre fue el primero que hicimos cuando se decidió sustituir el carro de postres por la carta. Difícilmente lo haría igual en la actualidad, pero he querido incluirlo por la significación que posee, al tratarse de un pilar básico de un trabajo que más tarde se fue cimentando."

101

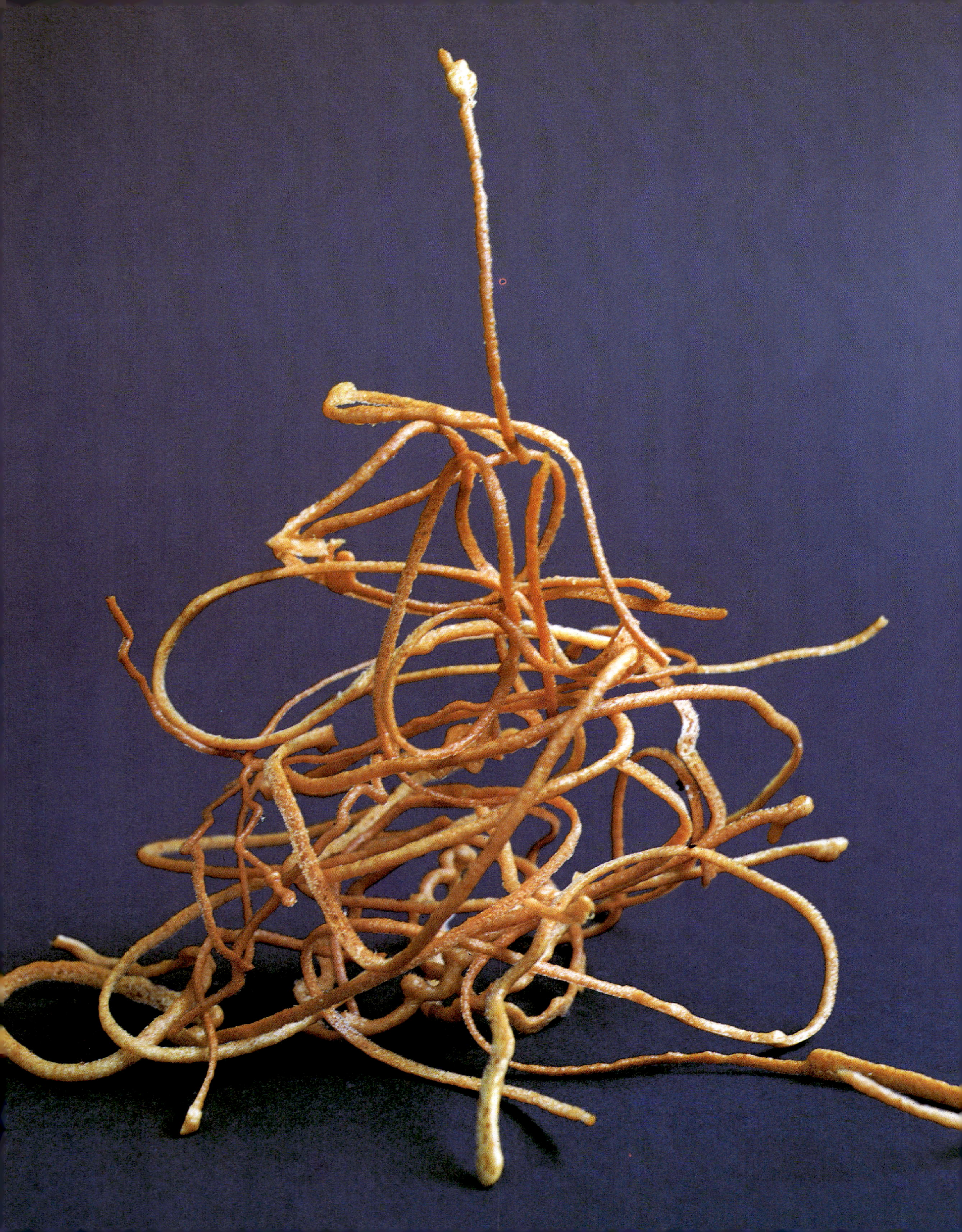

crocants líquidos

crocants líquidos

El montaje y la finalización de un plato en ocasiones crean problemas con los que, en principio, no se había contado. Cuando ya se tienen los ingredientes que se van a emplear y se conocen las elaboraciones, al final puede resultar que el montaje no salga como se esperaba, con lo que el plato carece de personalidad o, en muchas ocasiones, de volumen.

Este motivo fue el que me indujo a investigar qué elemento podía incluir en los platos, con el fin de dar forma y volumen a los mismos sin interferir demasiado en la idea del postre. En primer lugar pensé en utilizar crocants y caramelos, manipulándolos hasta darles la forma deseada; el resultado era bueno, pero a la hora de confeccionar mucha cantidad el proceso acabó revelándose largo y delicado. Por ello, basándome en el principio de evaporación de los jarabes en los caramelos de fruta, decidí adoptarlo reemplazando las frutas por otros elementos que, además, tenían menos humedad (como en el caso de los bizcochos), con lo que eran más fáciles de caramelizar. Así fue como llegué al crocant líquido de bizcocho para el tiramisù.

El nombre de crocant líquido puede producir equívocos. Dado que no quiero entrar en ambigüedades, aclararé que los llamo así porque, al hacer la mezcla, el resultado es una pasta semilíquida; por otra parte, sus ingredientes son los mismos que los de los crocants, es decir, azúcar, glucosa y el producto seco elegido. El crocant líquido resulta ser un cruce entre el crocant y una teja muy azucarada, con una forma aireada y elegante, que es la gran baza para su empleo.

Aunque no considero que sea una de mis técnicas más relevantes, sí es cierto que, en cierta manera, a partir del momento en que la descubrí mis postres experimentaron un cambio importante, cuanto menos desde el punto de vista estético.

los crocants líquidos

pueden ser de

a masas	b frutos secos	c purés de fruta	d especias	e otros
bizcochos	almendras	albaricoque	anís	cacao
hojaldre	anacardos	arándano	anís estrellado	café
galletas	avellanas	calabaza	azafrán	miel...
magdalena	cacahuetes	frambuesa	canela	
panes	castañas	fresa	cardamomo	
plum cake...	coco	mango	cilantro	
	macadamias	plátano...	clavo	
	nueces		curry	
	nueces del Brasil		enebro	
	pacanas		jengibre	
	piñones		macis	
	pipas		nuez moscada	
	pistachos...		pimienta	
			p. de Jamaica	
			p. de Sechuán...	

crocants líquidos
cómo hacer los crocants líquidos

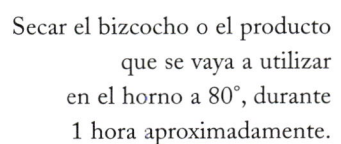

Secar el bizcocho o el producto que se vaya a utilizar en el horno a 80°, durante 1 hora aproximadamente.

Triturar en el vaso americano el bizcocho hasta convertirlo en polvo y entonces añadir el jarabe y la glucosa hasta dejar una masa muy fina.

Pasar la pasta por el colador para asegurarse que no quedan grumos. Dejar reposar unas 12 h el polvo utilizado para que absorba la humedad. Ponerla en una manga o en un cono; hacer tiras muy finas sobre un silpat y cocer a 165° durante unos 5 minutos. También es posible utilizarlo como milhojas estirando la pasta con una espátula y, al salir del horno, cortar con el cuchillo en caliente.

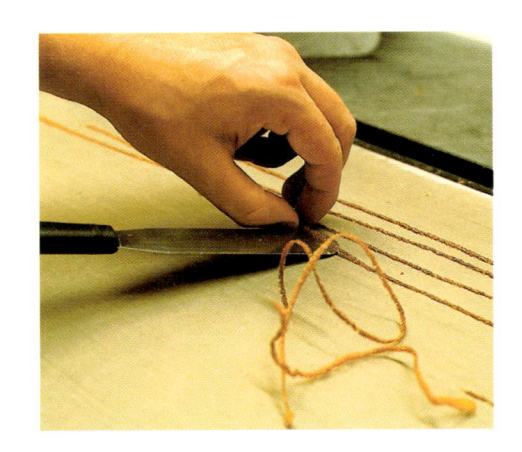

Al salir del horno, darles la forma deseada aprovechando al máximo el volumen que pueda dar. La mejor manera de conservarlos es elaborándolos a cada servicio y dejándolos encima del horno hasta el momento de emplatar.

crocants líquidos

cómo hacer algunos crocants líquidos

a **de masas**

crocants líquidos de bizcochos y panes (a la cuchara/pan de especias)

Ingredientes:

175 g de jarabe
100 g de pan de especias, bizcocho a la cuchara, etc.
50 g de glucosa

"Al ser el primero que hice le tengo un afecto especial. La sensación que produce al comerlos es de que se trata del mismo ingrediente caramelizado."

crocant líquido de galletas (OREO, CRACKERS, etc.)

Ingredientes:

200 g de jarabe
80 g de galleta Oreo (sin la nata de relleno)
30 g de glucosa

"De vez en cuando puede resultar beneficioso aprovecharse de los productos que ofrece el mercado."

b **de frutos secos**

Ingredientes:

200 g de jarabe
100 g de frutos secos tostados y triturados
30 g de glucosa

"Se podría decir que estos crocants resultan los más familiares. El motivo del tueste es retrasar su fermentación, puesto que, aunque lleve bastante azúcar, este crocant líquido dura pocos días."

c **de purés de frutas**

Ingredientes:

200 g de jarabe
100 g de pulpa de frutas reducidas (mango, frambuesa, etc.)
30 g de glucosa

"Es muy bueno, pero delicado; se ha de cocer a 130° para que cristalice bien y se evapore toda el agua."

e **otros**

crocants líquidos de cacao

Ingredientes:

60 g de cacao
20 g de glucosa
120 g de jarabe

"Crocant muy amargo, de gran resistencia y que soporta mejor la humedad que los otros crocants."

En todas estas preparaciones, la glucosa desempeña una función anticristalizante, que nos permite manipular sin dificultad los crocants líquidos.

crocants líquidos
otra manera de hacerlos

Esta vez haremos una variación sobre una técnica de trabajo del chocolate.

Sobre un papel siliconado, estirar la pasta de crocant abundantemente en toda la parte superior.

Pasar el peine de arriba abajo y de derecha a izquierda hasta que la superficie haya quedado completamente rallada.

Poner a cocer en el horno a 165° durante 7 minutos aproximadamente.

Al sacarlo del horno, enrollar dándole mucho ángulo de inclinación para que se vayan formando los tirabuzones.

Justo antes de que se enfríe, desenrollar el papel y colocar los tirabuzones encima del horno, para que se conserven hasta el momento de su uso.

crocants líquidos

cerezas·vainilla·vinagre·pan de especias

	Ingredientes para 4 personas:	Elaboración:
estofado de cerezas a la vainilla	100 g de cerezas naturales jarabe oscuro (c.s.) puré de cerezas (c.s.) 1/2 rama de vainilla 12 cerezas deshuesadas y partidas	Reducir en una sartén el jarabe oscuro hasta que alcance una textura densa, tirar entonces las cerezas junto al puré de cerezas y la vainilla con las semillas separadas. Procurar que las cerezas no queden muy cocidas.
helado de vainilla	500 cc de leche 5 yemas de huevo 75 g de azúcar 4 g de estabilizante 1 rama de vainilla	Hervir la leche con el azúcar e infusionar la rama de vainilla. Retirar del fuego y añadir el estabilizante con un poco de azúcar que se habrá reservado. Incorporar las yemas poco a poco removiendo sin parar. Triturar con el túrmix y pasar por un colador. Dejar madurar 24 h en la nevera y pasar por la sorbetera.
reducción de vinagre dulce	100 cc de vinagre dulce tipo cabernet 30 g de azúcar	Poner a hervir en un cazo a fuego lento el vinagre con el azúcar, hasta que alcance una textura densa.
magdalena de pan de especias	105 g de mantequilla 10 g de azúcar 3 huevos 12 g de impulsor 50 g de harina 80 g de pan de especias molido 12 g de glucosa	Poner la mantequilla pomada y el azúcar en la mezcladora con la pala. Batir sin montar e ir añadiendo los huevos poco a poco, alternando con un poco de pan de especias molido para evitar que se corte. Una vez se han tirado los huevos, acabar de añadir el pan de especias, la glucosa y la harina junto al impulsor. Cocer en moldes de plum cake a 180° durante unos 16 min.
punch de marrasquino	25 cc de marrasquino 25 g de jarabe 25 cc de agua	Mezclar los tres ingredientes en frío.
crocant líquido de pan de especias		Elaboración en pág. 108.
otros	· 8 virutas de chocolate	
montaje y pase	En un plato sopero poner 2 tiras largas de magdalenas de pan de especias bañadas con el punch de marrasquino, luego 3 cerezas estofadas con un poco de puré de cerezas a la vainilla de la cocción. Hacer una quenelle de helado de vainilla y aplicar encima la reducción de vinagre. A continuación, poner las virutas de chocolate y varios tirabuzones de crocant líquido de pan de especias.	

"Postre muy versátil, que puede ir en primer o segundo lugar en carta o menú, y que basa su fuerza en el helado de vainilla con la reducción de vinagre dulce."

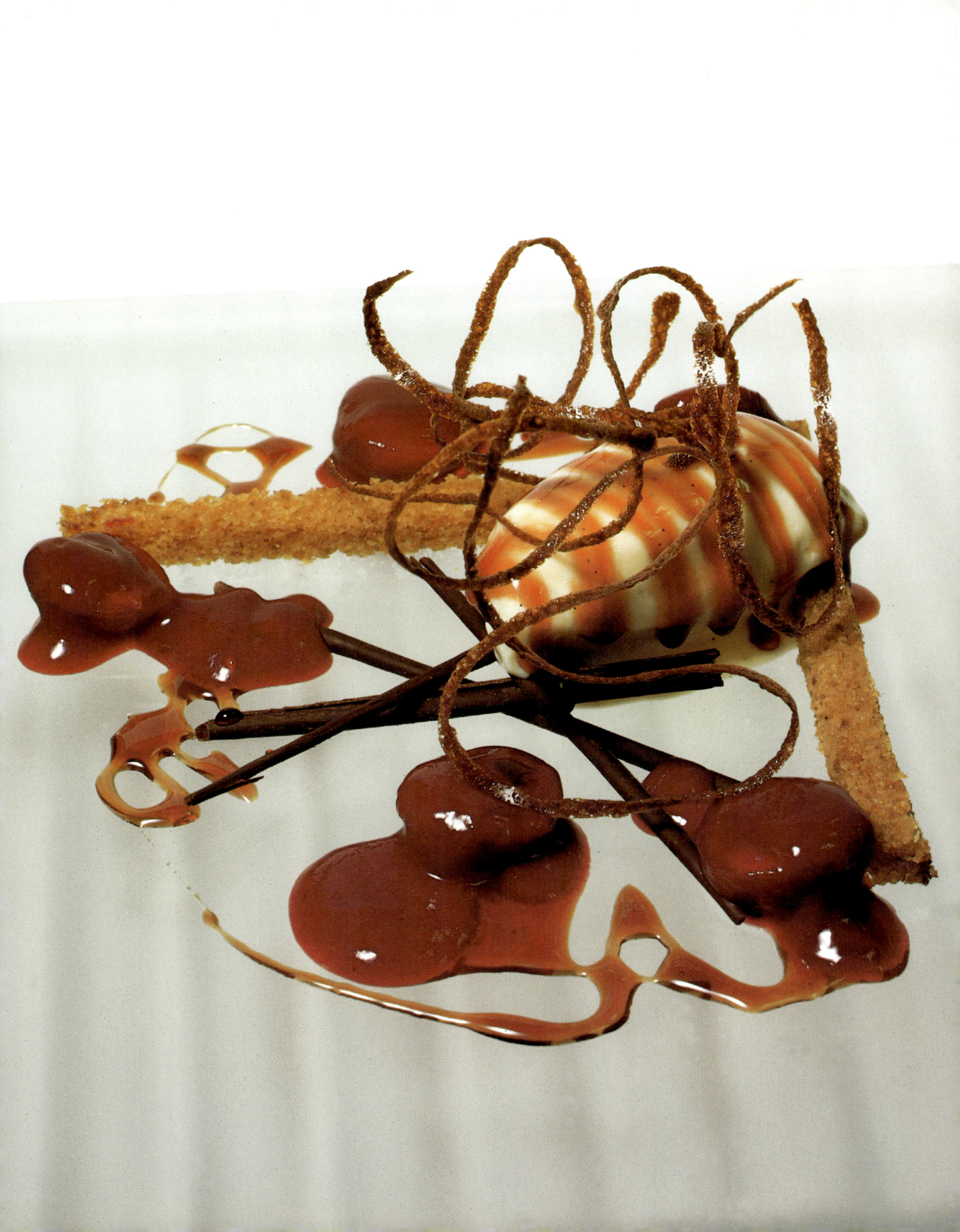

crocants líquidos

mi sara

	Ingredientes para 4 personas:	Elaboración:
sopa de almendras	290 cc de agua 50 g de jarabe 250 g de almendras sin tostar	Dejar en remojo 24 h las almendras junto al jarabe y el agua. Triturar en el vaso americano y pasar por una estameña, colar y guardar en el frigorífico.
punch de amaretto	50 cc de amaretto 75 cc de agua	Mezclar los dos ingredientes en frío y guardar en el frigorífico.
crocant líquido de almendras	125 g de almendra en polvo 100 g de jarabe 20 g de glucosa	Elaboración en pág. 108.
bizcocho	8 yemas de huevo 8 claras de huevo 250 g de azúcar (divididos en dos partes de 125 g) 250 g de harina 8 g de impulsor	Montar en la batidora las yemas con los primeros 125 g de azúcar. Aparte, montar las claras con los segundos 125 g. Una vez montadas las yemas, mezclar con cuidado y suavemente la harina con el impulsor y el merengue. Cocer en un molde con un grosor en crudo de 2 cm, a 180° durante unos 20 minutos.
sorbete de albaricoques	puré de albaricoques SICOLY	Utilizo para este sorbete el puré de albaricoques SICOLY, ya que considero que tiene suficiente calidad y regularidad para proveerme durante toda la temporada, lo cual no quiere decir que en verano rehúya usar la fruta natural.
otros	· 4 virutas de mantequilla "echirée" · sal MALDON · 8 almendras tiernas	
montaje y pase	Cortar un cuadrado de bizcocho de 4x3 cm; vaciarlo un poco con un boleador y bañarlo con el punch de amaretto previamente calentado. Poner el bizcocho en un plato sopero y la quenelle de sorbete de albaricoques encima. A continuación, una viruta de mantequilla que se habrá obtenido previamente con un pelador, y encima, un poco de sal MALDON. Acabar el plato poniendo el crocant de almendras, 4 mitades de almendra tierna y la sopa de almendras en una jarra para que la sirva el camarero.	

"Postre que parte de una base tan sencilla como clásica, la sara. La combinación de la leche de almendras con la ligereza del bizcocho de amaretto y el sorbete de albaricoques resulta muy agradable."

113

crocants líquidos

mi tarta al whisky

	Ingredientes para 4 personas:	Elaboración:
nata a la vainilla	250 g de nata montada 50 g de azúcar 1 vaina de vainilla 1 hoja de gelatina	Hervir 50 cc de nata, infusionando la vainilla y fundiendo la gelatina. Dejar que se enfríe hasta que casi cuaje, y añadir el resto de la nata montada con el azúcar. Llenar moldes triangulares de PVC y congelar.
crocant líquido de cacao		Elaboración en pág. 108.
yema clara	160 g de azúcar 120 cc de agua 4 huevos enteros 10 g de MAIZENA 45 g de mantequilla unas gotas de zumo de limón	Levantar el hervor del agua y el azúcar, batir los huevos con la MAIZENA. Tirarlos al jarabe ya formado y cocerlo todo a fuego lento como una crema pastelera. Una vez cocida y ya fuera del fuego, añadir la mantequilla y unas gotas de zumo de limón. Remover para que se integre.
salsa al praliné	40 g de praliné 25 g de yemas de huevo 40 cc de agua	Poner en el vaso americano los tres ingredientes (praliné, yemas y agua), aplicando un calor de 85° durante unos 4 min.
avellanas caramelizadas		Elaboración en pág. 90.
bizcocho ahumado	100 g de azúcar lustre 5 yemas de huevo 1 huevo entero 50 g de azúcar 5 claras de huevo 325 g de harina	Montar las yemas con el azúcar lustre en la batidora. Retirar y mezclar el huevo. Aparte, hacer un merengue con el azúcar y las claras. Incorporar la harina a la yema batida removiendo pausadamente a la vez que se va incorporando el merengue, vigilando siempre que no sufra la pasta. Cocer a 210° durante 5 min. Al sacarlo del horno, cortar en triángulos alargados y embeber con el café ahumado.
café ahumado	50 cc de café exprés 25 g de jarabe ahumado (hecho en el ahumador)	Mezclar los dos ingredientes.
compacto de café		Elaboración en pág. 175.
gelatina de whisky	100 cc de whisky 40 cc de agua 1 1/4 hoja de gelatina	Hervir en un cazo el agua y deshacer la hoja de gelatina. Dejar enfriar a temperatura ambiente, añadir el whisky y dejar cuajar en el frigorífico.
montaje y pase	Desmoldar un triángulo de nata a la vainilla, emplatar y, con la yema clara y una pala, quemar la parte superior. Poner el bizcocho ahumado al café, la salsa al praliné, la gelatina de whisky, las avellanas caramelizadas y, por último, en el momento del pase, el crocant líquido de cacao y el compacto de café.	

"Se trata de otra adaptación de un postre que todo el mundo conoce, gracias, sobre todo, a las marcas de helados industriales. En este caso esta revisión me permite jugar con el ahumado y las avellanas, que son un complemento perfecto para el whisky y el café."

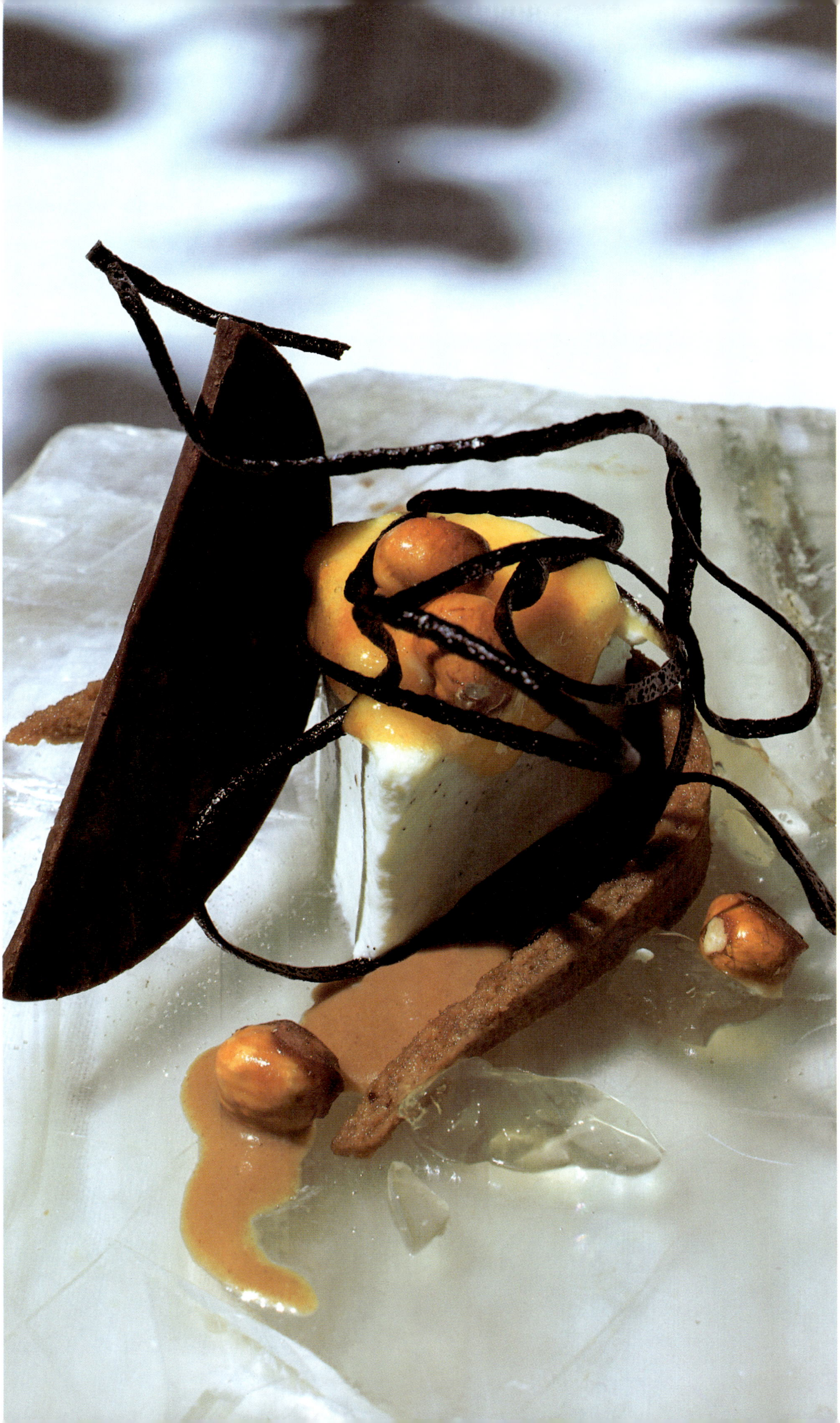

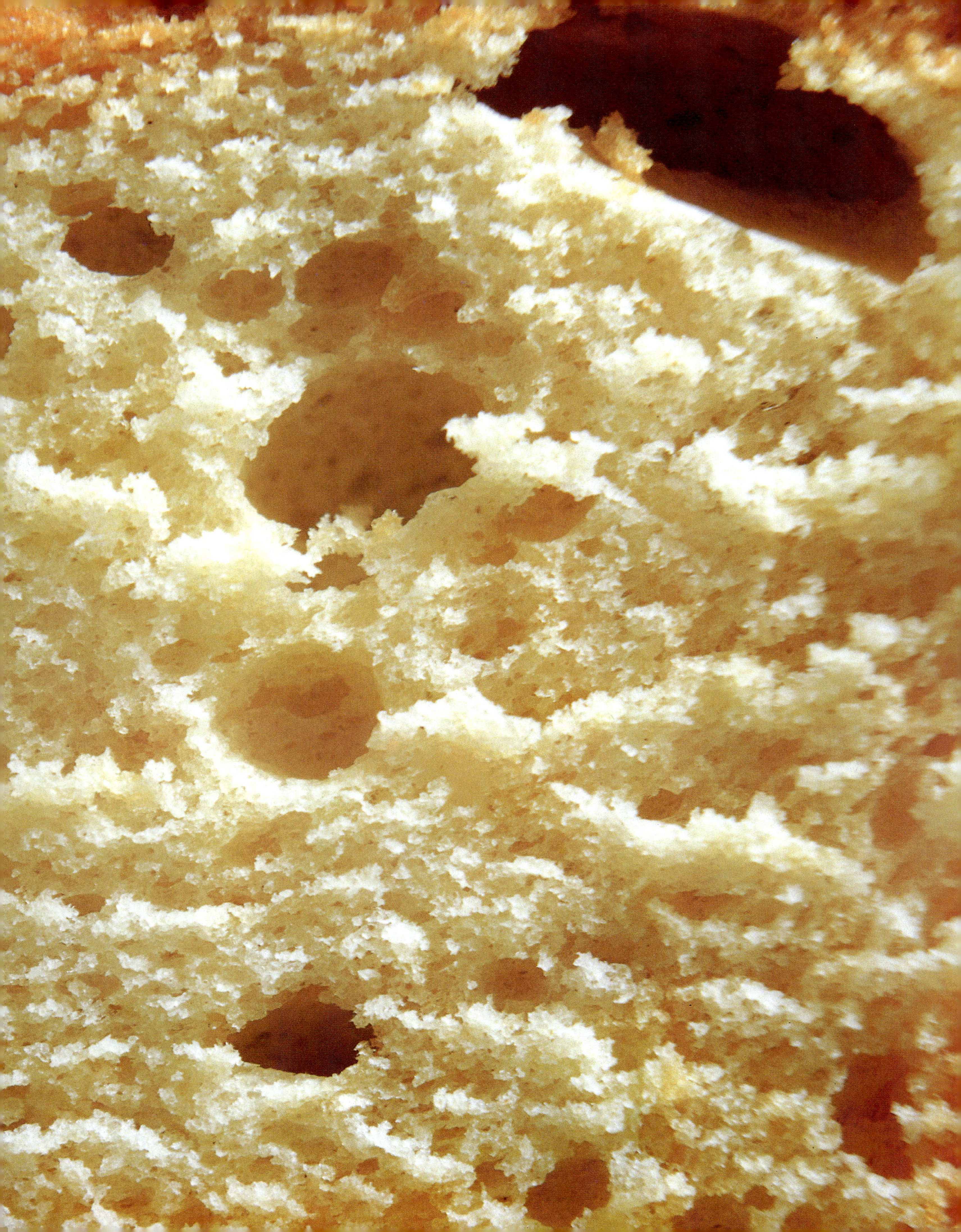

masas

las masas

pueden ser

según su elaboración

a batidas (bizcochos)	b elevadas	c elevadas hojaldradas	d duras	e mezclas cremosas
almendras	bavá	croissant	choux	cakes
brownie	brioche	ensaimada	hojaldre	cigarrillos
cappuccino	buñuelos	masa elevada danesa	pasta brisa	crêpes
chocolate	frituras	sneckerns…	pasta sablée…	gauffres
chocolate sin harina	pan			pasta bomba…
financier	pasta de freír			
joconde	rebozados			e1 **merengues**
magdalenas	savarin…			
massini				ordinario
roulée				suizo
sacher				italiano
savoie				succès
visstanding…				progrès
				japonesa
				rusa
				dacquoise
				macarrones…

masas

Éste es el capítulo que presenta un abanico de elaboraciones más amplio. Todas ellas son muy conocidas, pues forman la base de la pastelería tradicional. Muchos de los términos que se utilizan al hablar de masas son franceses, circunstancia nada extraña si se tiene en cuenta que los creadores del país vecino son los que marcan las pautas a seguir en la nueva pastelería.

Ciertamente, existen muchos libros de bases de pastelería, escritos por pasteleros más capacitados que yo para explicar las elaboraciones; a pesar de ello, considero necesario incluir mi visión de este aspecto para que las personas que deseen iniciarse en este oficio las tengan en cuenta.

Creo que, del mismo modo que un cocinero creativo debe haber estudiado profundamente la cocina tradicional e internacional (hay que desconfiar de quien afirme lo contrario), el pastelero de restaurante está obligado a completar su formación en las pastelerías, con el fin de aprender la elaboración de las bases tradicionales. En mi caso, he trabajado en un cierto número de ellas y no cabe duda de que estoy enormemente agradecido por la experiencia que me han reportado.

Es preciso pensar que las tartas, los pasteles, la bollería o la repostería constituyen el complemento real de mi oficio. La otra cara del pastelero de restaurante la representan los pasteles de cumpleaños, los almuerzos en los restaurantes de hoteles, los petits-fours o los postres basados en pasteles (bastantes pasteleros tienen dicho concepto de un postre emplatado).

En mi cocina suelo utilizar las masas como base de un postre en contadas ocasiones, si bien recientemente estoy incorporándolas en mayor medida, sobre todo en los postres a la carta, que suelen ser algo más contundentes que los de menú. Sin duda, el hecho de introducir masas en los postres cobra sentido cuando se quiere jugar con el equilibrio de esta elaboración en el conjunto del plato. No conviene abusar de las mismas, y se pueden suavizar con punchs o jarabes ligeros de especias o alcoholes, a fin de facilitar su ingestión.

masas

a **batidas**

bizcocho a la cuchara (planchas):

Ingredientes:

540 g de azúcar lustre
20 yemas de huevo
4 huevos enteros
20 claras de huevo
200 g de azúcar
680 g de harina

Elaboración:

Montar en la batidora las yemas con el azúcar lustre; montar por otro lado un merengue con las claras y el azúcar. Mezclar el huevo entero a las yemas montadas e incorporar con cuidado la harina. Por último, añadir el merengue. Estirar en planchas y cocer al horno a 210° durante 5 min.

joconde de frutos secos

Ingredientes:

500 g de T.P.T. (mitad azúcar lustre, mitad polvo de frutos secos)
70 g de harina
175 g de huevos
20 g de tremolina o azúcar invertido
150 g de mantequilla fundida
650 g de claras de huevo
125 g de azúcar

Elaboración:

Mezclar en el bombo con pala durante 15 min el T.P.T., la harina, los huevos y la tremolina a velocidad media. Cuando esté todo bien mezclado, incorporar la mantequilla fundida y retirar. Montar el merengue con las claras y el azúcar, mezclar con el resto de la masa y estirar en una placa bien fina. Cocer a 200° durante 5 min. Éste es el bizcocho ideal para las célebres planchas bicolores.

brownie

Ingredientes:

500 g de mantequilla pomada
280 g de chocolate "ocumare"
400 g de huevos
500 g de azúcar
240 g de harina

Elaboración:

Montar la mantequilla pomada en la batidora con las varillas y mezclarla con el chocolate fundido. Montar los huevos (dándoles calor con un soplete) y el azúcar en la batidora con varillas. Por último, retirar de la mezcladora y añadir la harina removiendo con una espátula con el chocolate y la mantequilla y mezclar la emulsión de huevos y azúcar. Cocer en un molde encamisado (grasa y harina), con 4 cm de masa durante 20 min a 170°.

magdalena de praliné de avellanas

Ingredientes:

150 g de harina
una pizca de sal
10 g de impulsor
120 g de azúcar lustre
245 g de huevos enteros
140 g de azúcar invertido
50 cc de leche
150 g de praliné de avellanas
200 g de mantequilla

Elaboración:

Juntar en un bol la harina, la sal, el impulsor y el azúcar lustre. Mezclar en la batidora con pala los huevos y el azúcar invertido, añadir los polvos del bol tamizados, la leche con el praliné disuelto y la mantequilla fundida y caliente (a unos 45°), cocer en plancha a 210° con el tiro cerrado. Esta masa se puede guardar en crudo 4 ó 5 días.

masas

b **elevadas**

témpura (pasta de freír)

Ingredientes:

250 cc de agua
125 g de harina
8 g de levadura fresca
una pizca de sal
una pizca de azúcar

Elaboración:

Poner en un bol la harina, la sal, el azúcar y la levadura fresca, disuelta en el agua tibia. Dejar fermentar 1 hora a temperatura ambiente y guardar 24 horas en el frigorífico. Al día siguiente eliminar un poco del agua que se encontrará en la superficie. Remover y ya está lista para usar. Es una pasta sencillamente excelente.

e **cremosas**

plum cake de cilantro

Ingredientes:

150 g de mantequilla pomada
110 g de azúcar lustre
2 yemas de huevo
2 huevos
200 g de harina
5 g de impulsor
100 g de claras de huevo
150 g de azúcar
15 g de cilantro en polvo pasado por un colador

Elaboración:

Poner en la mezcladora con una pala la mantequilla pomada con el azúcar lustre a velocidad media e ir incorporando poco a poco los huevos y las yemas espolvoreando con harina de vez en cuando para evitar que se corte. Una vez integrados los huevos, bajar la velocidad al mínimo y tirar la harina con el impulsor Entretanto, hacer un merengue con las claras y el azúcar y mezclarlo a mano con el resto de la pasta. Por último, triturar al momento el cilantro y colarlo directamente en la pasta para obtener el máximo aroma posible. Disponer en moldes individuales y cocer de 12 a 15 min a 170°.

e1 merengues

dacquoise de cacahuetes

Ingredientes:

270 g de cacahuetes en polvo tostados
300 g de azúcar lustre
300 g de claras de huevo
100 g de azúcar

Elaboración:

Montar el merengue mezclando las claras con el azúcar y añadir el cacahuete mezclado con el azúcar lustre, removiendo con cuidado.
Cocer planchas a 170° durante unos 20 min.

masas

piña-marrasquino-cilantro

	Ingredientes para 4 personas:	Elaboración:
plum cake de cilantro		Elaboración en pág. 121.
punch de marrasquino	25 cc de marrasquino 25 g de jarabe 25 cc de agua	Mezclar los ingredientes en frío y guardar en el frigorífico.
espuma de C.M. de marrasquino	250 g de nata 3 yemas de huevo 40 g de azúcar 25 cc de marrasquino	Hervir la nata con el azúcar, retirar del fuego y añadir las yemas batiendo con fuerza. Triturar en el túrmix y pasar por un colador. Dejar enfriar en el frigorífico, añadir el marrasquino, llenar el sifón y cargar.
toffee		Elaboración en pág. 236.
granizado de piña	80 cc de agua de piña 5 g de jarabe 1/2 hoja de gelatina	Calentar el jarabe y deshacer la media hoja de gelatina. Dejar que llegue a temperatura ambiente y mezclar con el agua de piña. Congelar a -4°.
tiras de piña caramelizada	piña laminada (4 láminas) jarabe a 30°	Cortar las láminas de piña en la máquina cortadora, lo más finas posible y hacer las tiras. Secar al horno a 80° durante 1 h, empapar luego en jarabe y cocer a 130° durante 20 min.
estofado de piña	16 daditos de piña de 1 cm jarabe oscuro (c.s.) puré de piña (c.s.)	Reducir en la sartén el jarabe oscuro hasta que alcance una textura densa. Incorporar los dados de piña con el puré y volver a reducir (ha de quedar muy poco acuoso).
montaje y pase	Cortar y vaciar por dentro el plum cake. Embeberlo con el punch de marrasquino, que se habrá calentado en el microondas. Colocarlo en el plato, a continuación el estofado de piña, la espuma de marrasquino, el toffee y por último, en el momento del pase, el granizado de piña con la tira de piña.	

"Excelente postre de carta sin un gran contraste de sabores, pero bien combinados entre sí. Es importante embeber bien el plum cake."

123

masas

cacahuetes-naranja-miel-chocolate

	Ingredientes para 4 personas:	Elaboración:
emparedado de cacahuetes y naranja amarga	dacquoise de cacahuetes (Elaboración en pág. 121) mermelada de naranja amarga	Poner la mermelada de naranja en medio de un cuadrado de dacquoise y tapar con otro. Estirar chocolate templado sobre una transparencia y, antes de que se seque, poner los triángulos de dacquoise que se habrán cortado previamente. Marcar con el cuchillo la forma del triángulo y una vez que el chocolate esté seco quitar de la transparencia.
crocant salado de miel y cacahuetes		Elaboración en pág. 88.
helado de miel	1/2 l de leche 75 cc de nata 125 g de miel 5 yemas de huevo 4 g de estabilizante	Poner a hervir la leche junto a la nata y la miel; una vez arranque el hervor, retirar del fuego y añadir las yemas removiendo enérgicamente. Añadir el estabilizante disuelto en un poco de leche fría que se habrá separado previamente del medio litro. Colar, dejar madurar 24 h y pasar por la sorbetera.
salsa de cacahuete	100 g de cacahuetes tostados 20 g de jarabe 50 cc de agua	Triturar y mezclar los 3 ingredientes en el vaso americano, pasar por un colador para que quede bien fino.
salsa de queso	100 g de queso salado fresco cremoso 60 cc de agua	Mezclar y batir el queso salado con el agua hasta conseguir una salsa cremosa.
otros	· 8 gajos de naranja · cacahuete garrapiñado y picado (Elaboración en pág. 90)	
montaje y pase	Colocar en un plato 1 cucharada sopera de salsa de praliné de cacahuete y esparcir alrededor el cacahuete garrapiñado y picado. Poner 2 gajos de naranja encima y, en medio de estos, una quenelle de helado, apoyar encima el triángulo de dacquoise y en el otro lado el cilindro de crocant de cacahuetes. Salsear ligeramente alrededor del praliné con la salsa de queso.	

"Este postre puede servir tanto para la carta como para menú, en segundo lugar. El toque salado y provocativo del queso combina perfectamente con la miel y los cacahuetes. Gracias a este postre me di cuenta de que a mucha gente, en nuestro país, no le gustan los cacahuetes."

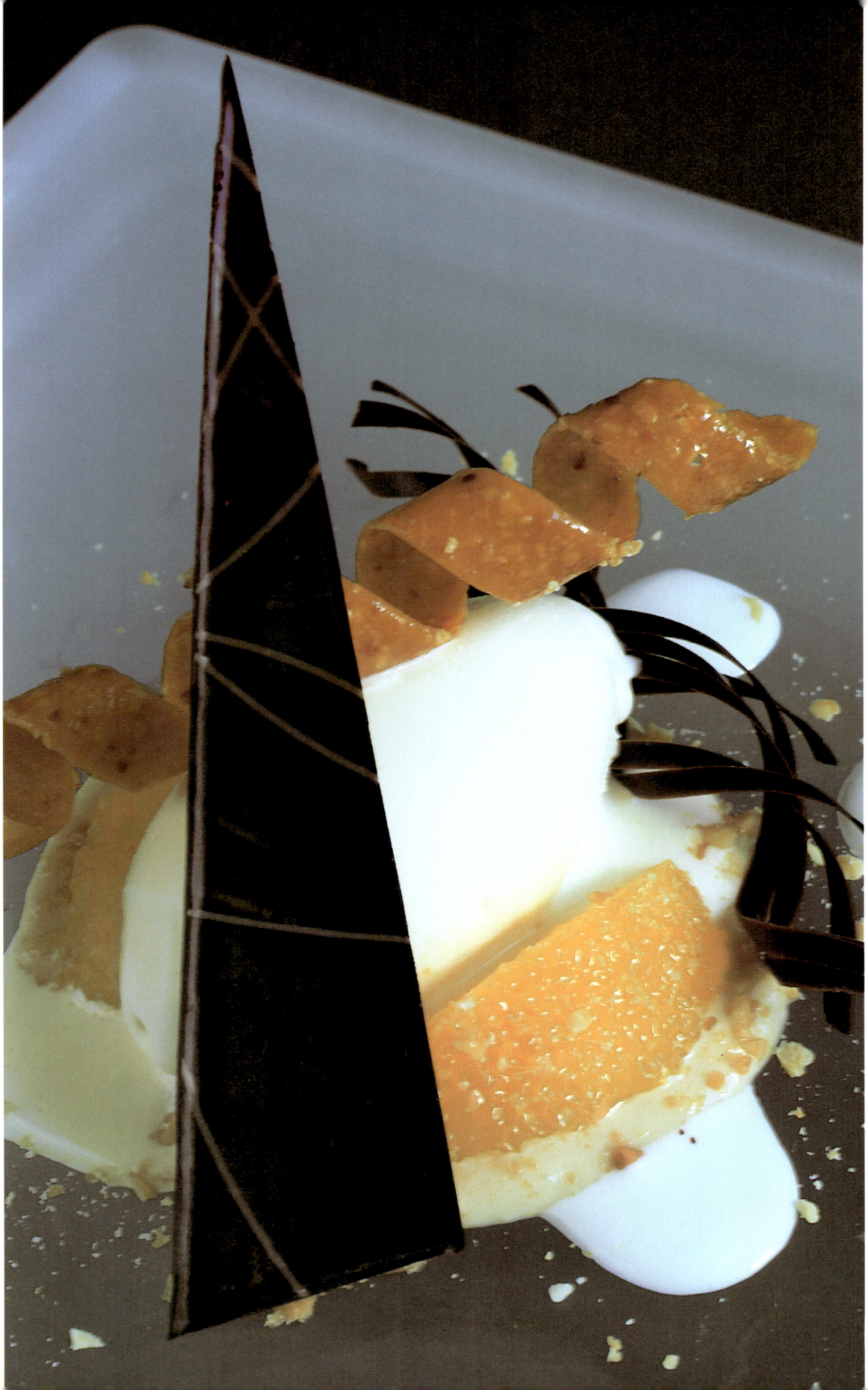

masas

tarta ácida

| | Ingredientes para 4 personas: | Elaboración: |

yema de cacao
40 g de yemas de huevo
8 g de cacao

Mezclar las yemas de huevo y el cacao para formar la yema de cacao. Congelar en un silpat con la forma deseada.

bizcocho joconde de pistachos (bicolor)
150 g de T.P.T.
(75 g de azúcar lustre, 75 g de pistachos en polvo)
20 g de harina
50 g de huevos enteros
6 g de tremolina
15 g de mantequilla fundida
65 g de claras de huevo
10 g de azúcar

Poner en la mezcladora con la pala, a velocidad media, los siguientes ingredientes: T.P.T. de pistachos, harina, huevos y tremolina durante 15 min; a continuación, añadir la mantequilla. Retirar y montar el merengue. Mezclar y tirar la joconde sobre un silpat en el que se habrá congelado la yema de cacao con la forma deseada (en este caso, en líneas). Extenderla bien y cocer a 215° durante 4 ó 5 min aproximadamente, congelar y cortar triángulos cada vez que se necesiten.

jarabe de albaricoques
25 g de jarabe
50 cc de agua
50 g de puré de albaricoque

Batir los 3 ingredientes en frío, prestando atención a la rápida fermentación del albaricoque.

albaricoques estofados
4 albaricoques
25 g de jarabe oscuro

Cortar los albaricoques en pequeños dados de 1/2 cm y cocerlos a fuego lento con el jarabe hasta que queden bien estofados.

salsa de yogur al limón
125 g de yogur griego
la piel rallada de 1 limón
15 g de azúcar

Añadir la piel rallada de un limón al yogur mezclado con el azúcar.

flan de limón
100 cc de zumo de limón
3 huevos
80 g de azúcar
15 g de mantequilla

Mezclar los 3 ingredientes en frío, dejar reposar 24 h en la nevera, colar y espumar; cocer al baño maría a 160° durante 20 min; al sacarla del horno, triturar en caliente y disolver la mantequilla.

espuma de crema catalana

Elaboración en pág. 67.

crocant de pistachos

Una vez hecho el crocant (pág. 82), estirarlo entre dos silpats, pasarlo a un papel y darle forma de tallarines.

otros
· pistachos garrapiñados (c.s.)
· puré de albaricoques (c.s.)

montaje y pase
Cortar tres triángulos de bizcocho joconde y mojarlos en el jarabe de albaricoques, montar la tarta poniendo en primer lugar un triángulo de joconde, el estofado de albaricoque, otro triángulo, el flan de limón y un tercer triángulo. Salsear en un lado con puré de albaricoques y en el otro con la salsa de yogur. Acabar poniendo el pistacho garrapiñado, el crocant de pistachos y, por último, la espuma de crema catalana.

"Postre de concepción más clásica (aunque no por su aspecto), pensado para la carta."

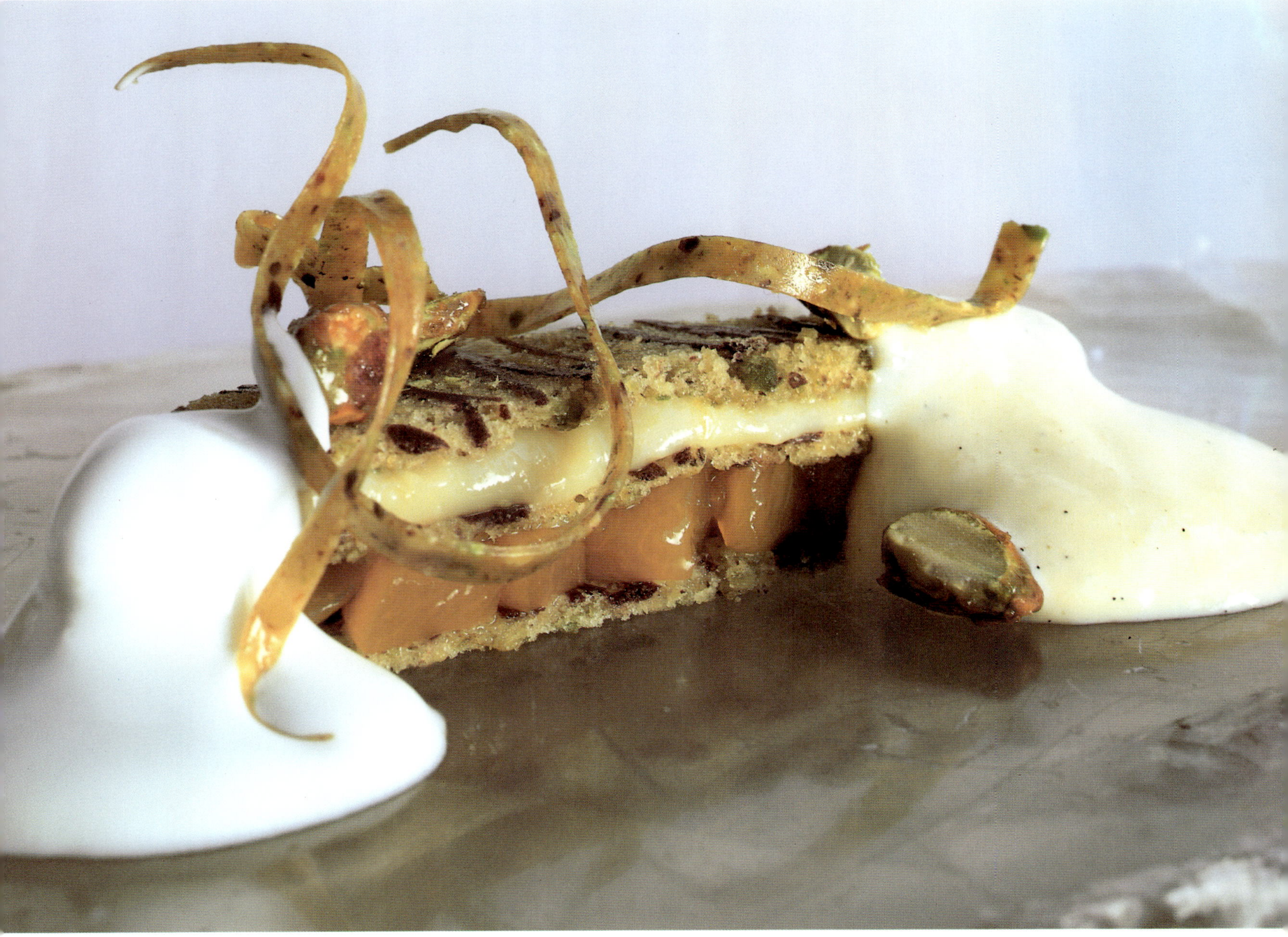

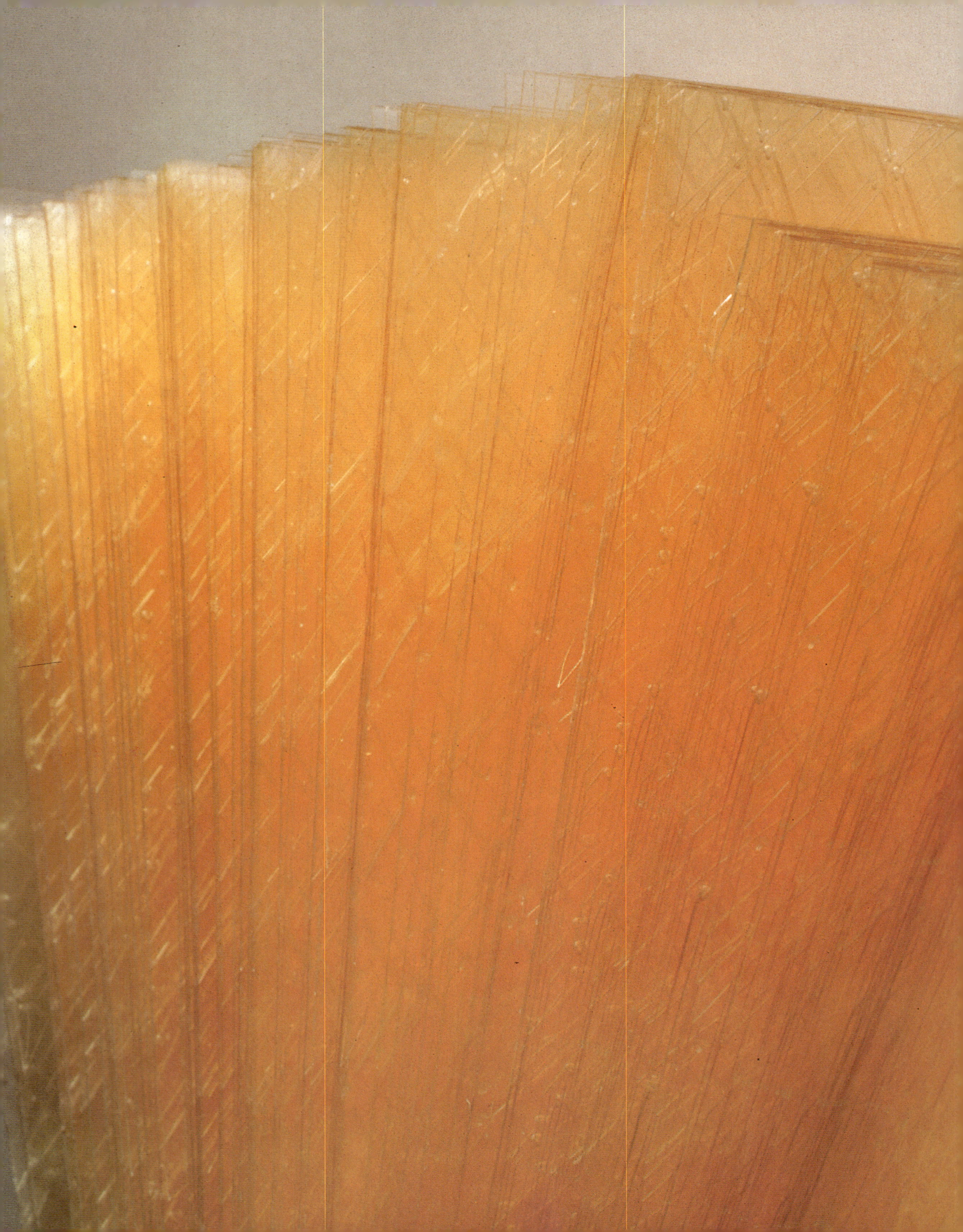

gelatinas y sopas

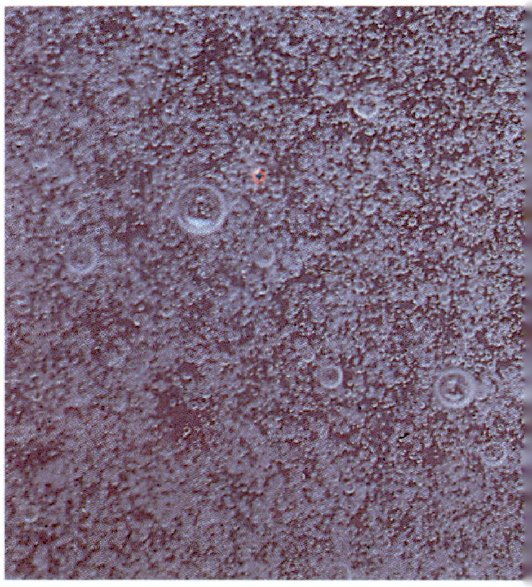

gelatinas

Las gelatinas constituyen un ejercicio de sensaciones para el paladar y desempeñan un papel primordial en las texturas. Este ingrediente puede llegar a formar parte de una salsa espesa, en la que apenas será perceptible su presencia, o bien puede "gelificar" otras preparaciones para obtener texturas mucho más duras. Participa, pues, en una amplia gama de elaboraciones y nos permite decidir qué grado de densidad tendrán los ingredientes de nuestros postres. Además, son un elemento muy importante en la elaboración de un gran número de espumas.

En ocasiones se ha dicho que en El Bulli abusamos de las gelatinas y que rara vez servimos un plato que no contenga este elemento. En cualquier caso, no deben confundirse los términos y es necesario dejar bien claro las diferencias entre la gelatina como preparación (los clásicos aspics cuya dureza y cuerpo se alejan completamente de lo que pretendo en mi cocina) y la gelatina como elemento integrante de algunas elaboraciones, cuya finalidad es la de jugar con los espesores y las texturas y que, en sí, no constituye un elemento identificable en el plato, pues no es más que un ingrediente del que puedo servirme si es preciso para poder conseguir dichas texturas.

Aunque existen distintos tipos de gelificantes, yo siempre utilizo las colas de pescado (en hojas de 2 gramos), porque aparte de su fácil uso, funden perfectamente en la boca y nunca quedan grumosas. Los alcoholes, las infusiones, las aguas, las frutas o las hierbas frescas no responden de igual modo al mismo número de hojas por litro, por lo que a la hora de hacerlas se debe tener en cuenta que cada una de estas preparaciones presentará una textura diferente. Por otra parte, se pueden romper con el batidor, emulsionar con el vaso americano o con el sifón.

Por otro lado, las sopas no se diferencian en muchas ocasiones de las gelatinas, según el tratamiento que se les quiera dar, tal y como explicaré más adelante.

las gelatinas

pueden ser

según su preparación — según su uso (texturas) — según su sabor

a **licuadas**
(a través
de un zumo)

b **trituradas**
(a través
de un puré)

c **infusionadas**
(a través de un
líquido o agua
infusionada)

d **aromatizadas**
(a través de
alcoholes, aguas
destiladas o
reducciones)

de gelatina

de sopa

de espuma

de salsa

de napage

apio
remolacha
tomate
zanahoria…

albaricoque
arándano
frambuesa
fresa
limón
mango
manzana
melocotón
melón
pera
sandía…

albahaca
eucalipto
hierba luisa
hinojo
jazmín
laurel
lavanda
melisa
menta
orégano
romero
rosas
tomillo…

anís
azafrán
canela
cardamomo
clavo
curry
jengibre
vainilla…

amaretto
anís
calvados
cointreau
drambuie
kirsch
licores diversos
marrasquino
vinos…

café
chocolate
horchata
leche de frutos
secos
miel
té…

gelatinas

cómo hacer las gelatinas

a **licuadas** (a través de un zumo): frutas y verduras

b **trituradas** (a través de un puré): hierbas

Son las preparaciones más numerosas e importantes, y por este motivo me detendré algo más en ellas.

Pelar, lavar y quitar el corazón o los troncos, según se trate de verduras, hierbas o frutas. Una vez limpias, escaldar unos segundos y enfriar en agua con hielo para frenar la cocción y retrasar la oxidación.

Si se trata de una fruta o verdura que contenga mucha agua, caso de la manzana, la pera, la zanahoria o el apio, se deben licuar; si tienen menos agua, como las hierbas frescas, se triturarán con un poco de agua de la cocción. En ambos casos, rectificar de jarabe.

Medir la cantidad obtenida y añadir las hojas de gelatina necesarias para cada caso, calentando una pequeña parte del agua o del zumo en el microondas con las hojas ya puestas, evitando en todo momento que el líquido hierva. Equilibrar temperaturas entre los líquidos (el del microondas y el restante) para que la gelatina quede bien disuelta. Mezclar y pasar por un colador fino.

gelatinas

cómo hacer las gelatinas

Debido a que cualquier agua, puré, crema o líquido se puede gelatinar, salvo casos muy concretos, intentaré ser muy genérico y ofrezco tan sólo algunas recetas que considero especialmente interesantes.

b trituradas

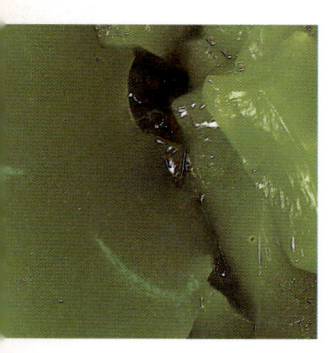

gelatina de hierbas

Ingredientes:

100 g de hojas de la hierba fresca elegida (menta, albahaca...)
agua (c.s.)
jarabe (c.s.)
hojas de gelatina (de 5 a 6 por litro de agua de hierbas)

Elaboración:

No ofrezco cantidades, debido a que, como en el caso de la albahaca, existe una gran variedad de tipos de menta u otras hierbas en el mercado, cada uno de ellos de características distintas."

"Estupenda elaboración que parte de la base de las gelatinas trituradas (tal y como se explican en la página anterior) y que intenta aprovechar al máximo todo el frescor de las hierbas."

c infusionadas (a través de un líquido o agua infusionada)

gelatina de curry (jarabes ligeros)

Ingredientes:

1 l de agua
150 g de azúcar
5 g de curry (o de la especia deseada)
5 hojas de gelatina

Elaboración:

Hervir el agua con el azúcar, retirar del fuego y añadir el curry y las hojas de gelatina; dejar enfriar. Se trata de un tipo de gelatinas que, por naturaleza, se rompen, pues contienen mucha agua por muy pocas hojas de gelatina, por lo que el resultado es una salsa gelatinada.

"No crea problemas y aguanta algunos días. Al ser de gustos claros y definidos, se puede combinar muy bien."

gelatina de fresas (jarabes densos)

Ingredientes:

1 kg de fresas enteras congeladas (o de la fruta deseada)
750 g de azúcar
6 a 10 hojas de gelatina

Elaboración:

Llevar lentamente a ebullición las fresas con el azúcar hasta que saquen todo su jugo (por lo cual es mejor trabajar con fresas congeladas). Colar y poner las hojas según la función deseada: si se quiere una gelatina blanda, usar 6 hojas; en este caso, yo me inclino por hacerla algo más dura, pues al ser tan dulce no pongo mucha cantidad en un plato.

"Gracias, pues, a su dureza, aguanta más tiempo en la boca hasta que se funde, permitiendo disfrutar más de su acentuado sabor."

cómo hacer las gelatinas

d **aromatizadas** (a través de alcoholes, aguas destiladas o reducciones)

gelatina de amaretto (alcoholes)

Ingredientes:

360 cc de amaretto
150 cc de agua
2,5 hojas de gelatina

Elaboración:

Calentar en el microondas el agua con la gelatina hasta que alcance una temperatura cercana a los 60°, procurando siempre que no hierva. Dejar reposar hasta que el líquido se atempere y añadir el amaretto; dejar enfriar y servir.

"Se trata de un tipo de gelatinas muy cómodo, pues al llevar alcohol se conserva mucho más tiempo y además resulta refrescante y fuerte a la vez. Por este mismo motivo, recomiendo emplearla siempre con prudencia."

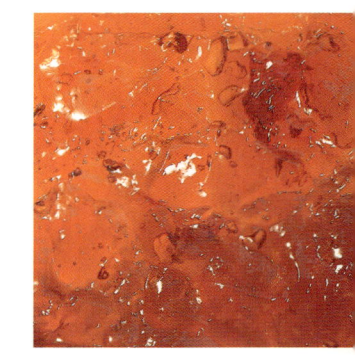

gelatina de miel (reducciones)

Ingredientes:

600 g de miel
agua (c.s.)
5 ó 6 hojas de gelatina

Elaboración:

Reducir la miel a fuego lento hasta que alcance prácticamente el punto de caramelización. No debe preocuparnos el hecho de que adquiera un tono muy oscuro, pues esto le dará un sabor tostado/ahumado. Luego añadir agua hasta que el total de los dos ingredientes (miel y agua) alcance 1 litro.
Añadir las hojas de gelatina, colar y dejar enfriar.

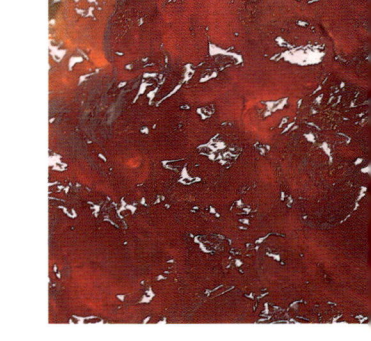

"Esta gelatina es muy especial para mí, porque es una de las primeras que elaboré y, además, es la que, sin duda, he utilizado más veces."

gelatina de rosas (aguas destiladas)

Ingredientes:

25 cc de agua de rosas
100 cc de agua
20 g de jarabe
2,5 hojas de gelatina

Elaboración:

Calentar el jarabe con las hojas de gelatina en el microondas, procurando que no hierva.
A continuación, añadir el agua y, cuando la mezcla esté prácticamente fría (para evitar una posible evaporación del aroma de rosas), incorporar el agua de rosas.

"Estas gelatinas pueden ser un arma de doble filo, ya que son muy buenas pero, si se abusa de ellas, pueden llegar a resultar algo desagradables. Son excelentes para combinar con frutas y se pueden aprovechar todos los aromas (que son muchos) que ofrece el mercado."

las sopas

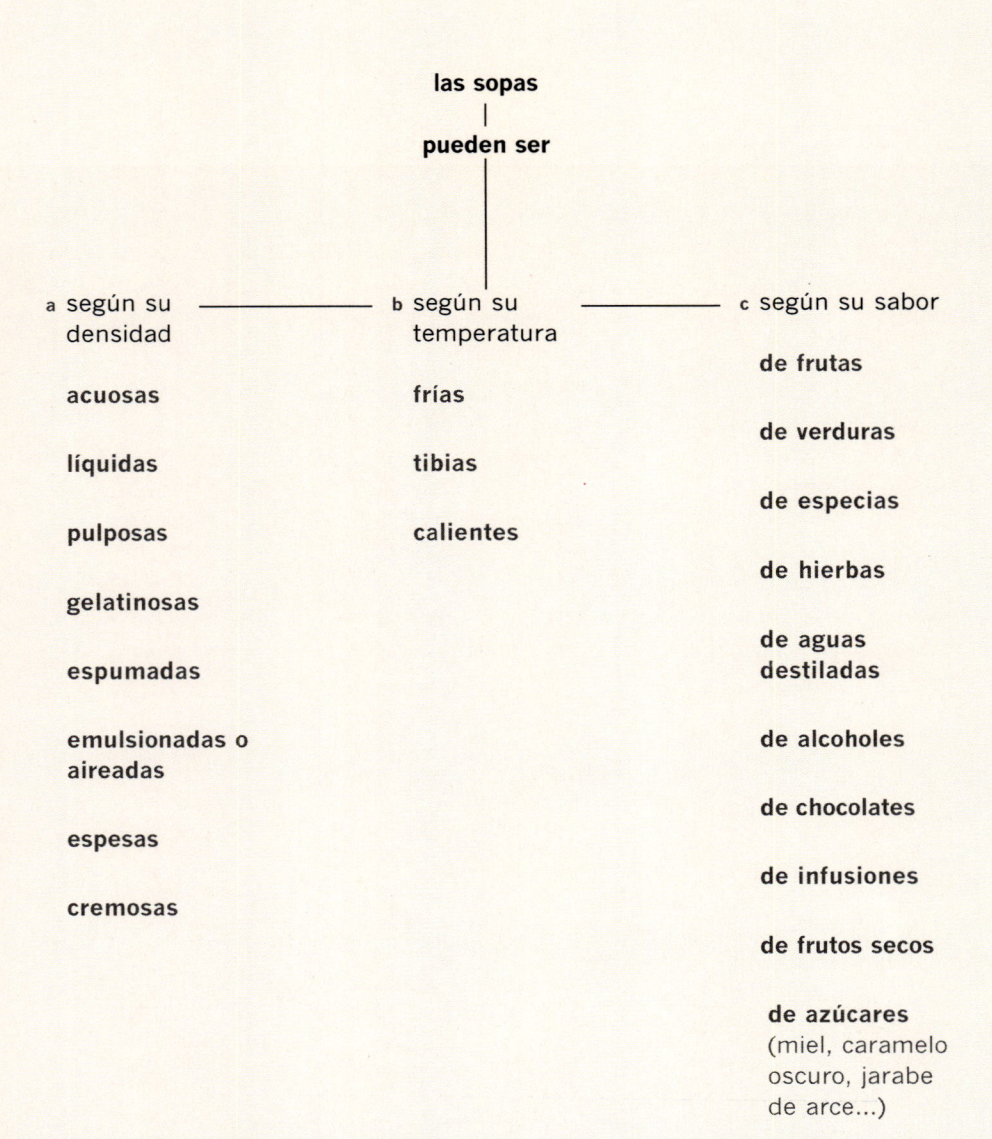

pueden ser

a según su densidad

- acuosas
- líquidas
- pulposas
- gelatinosas
- espumadas
- emulsionadas o aireadas
- espesas
- cremosas

b según su temperatura

- frías
- tibias
- calientes

c según su sabor

- de frutas
- de verduras
- de especias
- de hierbas
- de aguas destiladas
- de alcoholes
- de chocolates
- de infusiones
- de frutos secos
- de azúcares
  (miel, caramelo oscuro, jarabe de arce...)

sopas

A pesar de que, en principio, el término "sopa" nos remite a un lenguaje que parece alejado del de un cocinero de postres, no hay que olvidar que uno de los pilares básicos de los postres tradicionales es la macedonia de frutas, que en definitiva, no deja de ser una sopa. Durante mucho tiempo he estado buscando una definición satisfactoria de sopa, que englobara todas las elaboraciones que yo considero como tales. Dado que no encontré ninguna que, en mi opinión, englobara todo su significado, apunto la siguiente: sopa es todo aquel líquido o semilíquido que ocupa proporcionalmente la mayor parte del plato y que se puede comer con cuchara.

Como ya he señalado, el cocinero de un restaurante ha de estar estrechamente vinculado al lugar en el que trabaja, que en mi caso es El Bulli, cuya oferta gastronómica se caracteriza, sobre todo, por los menús de degustación. Dicho menú se compone de una gran cantidad de platos y de dos postres, lo cual debe dictar el carácter de estos últimos. En mi opinión, el primer postre debe poseer acción refrescante, es decir, un postre que contenga un helado o un sorbete, o bien una sopa bien fresca que, además, también puede llevar helado.

Dado que la definición que he ofrecido anteriormente de sopa engloba multitud de elaboraciones, podría establecer sus diferencias basándome en las diferentes texturas que se pueden obtener:

acuosas: son las que parten generalmente de zumos o aguas de fruta, como la sopa de naranja, el jugo de manzana (licuado) o el zumo de fruta de la pasión.

líquidas: este grupo podría encontrarse entre acuosas o pulposas. Forman parte del mismo jarabes de mayor densidad, como las sopas de caramelo, o purés de frutas que también se encuentran entre los dos tipos citados, como los de melón o sandía licuados.

pulposas: se trata de zumos de frutas que, como su nombre indica, tienen un importante grado de densidad, caso del mango, la manzana (pulpa), la pera o el caqui.

gelatinosas: las sopas de este tipo llevan un porcentaje tan bajo de hojas de gelatina por litro (de 2 a 3 hojas) que prácticamente no cuajan y sólo adquieren un poco más de densidad.

espumadas: son las mismas que en el caso anterior, pero pasadas por el sifón.

emulsionadas o aireadas: sopas que incorporan un elemento espumoso, como puede ser la leche o la nata, y que en el momento del pase se emulsionan, bien con el túrmix, bien con el vaso americano.

espesas: llamo con este nombre al gran número de sopas que se pueden hacer con una base de yogur, lácteos rebajados o algún producto mediante el cual adquieran una densidad importante.

cremosas: son las sopas cuya densidad es mayor; este grupo engloba cualquier tipo de crema convenientemente rebajada para su uso específico.

Cualquiera de las sopas de estos grupos se puede presentar fría, tibia o caliente.

sopas

cómo hacer algunas sopas

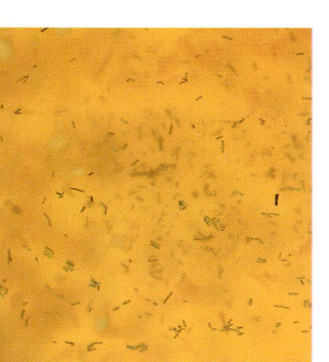

sopa de piña

Ingredientes:

250 cc de piña
30 g de jarabe oscuro
30 cc de agua
piña e hinojo fresco (c.s.)

Elaboración:

Incorporar la piña troceada al jarabe oscuro y el agua y levantar el hervor para retrasar la fermentación. Triturarlo todo con el túrmix y pasarlo por un colador sin presionar para que salga sólo el agua. Realizar una brunoise de piña e hinojo fresco y mezclarlo. El jarabe oscuro dará un tono más dorado a la sopa, así como un sabor algo ahumado.

sopa de chocolate blanco y yogur

Ingredientes:

250 cc de nata líquida
120 g de chocolate blanco
80 g de yogur

Elaboración:

Picar el chocolate blanco en trocitos, hervir la nata y añadirla al chocolate, dejar reposar unos minutos y, a continuación, mezclar el yogur y dejar enfriar. Como sucede a menudo, las cosas más sencillas suelen ser las mejores; en este caso, el gran problema que presenta el chocolate blanco, su dulzor, queda automáticamente contrarrestado por el carácter agrio del yogur, lo cual permite, además, que las cantidades que se puedan comer sean mayores (circunstancia que agradecerán particularmente los golosos).

sopa de miel y agua de rosas

Ingredientes:

250 g de miel
1 l de agua
50 cc de agua de rosas
(dependiendo de la
concentración aromática)

Elaboración:

Caramelizar la miel (como se explica en el apartado de la gelatina) y luego añadir un litro de agua; colar y, cuando ya esté fría, añadir el agua de rosas. Es importante servirla muy fría y prever otros ingredientes para contrarrestar su dulzor.

sopa de cítricos

Muchas veces no es necesario recurrir a fórmulas complejas para conseguir sopas sorprendentes. Un zumo de naranja, de pomelo o de mandarina, por ejemplo, si son de buena calidad resultan ser un gran recurso. Deben hacerse prácticamente al momento para que no pierdan sus virtudes. El resultado es, sencillamente, único, como lo prueba el hecho de que todos los avances tecnológicos en la industria alimentaria nunca han podido ofrecer un producto de igual calidad. Con la uva o la piña, el melón o la sandía sucede exactamente lo mismo.

… gelatinas y sopas

cómo conservarlas

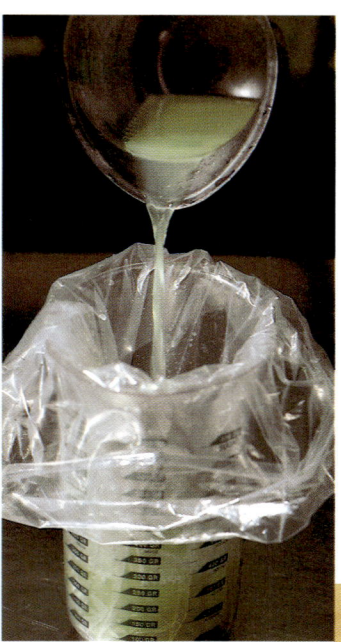

Guardar las gelatinas o las sopas en bolsas de congelación, siempre en proporciones cómodas para su uso. Teniendo en cuenta la cantidad que se va a usar y una duración razonable en el frigorífico, personalmente las guardo en pequeñas cantidades y, si es necesario, las cambio cada día. Si se etiquetan indicando el nombre del producto, la fecha y la cantidad congelada, a la larga esta tarea resultará muy útil.

Para descongelarlas, introducir las bolsas en el microondas o al baño maría hasta que se deshaga su contenido totalmente, siempre evitando que hiervan. Es importantísimo que se calienten para que las gelatinas puedan cuajar sin problemas, igual que la primera vez. Si sólo se descongela sin que llegue a calentarse, la gelatina quedará rota. Romper la bolsa y colar (para mayor seguridad) la gelatina en el lugar en el que se quiera cuajar.

gelatinas y sopas

lichis·manzana·hinojo

	Ingredientes para 4 personas:	Elaboración:
sopa de lichis	250 cc de agua 50 g de azúcar 200 g de lichis	Pelar y quitar el hueso a los lichis, hacer un almíbar ligero, hirviendo el agua y el azúcar. Tirar los lichis y, al volver a levantar el hervor, retirar del fuego. Colar los lichis y triturarlos con jarabe de la cocción.
gelatina de manzana		Elaboración en pág. 142.
granizado de hinojo	100 g de bulbo de hinojo agua (c.s.) jarabe (c.s.) hojas de gelatina (c.s.)	Poner en un cazo el agua a hervir y escaldar el bulbo de hinojo durante 1/2 minuto; enfriar rápidamente en agua con hielo y triturarlo en el vaso americano con un poco del agua del escaldado. Rectificar de jarabe, colar y añadir las hojas de gelatina en una proporción de 3,5 por litro de agua de hinojo obtenida. Congelar a -8°.
manzana caramelizada	8 láminas de manzana cortadas en la máquina cortadora jarabe	Una vez se tenga la lámina de manzana, cortarla circularmente con un cortapastas y con otro más pequeño quitar la parte central, dejando así una forma circular vaciada. Mojar en jarabe y cocer a 160°. Al sacarla del horno, manipularla para darle volumen.
otros	· 8 lichis en trozos · 8 hojitas de hinojo fresco · 12 pasas de corinto remojadas en vino de manzana chino · 16 dados de puré de arándanos gelatinado	
montaje y pase	En el centro de un plato sopero, poner la gelatina de manzana con una manga, obteniendo una pequeña forma circular y dejando un espacio en el centro. A su alrededor, colocar el lichi troceado, las hojas de hinojo fresco y las pasas de corinto. En el momento del pase, colocar el granizado de hinojo en el centro de la gelatina de manzana y encima del primero la manzana caramelizada. Acompañar con la sopa de lichis, puesta previamente en una jarra, que servirá el camarero.	

"Como en el caso de muchas otras sopas, se trata de un postre sencillo y refrescante, cuya misión fundamental es preparar el camino para un segundo postre de menú, de mayor entidad."

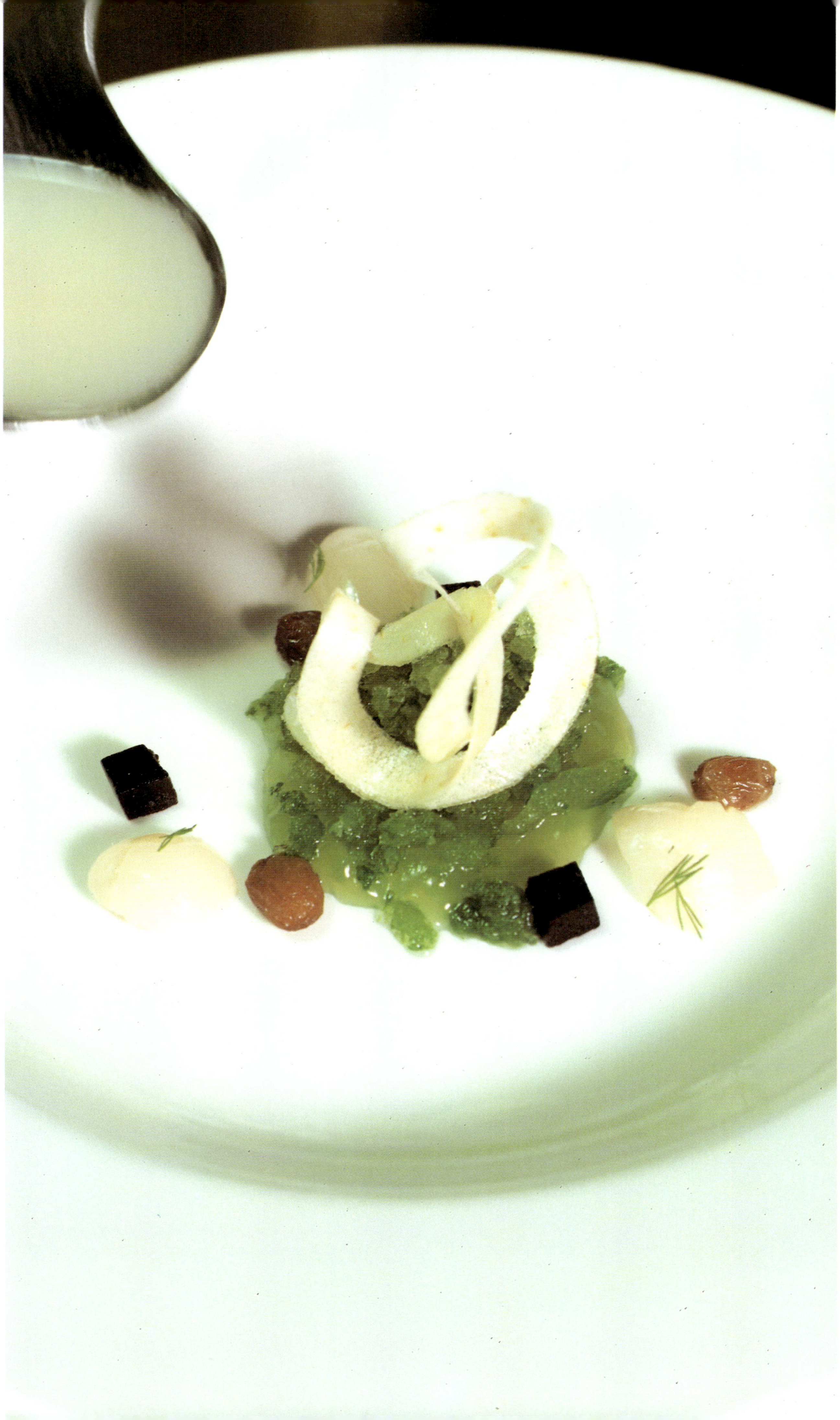

gelatinas y sopas

el plato de las especias

gelatina de manzana

Ingredientes para 4 personas:

8 manzanas verdes
(500 g aproximadamente)
agua (c.s.)
jarabe (c.s.)
hojas de gelatina (2 hojas
por cada 1/2 l de agua de
manzana)

Elaboración:

Partir y descorazonar ocho manzanas verdes, cortarlas en octavos. Preparar un cazo con agua hirviendo y escaldar las manzanas; enfriarlas rápidamente en agua con hielo. Licuar los trozos y, por cada medio litro de zumo de manzana resultante, poner dos hojas de gelatina, calentando una pequeña parte del zumo en el microondas para poder fundirlas.

Guardar en la nevera para ver qué grado de oxidación adquiere (es inevitable) y, si fuera necesario, rectificar con un poco de colorante verde. No se deben tener reparos a la hora de usar el colorante, ya que si se emplea bien, mejora el aspecto visual del ingrediente; en cualquier caso, nunca se ha de notar su presencia. Posteriormente, congelar la gelatina de manzana en bolsas de plástico. Una vez congelada la gelatina, descongelarla únicamente el día de su uso. Ponerla en el microondas, en descongelación, para que la gelatina se vaya deshaciendo lentamente y quede fina. A continuación, poner un cucharón sopero de gelatina en todos los platos que se vayan a utilizar, en este caso cuatro. Ponerlos en el frigorífico y dejar enfriar, hasta que cuaje.

Las doce especias (en el sentido de las agujas del reloj):
❶ menta, ❶ nuez moscada, ❷ curry, ❸ azafrán, ❹ cardamomo, ❺ pimienta de Sechuán, ❻ vainilla, ❼ jengibre, ❽ canela, ❾ pimienta rosa, ❿ anís estrellado, ⓫ enebro.

montaje y pase

Sacar los platos del frigorífico y poner las doce especias, imaginando que nos encontramos delante de un reloj. Empezar por los cuartos (12, 3, 6, 9) para marcar los márgenes, y seguir con el resto de especias. Este plato va acompañado por un pequeño librito en el que aparecen las doce especias descritas, aunque no por orden. Aconsejando en qué dirección se debe comer el plato, se tiene que descubrir cuál es cada especia, lo cual no resulta tan sencillo.

"Plato peculiar que casi se podría denominar de arte y ensayo, que, no obstante, nos ha servido para establecer una comunicación más directa con el cliente, lo cual siempre es importante. Además de proponer un juego, se forma el paladar del comensal para que diferencie gustos tan variados. También ha servido de base para hacer platos más desarrollados, como la gelatina de zanahoria."

143

gelatinas y sopas

piña·anís estrellado·hinojo

| | Ingredientes para 4 personas: | Elaboración: |

hinojo confitado
1/2 l de agua
200 g de azúcar
2 bulbos de hinojo

Poner en un cazo el agua y el azúcar, levantar el hervor y cocer a fuego muy lento los bulbos de hinojo enteros durante 1 h 30 min aproximadamente.

gelatina de hinojo fresco
50 g de hinojo fresco
agua (c.s.)
jarabe (c.s.)
1,5 hojas de gelatina por
250 cc de agua de hinojo

Limpiar las hojas del hinojo fresco, escaldarlas en agua hirviendo 10 seg., enfriarlas y triturarlas con un poco de agua de la cocción y jarabe. Calentar una pequeña porción de agua de hinojo para poner la gelatina y dejar enfriar.

flan de anís estrellado
200 cc de nata líquida
50 cc de leche
2 yemas de huevo
30 g de azúcar
2 semillas de anís estrellado

Hervir la nata con la leche e infusionar las semillas de anís estrellado. Mezclar y blanquear las yemas con el azúcar. Mezclar y colar. Cocer en una flanera al baño maría a 160° durante unos 7 min.

sopa de piña

Elaboración en pág. 138.

caramelo de anís
100 g de azúcar
50 cc de agua
15 g de glucosa
20 cc de anís seco

Hacer un caramelo rubio con 30 cc de agua, el azúcar y la glucosa; retirar del fuego y descaramelizar con los 20 cc de agua restantes. Añadir el anís seco y comprobar su densidad.

otros
· piña cortada en láminas muy finas en la máquina cortadora

montaje y pase
Poner en los bordes de un plato sopero tres cucharadas pequeñas de flan de anís, intercalando gelatina de hinojo. Limpiar el hinojo confitado hasta que sólo quede el corazón; cortar el corazón en cuartos y envolver piña laminada alrededor. Montar dos trozos de hinojo confitado en el plato y tirar encima caramelo de anís seco; poner la sopa en la sopera y dejar que el camarero acabe el plato sirviendo la sopa al cliente.

"La idea de este montaje surgió a partir del gazpacho de Ferran. Me encantó la idea de no estar sujeto a lo que es la sopa en sí como líquido, puesta en el plato, y poder presentar una sopa de estética diferente. Ahora, casi todas mis sopas son así."

145

gelatinas y sopas

fresas-almendra-vinagre-pimienta

| | Ingredientes para 4 personas: | Elaboración: |

espuma de almendras

250 g de almendras
300 cc de agua
40 g de jarabe
1 hoja de gelatina (por cada 1/4 l de leche de almendras)

Dejar en remojo 24 h en un bol el jarabe y las almendras, triturarlas bien en el vaso americano. Pasar todo por una estameña y luego por un colador. Calentar una pequeña parte en el microondas para incorporar la gelatina, equilibrar las temperaturas; cargar el sifón y dejar enfriar en el frigorífico.

fresas gelatinadas

100 g de fresas congeladas
75 g de azúcar
hojas de gelatina (c.s.)
4 fresas enteras

En un cazo arrancar el hervor de las fresas con el azúcar; dejar que el calor del azúcar succione el jugo de las fresas hasta que éstas queden blanquecinas y ponerlas a colar 24 h en un chino para que suelten el jugo; poner la gelatina (1 hoja por cada 100 cc de juego de fresas) calentando una pequeña parte. Para rellenar las fresas, vaciarlas previamente con un boleador y rellenarlas con esta gelatina. Posteriormente, cortarlas por la mitad.

reducción de vinagre dulce

Elaboración en pág. 155.

helado de pimienta negra

1/2 l de leche
5 yemas de huevo
70 g de azúcar
30 g de glucosa
10 g de pimienta negra (aprox.)
4 g de estabilizante

Hervir la leche junto a la glucosa, retirar del fuego e infusionar la pimienta negra en grano, triturar y colar. Añadir las yemas, que previamente habremos blanqueado, junto al azúcar y el estabilizante, y cocer hasta que alcance una temperatura aproximada de 84°; colar y dejar madurar 12 h en el frigorífico. Pasar por la sorbetera (se puede añadir un poco de pimienta negra recién molida en este momento). Es importante medir que el picor no sea excesivo.

caramelo de limón

50 g de caramelo neutro
5 g de ralladura de piel de limón

Estirar en el horno entre dos silpats el caramelo neutro, pasar a un papel siliconado, espolvorear encima la piel rallada de limón y presionar con la ayuda de otro papel y el rodillo. Romper y guardar.

montaje y pase

Poner 3 mitades de fresa gelatinada en el centro del plato, en medio la quenelle de helado de pimienta negra, la reducción de vinagre y, en el momento del pase, la espuma de almendra con el caramelo de limón roto por encima.

"Postre pensado para ir en primer lugar en el menú, en el que destaca sobre todo la calidad de la espuma de almendras. Otra de sus peculiaridades está constituida por las fresas gelatinadas, que suelo servir como petit-four, añadiendo pimienta negra molida. No hay que sorprenderse por el uso de la reducción de vinagre. Al tratarse de un vinagre dulce y evaporarse el alcohol al reducirlo, adquiere un sabor ácido parecido al del limón."

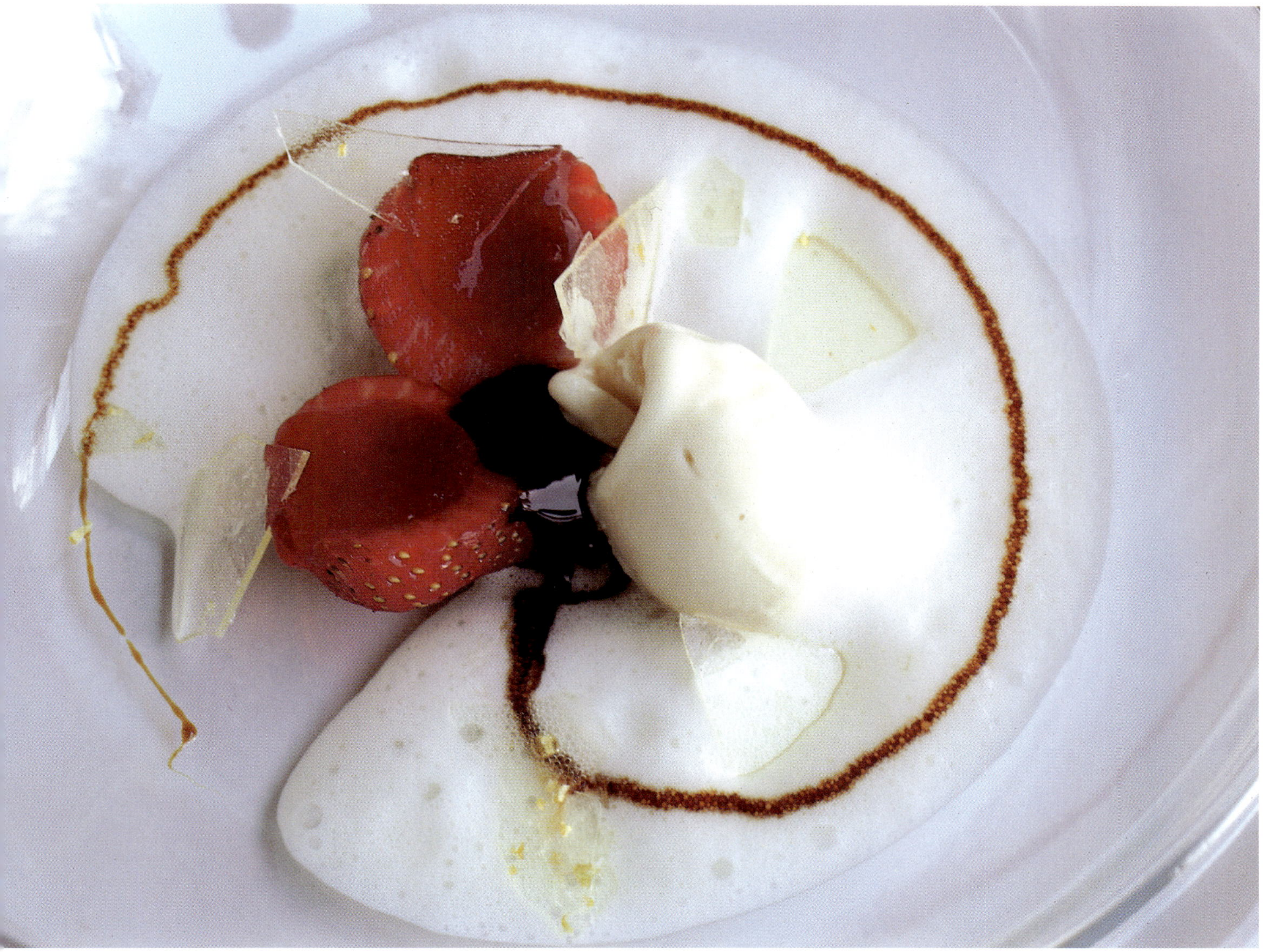

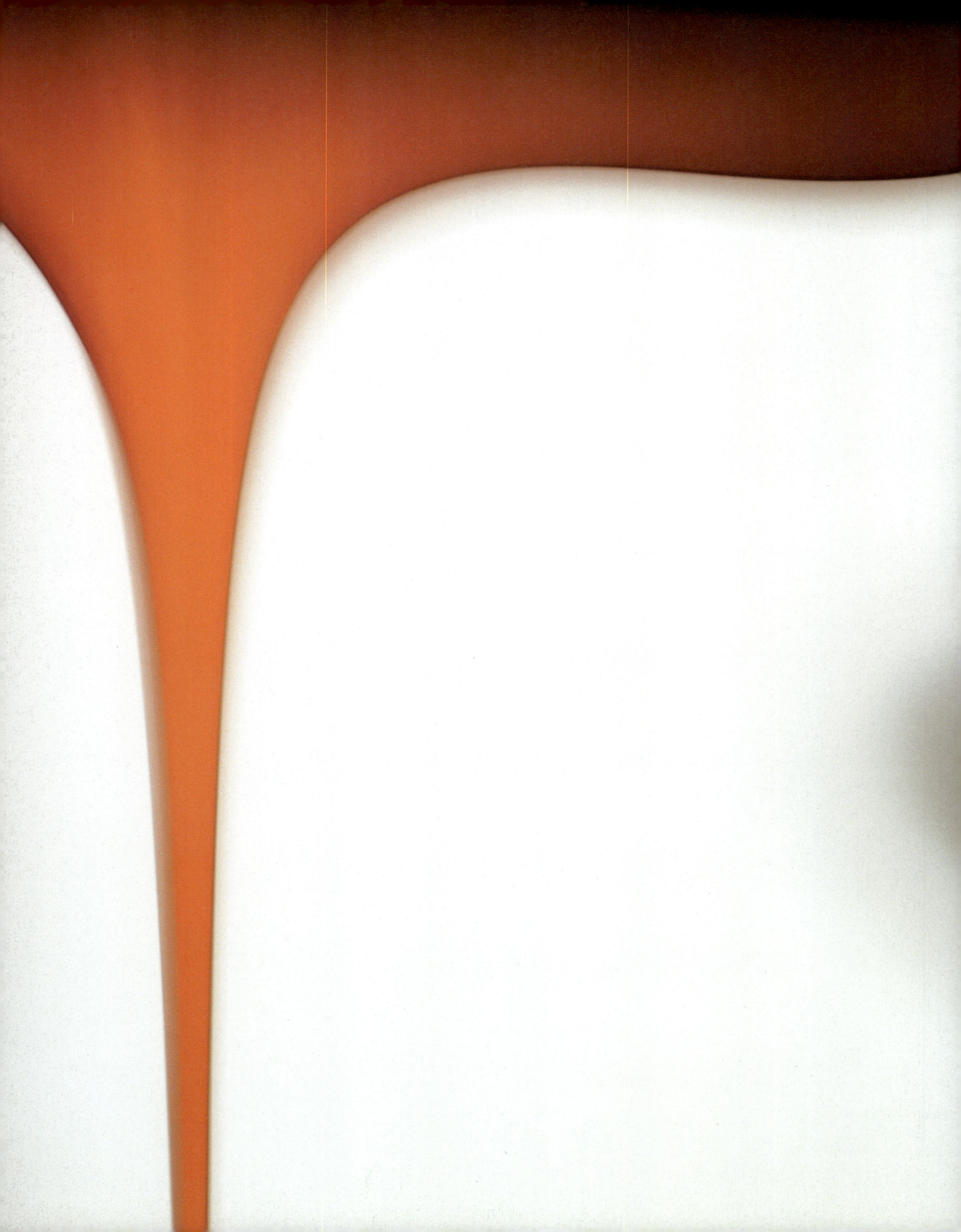

salsas y reducciones

las salsas
|
pueden ser

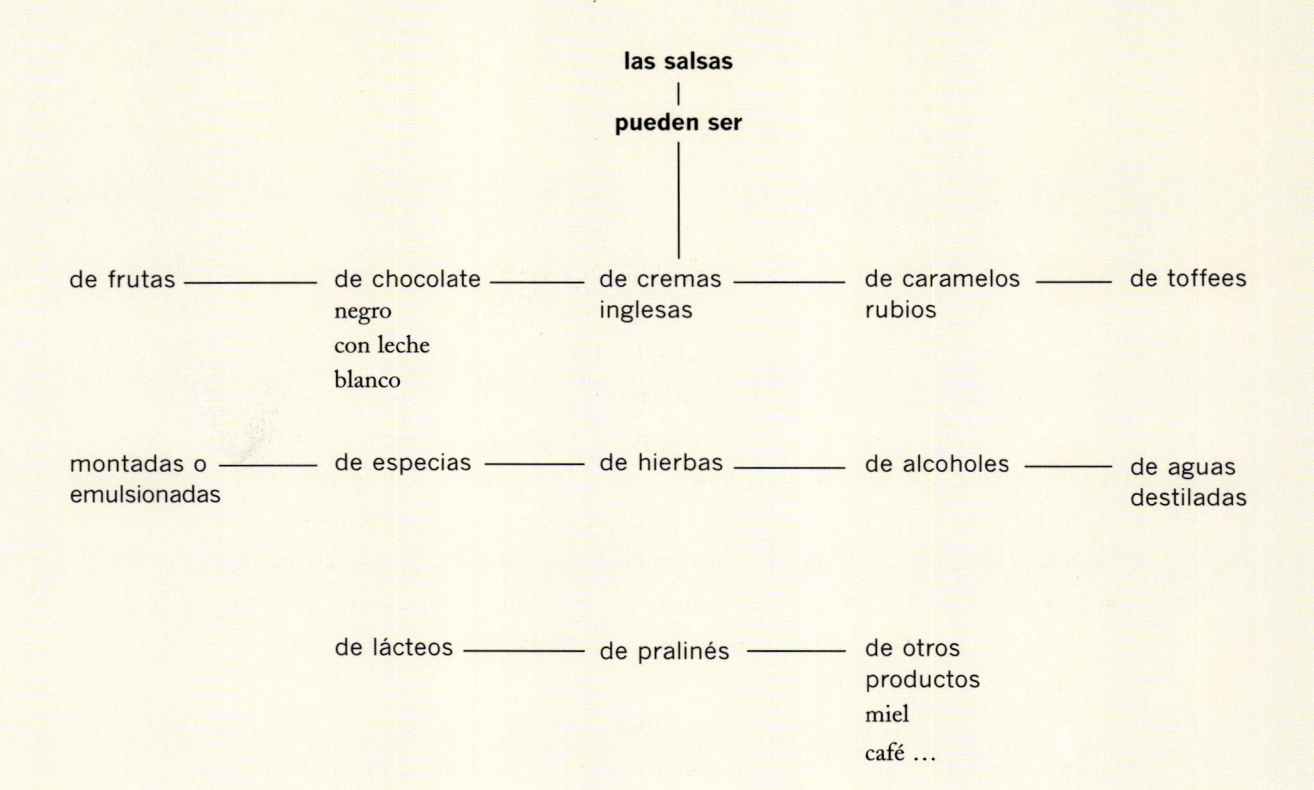

de frutas ——————— de chocolate ——————— de cremas ——————— de caramelos ——————— de toffees
                                        negro   inglesas   rubios
                                        con leche
                                        blanco

montadas o ——————— de especias ——————— de hierbas ——————— de alcoholes ——————— de aguas
emulsionadas   destiladas

de lácteos ——————— de pralinés ——————— de otros
                                                                                                                  productos
                                                                                                                  miel
                                                                                                                  café …

Además de la posibilidad de combinarse entre sí.

Ejemplos:
- caramelo rubio + alcohol + puré de frutas
- puré de frutas + caramelo rubio + toffee
- salsa de chocolate + pralinés + aguas destiladas
- toffee + alcoholes + especia
- caramelo rubio + puré de frutas + especia
- sabayón + puré + especia
- mantequilla blanca + hierbas + cítricos (pieles)
- toffee + hierbas + chocolate
- salsa de chocolate + hierbas + alcohol
- caramelo rubio + cítricos (zumo) + hierbas
- salsa de chocolate blanco + yogur + cítricos (pieles)
- caramelo rubio + infusión + agua destilada
- etc.

salsas y reducciones

Estas elaboraciones podrían considerarse "menores", pues no tienen entidad suficiente para formar la base de un plato. En comparación con las sopas, al referirnos a las salsas y las reducciones la distancia con la cocina salada parece haberse acortado notablemente. La diferencia entre una salsa y una sopa podría radicar en la cantidad proporcional de las mismas en un plato, teniendo en cuenta que la intensidad de sabor debe marcarnos posibles manipulaciones para realizar dicha conversión, pues una salsa de sabor muy fuerte puede llegar a ser desagradable consumida como sopa. La función que desempeñan ambas también las diferencia; mientras que la sopa puede representar la base del plato, la salsa o la reducción se incorpora a modo de sazonamiento, principalmente para efectuar un contraste de sabores. En definitiva, lo que sí es importante es pensar que sería muy negativo querer compartimentar ambas preparaciones, pues ello representaría negarse la posibilidad de investigar nuevos caminos.

En cuanto a las reducciones, sólo son buenas en cantidades pequeñas, pues su sabor es muy concentrado. En estas preparaciones todo son ventajas: son fáciles de hacer (el único problema es alcanzar el punto exacto de densidad), de conservar y de combinar. Además, su sabor es intenso y muy puro, por lo que permite elaborar reducciones tan excepcionales como las de vinagre, Pedro Ximénez, cítricos o cola.

Con las natas reducidas se pretende obtener el sabor de los quesos grasos o de algunas especias concretas. La nata actúa "succionando" todo el sabor de estos productos, para después poder utilizarlo en reducción. El caso concreto de la nata de idiazábal puede incluso calificarse de provocativo, pues carece completamente de azúcar; el postre de canelón de idiazábal se equilibra de azúcar con el sorbete de chocolate blanco. La nata actúa poco a poco, mientras hierve, absorbiendo todo el sabor al queso, reteniendo el suero, hasta el punto de que al final deja una pasta de queso sin ningún sabor. También elaboro reducciones de especias como el azafrán o el regaliz, pero en este caso añadiendo azúcar.

salsas

cómo hacer algunas salsas

Como en otras ocasiones, más que ofrecer recetas, pretendo proponer una gama de posibilidades entre las que elegir para que uno pueda combinar sus propias salsas. Como es natural, existen muchas más.

de frutas

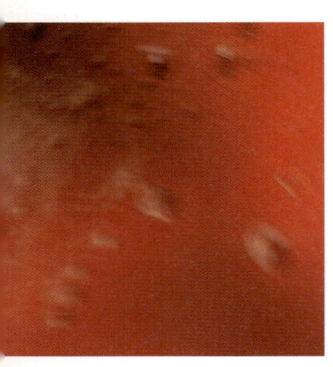

Son las salsas más utilizadas y las que pueden dar mayor juego de combinación, pues además de poder servirlas solas, se pueden hermanar con casi todas las otras. Todos los tipos de puré de frutas pueden servir, así como las aguas de fruta ligeramente ligadas con gelatina, mantequillas blancas de cítricos o, como ya he señalado, espumas de frutas con muy poca gelatina, que al bajarse un poco al salir del sifón puede convertirse en una salsa.

Ejemplos: Toda la variedad de purés de frutas, convenientemente densos.

de chocolate

Ingredientes:

800 cc de agua
250 g de mantequilla
150 g de cacao
200 g de azúcar
300 g de cobertura "guaranda"

Elaboración:

Se podría decir que es la salsa por excelencia, y a pesar de que existen multitud de recetas, yo utilizo ésta prácticamente siempre, pues me encanta su densidad.
Hervir en un cazo el agua, el cacao y el azúcar; cuando levante el hervor, retirar del fuego y añadir la mantequilla. Triturar con el túrmix para que todo quede bien integrado y dejar enfriar a temperatura ambiente. Luego añadir el chocolate fundido, remover y guardar.

de cremas inglesas

crema inglesa base

Ingredientes:

1 l de leche
150 g de azúcar
10 yemas de huevo
+
zumos
purés
alcoholes
especias
hierbas
aguas destiladas
otros...

Elaboración:

Ésta es otra de las salsas más usadas. La manera de hacer la crema inglesa es la misma que la de la C.M. (pág. 44) pero reemplazando la nata por leche; también se puede hacer una mezcla de las dos, que resultará más cremosa. Además, como se puede observar, admite una notable variedad de productos para obtener una gran cantidad de sabores.

Ejemplos: C. inglesa de frambuesas con hierba luisa
C. inglesa de ginebra con enebro

salsas

de caramelos rubios

caramelo rubio base

Ingredientes:

200 g de azúcar
50 g de glucosa
50 cc de agua

mantequilla
zumos
purés
alcoholes
especias
hierbas
aguas destiladas
otros...

Elaboración:

Cocer el agua, el azúcar y la glucosa hasta que se forme un caramelo oscuro; cortar la cocción con un poco de agua para descaramelizar, muy lentamente y teniendo en cuenta posibles salpicaduras del caramelo. Como la crema inglesa, también admite multitud de ingredientes.

Ejemplos: Salsa de caramelo al limón y tomillo
Salsa de caramelo y melocotón a la menta
Salsa de caramelo con café y rosas

de toffees

toffee base

Ingredientes:

200 g de azúcar
200 cc de nata

alcoholes
zumos
purés
pralinés
aguas destiladas
especias
hierbas
otros...

Elaboración:

Hacer primero un caramelo rubio, sólo con el azúcar, hasta que quede bastante oscuro; añadir la nata montada o bien la nata hervida, siempre con mucho cuidado y usando un cazo más grande del que se necesitará, para evitar que se derrame. Al igual que en los casos anteriores, partiendo del toffee base y añadiendo los productos de la lista se pueden obtener muchas combinaciones.

Ejemplos: Salsa de toffee con plátano a la vainilla
Salsa de toffee a la miel y romero
Salsa de toffee y praliné con Pedro Ximénez

montadas o emulsionadas

sabayón
yemas
jarabe

+

mantequilla blanca
jarabe
mantequilla

alcoholes
purés de fruta
hierbas
especias
aguas destiladas
pieles de cítricos
otros...

Elaboración:

Estas dos salsas, que se preparan en caliente, son tal vez las más complicadas. Las elaboraciones se pueden encontrar en cualquier libro de cocina, por lo que me limitaré a señalar la enorme posibilidad de combinaciones que existen para darles un aire nuevo.

Ejemplos: Sabayón de coco y curry
Mantequilla blanca de lima (con raspaduras de piel) y pimienta de Sechuán

reducciones
cómo hacer las reducciones

A pesar de ser muy evidentes y de una relativa facilidad a la hora de elaborarlas, he considerado interesante explicar el método para obtener una textura siempre regular, ya que el caso contrario suele ser el único inconveniente que podemos encontrar: si queda muy poco reducida, resulta muy líquida; si, en cambio, está muy reducida, la textura será tan espesa que no podremos trabajar con ella.

Poner a reducir el zumo, alcohol o producto elegido junto al azúcar y la glucosa a fuego lento.

Una vez haya reducido, y con la ayuda de una cuchara, que sumergiremos en el líquido, iremos controlando su densidad.

Sacando un poco de reducción y dejándola enfriar en una superficie, comprobaremos su textura, que debe ser densa, similar a la de hebra floja cuando hacemos el caramelo.

reducciones

reducción de Pedro Ximénez, vinagre o vinos dulces

Ingredientes:

250 g de Pedro Ximénez, vinagre dulce o vino dulce
30 g de azúcar
20 g de glucosa

Elaboración:

Colocar los ingredientes en un cazo a hervir a fuego lento, hasta que adquiera mucha densidad. Para saber si ya está lista, extender un poco de reducción con un cuchara encima de la mesa y esperar a que se enfríe; al frotar entre los dedos se debe notar una textura densa parecida al caramelo de hebra floja. Si no está lista, seguir cociendo y, si se ha pasado, añadir un poco de agua para rebajar el punto de densidad.

reducción de zumos de cítricos y otras frutas

Ingredientes:

250 cc de aguas de cítricos y otras frutas (zumo de limón, naranja, pomelo, mandarina, fruta de la pasión, piña, etc.)
50 g de azúcar

Elaboración:

Estas reducciones, realmente interesantes, pueden llegar a potenciar el sabor de la propia fruta. Se elaboran del mismo modo que las anteriores. Otras frutas también pueden servir, pero sin duda los cítricos son los que mejor se benefician de este proceso de elaboración.

reducción de natas

de quesos (no dulces)

Ingredientes:

200 cc de nata líquida
140 g de queso idiazábal o similar

de especias (dulces)

Ingredientes:

200 cc de nata líquida
30 g de azúcar
especia elegida: 5 hebras de azafrán
15 g de regaliz en rama
5 semillas de anís
etc.

Elaboración:

Se debe poner la nata con el queso, o con el azúcar y la especia en el segundo caso, a cocer a fuego muy lento, o incluso al lado de la plancha, sin que prácticamente hierva, hasta que la nata, por efecto de la evaporación, se consuma y empiece a adquirir gusto. Cuando se considere que está lista, colarla y guardarla en la nevera.

"Últimamente también he incorporado reducciones de bebidas refrescantes azucaradas, como el caso de la cola (excelente) o de licores dulces aromatizados, como el de manzana o melocotón."

salsas y reducciones

flan de huevo-naranja-limón

	Ingredientes para 4 personas:	Elaboración:
helado de flan de huevo	1/2 l de leche 3 huevos 75 g de azúcar piel de naranja piel de limón 1 rama de canela	Hervir la leche infusionando la piel de naranja, de limón y la canela. Batir los huevos con el azúcar y mezclar la leche. Cocer el flan al baño maría a 160° durante 20 min. Al sacarlo del horno y aún en caliente, triturar en el vaso americano y pasar por la sorbetera.
naranja confitada	2 naranjas enteras 200 g de azúcar 1/2 l de agua 100 g de glucosa	Blanquear la naranja entera con agua fría, poner a cocer el azúcar, la glucosa y el agua en un cazo y añadir las naranjas enteras. Cocer durante 2 ó 3 horas a fuego lento hasta que queden bien confitadas.
gelatina de limón a la vainilla	100 cc de zumo de limón 250 cc de agua 100 g de azúcar 3 hojas de gelatina 1 rama de vainilla	Hervir el agua con el azúcar y deshacer las hojas de gelatina, infusionar la rama de vainilla. Dejar enfriar a temperatura ambiente y mezclar con el zumo de limón recién exprimido.
caramelo líquido	100 g de azúcar 25 g de glucosa agua (c.s.)	Poner a cocer en un cazo a fuego lento el azúcar y la glucosa, hasta que se forme un caramelo rubio oscuro (casi negro); descaramelizar con agua hasta obtener una textura densa.
palitos de canela	1 hoja de pasta philo jarabe (c.s.) canela (c.s.)	Hacer un jarabe de canela y, con una brocha, pintar 4 rectángulos de pasta philo de 15 cm de largo por 5 cm de ancho. Enrollar sobre sí misma y cocer a 205° durante unos 4 min.
otros	· nata montada sin azúcar	
montaje y pase	Hacer un fondo de gelatina de limón en un plato sopero, colocar la naranja confitada cortada a trozos triangulares, una quenelle de helado de flan, napada con caramelo oscuro, la nata montada y, por último, los palitos de canela.	

"Visión del postre por excelencia, el flan de huevo, cuyo principal interés radica en la textura del helado de flan y en la función de salsa que ejerce la gelatina."

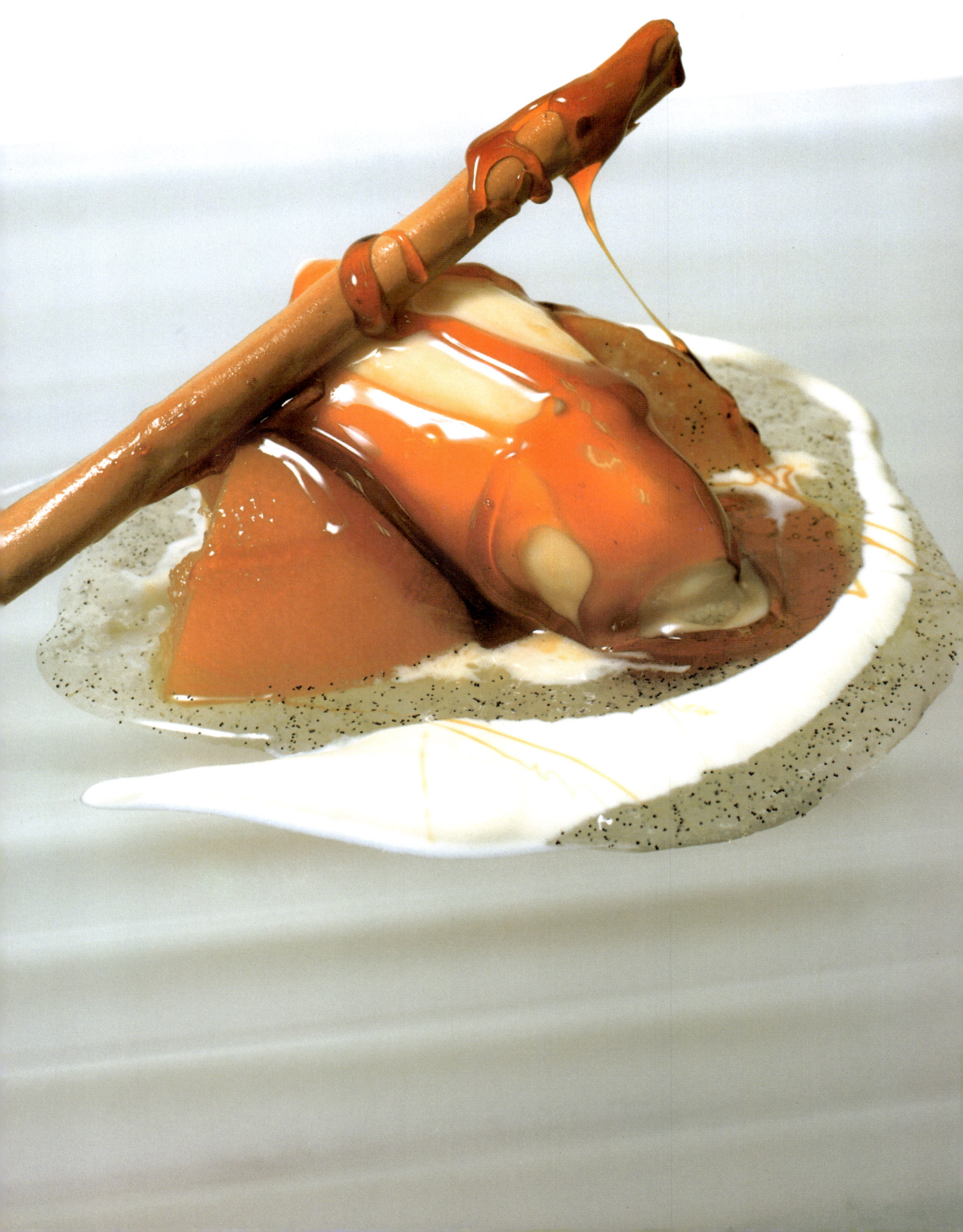

salsas y reducciones

chocolate y cítricos

	Ingredientes para 4 personas:	Elaboración:
mousse de chocolate amarga	150 g de chocolate "ocumare" 350 g de pasta de cacao 500 g de leche 250 g de yemas de huevo 400 g de nata montada	Fundir el chocolate junto a la pasta de cacao en el microondas. Hacer una crema inglesa con la leche y las yemas. Mezclar la crema junto al chocolate y la pasta de cacao, dejar que enfríe a temperatura ambiente y añadir la nata montada.
caramelo de pasta de cacao		Receta en pág. 86. Una vez estirada la placa finamente, cortar en rectángulos de 6x4 cm y enrollarlos para obtener unos cilindros.
gelatina de lima	100 cc de zumo de lima 100 g de jarabe 100 cc de agua la piel rallada al momento de 1 lima 1 hoja de gelatina	Hacer el zumo de lima, calentar el jarabe y fundir la hoja de gelatina, añadir el agua y la piel de limón rallada, colar y gelatinar.
gelatina de naranja	125 cc de zumo de naranja 1 hoja de gelatina 20 g de jarabe	Deshacer la hoja de gelatina en el jarabe caliente y añadir el zumo de naranja. Es importante, como en el caso de la lima, hacerlas diariamente, ya que pierden en seguida parte de sus propiedades.
reducción de fruta de la pasión, pomelo y naranja		Elaboración en pág. 155 (reducción de cítricos).
naranjas en jarabe	1/2 l de agua 100 g de azúcar 1 naranja	Cortar las naranjas en rodajas en la máquina cortadora. Cocerlas en el jarabe que se habrá hecho previamente durante 5 min en el microondas a media cocción.
sorbete de naranja	500 cc de zumo de naranja 125 g de jarabe para sorbetes (pág. 171)	Preparar el jarabe tal y como se explica posteriormente y mezclarlo al zumo de naranja recién exprimido, pasar por la sorbetera.
otros	· decoración de hilos de caramelo de pasta de cacao	
montaje y pase	Poner en el plato la gelatina de lima y puntear con un cono tres gotas de cada una de las reducciones. Preparar el ravioli imaginando una cruz en la rodaja de la naranja y poniendo en su parte inferior derecha la gelatina de naranja. Doblar sobre sí misma dos veces. Rellenar los cilindros de caramelo de pasta de cacao con la mousse amarga y proceder a la finalización del plato disponiendo dos raviolis en cada plato con el sorbete de naranja en la parte superior y un cilindro de caramelo de pasta de cacao con mousse dentro. Colocar la decoración de caramelo de pasta de cacao y servir.	

"Plato cuya elaboración nunca me planteé debido a la contradicción tan grande que constituyen el chocolate y los cítricos. La clave es comer un cilindro de chocolate y, a continuación, el ravioli, sin mezclarlos."

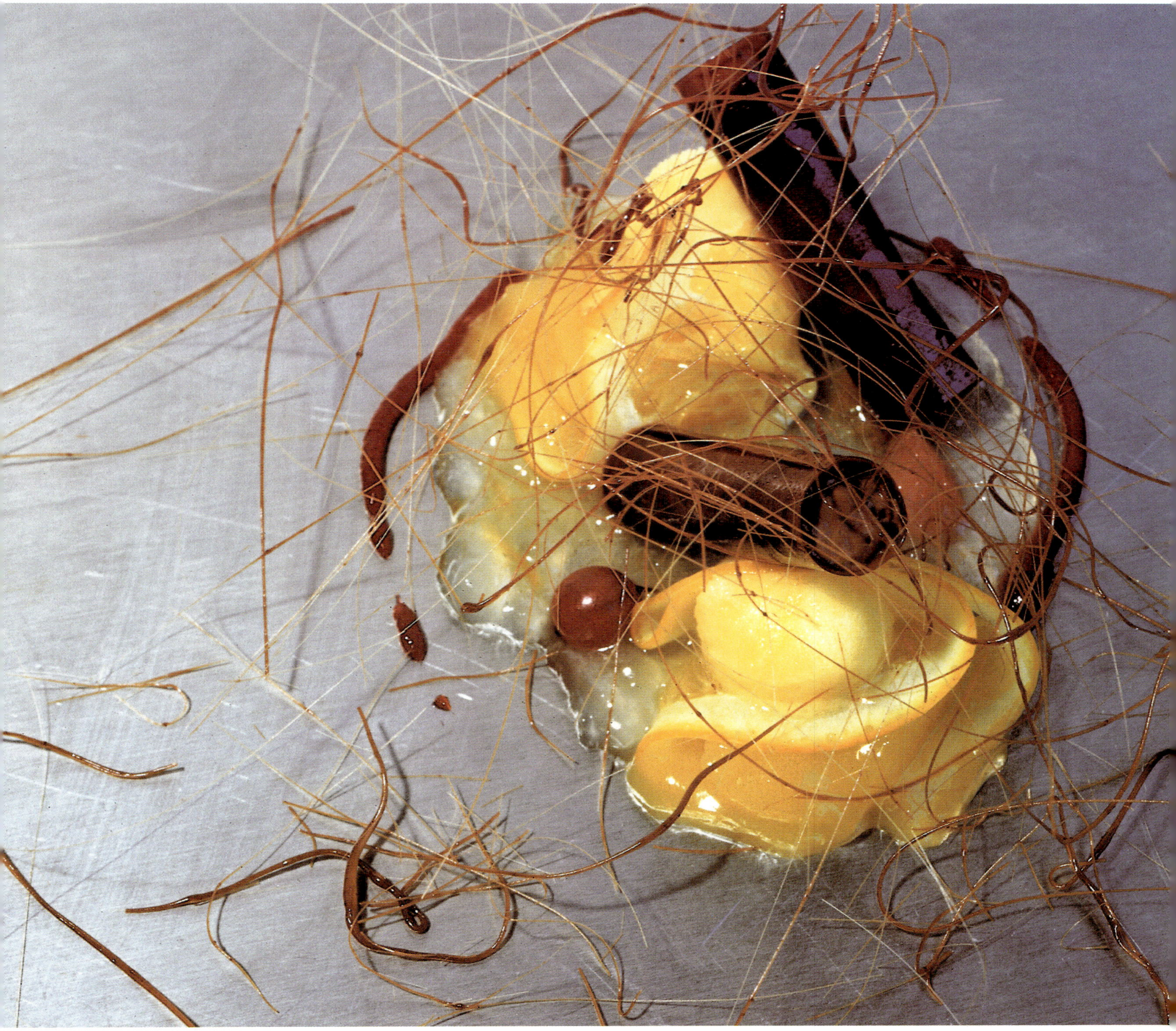

salsas y reducciones

queso ahumado·chocolate blanco·plátano

	Ingredientes para 4 personas:	Elaboración:
nata de idiazábal	125 g de idiazábal ahumado 140 cc de nata líquida 20 cc de agua	Triturar los 3 ingredientes en el thermomix, a 80° durante 5 min. Colar y guardar en el frigorífico.
sorbete de chocolate blanco	300 g de chocolate blanco 130 cc de agua 180 g de nata	Hervir la nata en un cazo e incorporarla al chocolate blanco previamente picado. Dejar que adquiera temperatura ambiente y añadir el agua. Batir y pasar por la sorbetera (congelar a -20° por exceso de azúcar).
mermelada de limón	50 g de limón 50 g de azúcar	Cortar el limón en trozos de 1/2 cm, con piel, y mezclar con el azúcar. Cocer a fuego muy lento durante 1 1/2 h aproximadamente.
buñuelos de plátano (témpura)	125 cc de agua 60 g de harina 5 g de levadura fresca una pizca de sal y azúcar plátanos a tiras (6x1,5 cm)	Mezclar el agua (un poco tibia) con la harina, la sal y el azúcar y disolver la levadura fresca. Dejar fermentar 1 h a temperatura ambiente y guardar en el frigorífico durante 12 h. Rebozar el plátano cortado a tiras en esta pasta y freír en aceite de oliva a fuego medio.
caramelo líquido		Elaboración en pág. 156.
otros	· 4 láminas de queso idiazábal ahumado finamente cortado en la máquina cortadora para el canelón · aceite de oliva (para la fritura)	
montaje y pase	Freír el plátano, rebozado en témpura, previamente al montaje del postre. Poner la salsa de queso en el fondo del plato y unas gotas de caramelo rubio. Hacer un canelón con el queso laminado y el sorbete de chocolate blanco colocándolo encima de la salsa. A continuación, poner 3 dados de mermelada de limón y el buñuelo empapado en caramelo.	

"Postre algo especial no apto para todos los gustos. Su pase es tan difícil como su comprensión, aunque merece la pena probarlo. Se puede intentar sustituir el queso por otro elemento y hacerlo servir como éste."

161

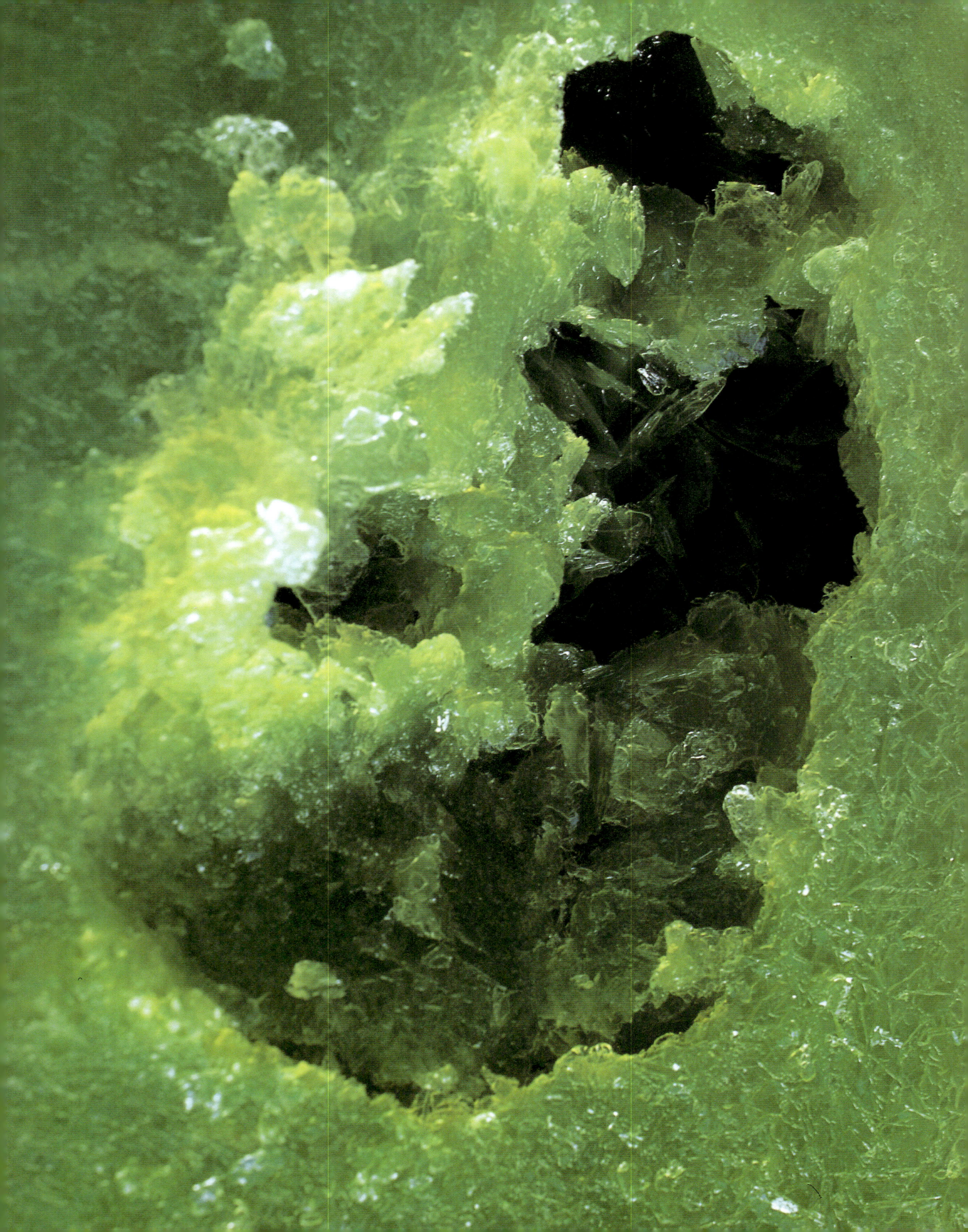

pastelería helada

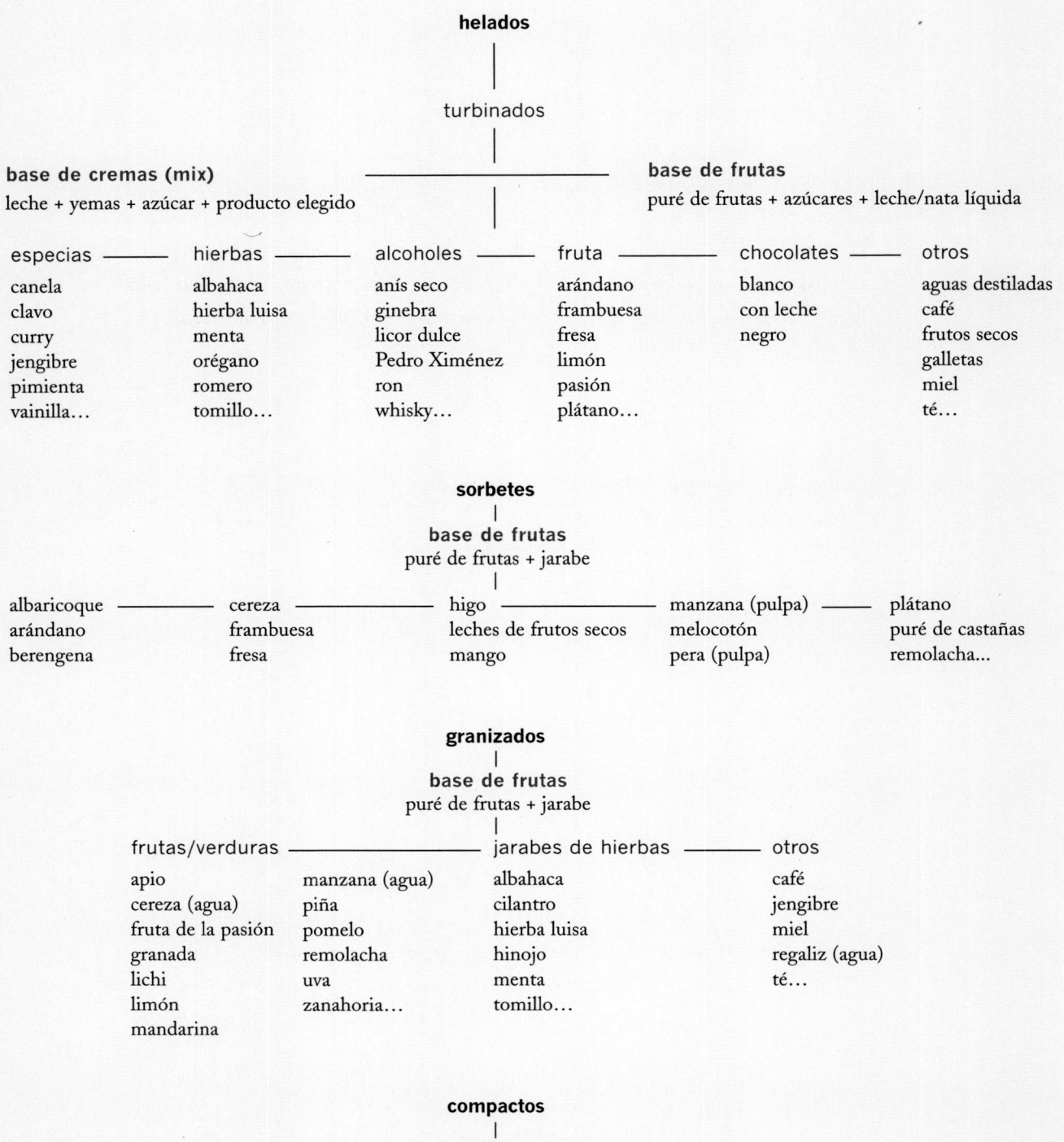

helados
|
turbinados
|

base de cremas (mix) ———————————————— **base de frutas**
leche + yemas + azúcar + producto elegido   puré de frutas + azúcares + leche/nata líquida

especias	hierbas	alcoholes	fruta	chocolates	otros
canela	albahaca	anís seco	arándano	blanco	aguas destiladas
clavo	hierba luisa	ginebra	frambuesa	con leche	café
curry	menta	licor dulce	fresa	negro	frutos secos
jengibre	orégano	Pedro Ximénez	limón		galletas
pimienta	romero	ron	pasión		miel
vainilla…	tomillo…	whisky…	plátano…		té…

sorbetes
base de frutas
puré de frutas + jarabe

albaricoque	cereza	higo	manzana (pulpa)	plátano
arándano	frambuesa	leches de frutos secos	melocotón	puré de castañas
berengena	fresa	mango	pera (pulpa)	remolacha…

granizados
base de frutas
puré de frutas + jarabe

frutas/verduras		jarabes de hierbas	otros
apio	manzana (agua)	albahaca	café
cereza (agua)	piña	cilantro	jengibre
fruta de la pasión	pomelo	hierba luisa	miel
granada	remolacha	hinojo	regaliz (agua)
lichi	uva	menta	té…
limón	zanahoria…	tomillo…	
mandarina			

compactos
base de frutas
puré de frutas + jarabe

Los sabores son los mismos que para los granizados

preparaciones heladas

mousses heladas – biscuits helado – soufflés helados – bombas heladas – tartas heladas – pasteles semifríos
base de cremas
base de frutas

Los sabores son los mismos que para los helados turbinados.

pastelería helada

El conocimiento de la fabricación de helados se remonta a épocas muy antiguas. Con el paso de los siglos se fueron perfeccionando los sistemas de congelación y fabricación, por ejemplo, con el empleo de nieve y sal, pasando por las sorbeteras accionadas a mano, hasta llegar a las actuales máquinas de congelación ultrarrápida. En 1878, con la introducción en los Estados Unidos de las máquinas de refrigeración mecánica (que no llegaron a Europa hasta las primeras décadas del siglo XX), se dio el primer paso importante para el avance que los helados han efectuado hasta el día de hoy.

Ello significa, por de pronto, que nos encontramos ante una elaboración relativamente joven a nivel de gran consumo, de apenas cincuenta años y que, pese a ello, ha sabido invadir los paladares de millones de personas que los consumen no ya como un producto de temporada, sino durante todo el año. Centrándome en el tema que nos concierne, que es el estrictamente culinario, debo señalar que desde muy pronto se vislumbraron las maravillosas posibilidades de estas elaboraciones, aunque, como es lógico, hasta el nacimiento de máquinas sorbeteras pensadas para unas necesidades de baja producción pero de alta rentabilidad (es decir, hasta hace muy poco tiempo), dichas preparaciones no entraron plenamente en los restaurantes.

En la actualidad, fabricar helados en los restaurantes conlleva ciertas dificultades, comenzando por el altísimo precio de las máquinas sorbeteras. Como aclararé a lo largo del capítulo, la inversión en un aparato como éste se rentabiliza a medio plazo; por otro lado, la satisfacción de poder contar con helados de fabricación propia compensa la necesidad de tener a una persona que dedique una buena parte del día a los mismos.

En último lugar debo referirme a la higiene, que obviamente es esencial, así como el respeto hacia el producto que servirá de base al helado; es primordial evitar caer en una dejadez progresiva en relación con la calidad de estas elaboraciones. Si uno decide iniciarse en la fabricación de helados, lo mejor que puede hacer es pedir consejo a los heladeros artesanos (en España los hay, y muy buenos), y pensar que cuesta el mismo esfuerzo confeccionar un helado de baja calidad que uno de la mejor.

helados

Los helados constituyen una de las elaboraciones imprescindibles no sólo en mi trabajo, sino en toda la pastelería en general, y son vitales al confeccionar la carta de postres. Puesto que existen ya varios libros magníficos dedicados a este tema (caso de *La tecnología de los helados y sorbetes*, de Bernard Davenat, por ejemplo), así como muchas personas dedicadas por entero a este oficio (una especie de alquimia del siglo XX), me extenderé tan sólo lo necesario. Sin embargo, hay cosas que considero importante señalar si se quiere conocer un poco más este mundo.

Según la legislación un helado es una preparación alimenticia transformada en producto *cremoso* o sólido congelado a baja temperatura, con una composición de materias primas establecido en la reglamentación en vigor. Obviamente, esta respuesta (más propia de un libro de texto), que puede desanimar a alguien que se inicie en estas lides, incumbe sobre todo a los fabricantes de helados industriales.

En mi opinión, un helado puede ser, por ejemplo, una crema fría, o cualquier elaboración que se pase por la sorbetera y dé, como resultado, una crema helada de textura untuosa y aireada que permita manipulaciones, como por ejemplo, realizar bolas o quenelles. Como solemos decir en El Bulli, la diferencia entre una crema fría y un helado son 16 grados. Tal vez pueda sonar algo frívolo, pero puedo asegurar que después de probar los helados salados que realiza Ferran, uno llega a esta conclusión sin mayores dificultades.

La base de este concepto es muy sencilla y radica en la posibilidad que tenemos los cocineros de pasar los productos por la sorbetera cada día; se trata de un lujo que los heladeros industriales no se pueden permitir.

A continuación podremos ver cómo se realizan los helados industriales (ya sean los que se efectúan a gran escala o los que se suelen denominar artesanos). Están pensados para una duración cercana a un mes o un mes y medio, a -20°. El siguiente proceso está previsto para cantidades importantes, pese a lo cual, debido a su interés, lo ofrezco como apunte.

Etapas de elaboración:

1. *Pesado*: es importante realizar un pesado exacto, sobre todo en el caso del azúcar y los estabilizantes.
2. *Pasteurización*: tiene dos finalidades: suprimir gérmenes y retrasar la proliferación de microbios. Existen dos tipos de pasteurización: la primera consiste en elevar la mezcla a 83°/85° y descender rápidamente su temperatura a 4°/2°; en el caso de la segunda se mantiene la mezcla durante 30 minutos a 60°/65° y se enfría lo más rápidamente posible.
3. *Homogeneización*: mediante esta operación se efectúa un aplastamiento en las moléculas de la materia grasa del mix* (150 kg/cm^2) y se otorga finura y ligereza; sólo se utiliza en helados industriales.
4. *Maduración*: contribuye a la mejora general de las propiedades del mix. Consiste en dejar reposar la mezcla entre 4 y 24 horas a 4°. Con ella se consiguen hidratar las proteínas de la leche, produce un perfecto hinchamiento del estabilizante y el emulsionante y se obtiene una mayor untuosidad.
5. *Helado*: con la operación de helado se obtienen dos cosas: el descenso de la temperatura y la incorporación del aire. Ambos factores determinan el overrun** del mix.

* *mix: mezcla base del helado.*
** *overrun: equilibrio que se produce entre el aire que da volumen a un helado y las propiedades del mismo.*

helados

cómo hacer los helados

Veamos la receta de lo que podría ser la base de un helado cuya diferencia respecto a la receta explicada en la página anterior está constituida por su objetivo, el de ser consumido a corto plazo. Posteriormente, se pueden añadir gustos y aromas distintos. Hay que tener en cuenta, sin embargo, que normalmente cada receta debe recibir un trato singular.

crema base para helados

Ingredientes:

1 l de leche
5 a 10 yemas de huevo
130 g de azúcar
50 g de glucosa
5 a 8 g de estabilizante puro
(según tipo) sólo si se desea

Poner la leche junto a la glucosa a hervir en un cazo. En el caso de incluir una infusión, se debe dejar reposar la leche con el producto elegido durante unos 5 minutos; en el caso de tratarse de un aroma, personalmente lo añado casi siempre a la crema una vez está fría para que éste no se evapore lo más mínimo. Mientras tanto, batir las yemas (que deben ser frescas o esterilizadas para evitar problemas de tipo sanitario) con el azúcar, al que se habrá añadido el estabilizante.

Una vez arranque el hervor, retirar la leche del fuego y añadir las yemas, batiendo enérgicamente para que se disuelvan bien; volver a poner al fuego y cocer a 86°, retirar del fuego y triturar con el túrmix; colar y dejar madurar el mix en el frigorífico durante 12 horas antes de pasarlo por la sorbetera.

helados

algunos consejos sobre los helados

En las siguientes líneas me gustaría ofrecer algunos detalles que he ido comprobando, para que puedan ser de utilidad a los cocineros que decidan hacer helados en el restaurante. Repetiré de nuevo que, una vez se haya optimizado el proceso, las operaciones no son nada complicadas, y los beneficios tanto profesionales como económicos pueden ser muy interesantes.

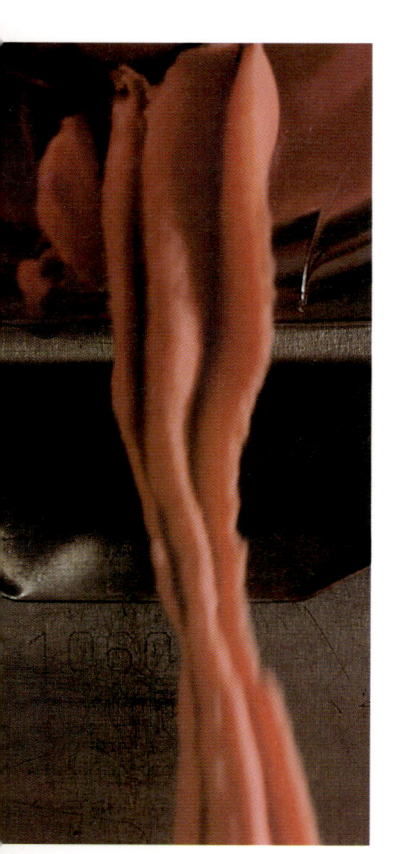

- El mejor helado siempre es el que se acaba de pasar por la sorbetera. Ésta es una ventaja de la que disponemos los cocineros y que no debe desaprovecharse.
- Las yemas de huevo sirven para estabilizar las materias grasas; la dispersión de las mismas en la mezcla favorece su finura. Sin embargo, en algunas recetas es conveniente no abusar de ellas, ya que el sabor del huevo siempre queda.
- Existen diferentes tipos de estabilizantes (que se dividen, en primer lugar, en los que contienen azúcar y en los que no). Para que hagan su efecto deben incorporarse en el mix a una temperatura aproximada de 84°. Yo recomiendo su uso (aunque no es totalmente imprescindible) en aquellos helados que van a ser manipulados o bien deben entrar y salir muchas veces del congelador. Si el helado debe servirse inmediatamente, en la mayoría de ocasiones no lo juzgo necesario, aunque siempre propician que el helado resulte más estable. Recordemos que las pectinas, las gelatinas y las claras semimontadas también pueden considerarse estabilizantes.
- Se debe dejar madurar el mix en el frigorífico durante unas 12 horas, a fin de que sus elementos mejoren sus propiedades y el estabilizante se hinche.
- Si en un helado se produce un problema de dureza, se puede sustituir un 20% de azúcar por un porcentaje equivalente de dextrosa, teniendo en cuenta que 10 g de dextrosa endulzan tanto como 7 g de azúcar, la dextrosa disminuirá el punto de congelación del helado.
- Para evitar problemas de tipo higiénico, los helados no deben deshacerse una vez han pasado por la sorbetera. Mi consejo sería el de pasar la cantidad justa.
- La temperatura de conservación ideal es de -8°, aunque los helados comerciales suelan guardarse de -13° a -20°. Debido a las características de mis recetas, a menor temperatura quedarían excesivamente duros; por esta razón, se conservan para consumirlos a corto plazo. Si se quisieran guardar a -20° para obtener una larga conservación, sería conveniente equilibrar estas recetas con extractos secos y azúcares.

helados

- Los helados deben conservarse siempre en recipientes de plástico herméticos, cuyas dimensiones deben adecuarse al uso que se pretende dar al helado.
- Es preferible tener pocos helados en la carta de postres y poder cuidarlos y pasarlos lo más a menudo posible, que pretender contar con muchos tipos diferentes. Recomiendo empezar por un solo helado, mimarlo al máximo y posteriormente ir variando las fórmulas.
- El empleo de saborizantes o de mix preparados para helados no es del todo recomendable por mi parte; sencillamente, se nota demasiado la diferencia.
- Recomiendo utilizar los helados para especias, hierbas o alcoholes, dejando las frutas para los sorbetes y granizados, con los que se podrá disfrutar más de su sabor.

sorbetes

La técnica para confeccionar sorbetes resulta mucho más sencilla que la de los helados, pues para la elaboración de éstos se parte de purés de frutas, zumos o licores a los que se añade un jarabe neutro. Existen sorbetes que son muy conocidos, pero que por su carácter acuoso de momento me he resistido a realizar; como intentaré explicar, he reducido bastante el abanico de ingredientes que utilizo.

Pese a todo, debo decir que nunca desprecio la posibilidad de hacer un sorbete. Los motivos para ello son muchos: en primer lugar su frescor (que además de tratarse de una impresión que esta elaboración transmite, responde a un hecho real, pues los sorbetes congelan varios grados por debajo de los helados). En segundo lugar, debo destacar la sensación de limpieza que se percibe en el paladar después de una copiosa comida, que favorece la digestión. En otro orden de cosas, los sorbetes son interesantes por su bajo costo, ya que para su confección se puede aprovechar restos de frutas o bien frutas de temporada, cuando éstas están bien maduras y su precio es más reducido.

Anteriormente he aludido a los sorbetes más conocidos, a los llamados clásicos (como los de café, limón o menta). Mi opinión personal es que al pasar por la máquina sorbetera, estos productos sufren una pérdida de calidad. Si un ingrediente contiene un porcentaje muy alto de agua, como los recientemente citados, las recetas se deben equilibrar con una gran proporción de azúcares. El resultado, sin ser, ni mucho menos, decepcionante, a mi modo de ver pocas veces podrá competir con el que se obtiene al realizar granizados o compactos, que únicamente contienen el producto de base, con un porcentaje de azúcar mínimo, y tan sólo en algunos casos.

Por otra parte, los sorbetes ganan volumen al pasar por la sorbetera (entre un 30 y un 40%); por este motivo, el café o la menta, por ejemplo, que basan su atractivo en la concentración de sabor, al aumentar de volumen pierden esta característica. El lichi o el bulbo de hinojo, de agradable sabor anisado, presentan un paladar tan suave que al pasarlos por la máquina sorbetera también perderían algo de sabor. Por ello mis sorbetes preferidos se basan en casi todas las frutas, excepto en los casos concretos en los que éstas contienen un porcentaje excesivo de agua o un bajo contenido de azúcar.

Ello no significa que no se puedan utilizar estos productos, o realizar sorbetes de limón o de fruta de la pasión. Precisamente estos ingredientes constituyen la excepción que confirma la regla, pues tanto en forma de sorbete como de granizado la calidad es muy buena. En el caso de los sorbetes, mi teoría es que una elaboración es mejor si el producto final se parece lo más posible al inicial.

sorbetes

cómo hacer los sorbetes

receta base de un jarabe para sorbetes

Ingredientes:

1 l de agua
700 g de azúcar
200 g de glucosa atomizada
8 g de estabilizante (opcional)

Para confeccionar sorbetes de frutas, en primer lugar hacer el jarabe levantando el hervor del agua y el azúcar junto a la glucosa atomizada (también se puede añadir estabilizante si se cree necesario, manteniendo, como mínimo, el jarabe 24 horas en el frigorífico para que el estabilizante se hinche, removiendo para favorecer su disolución).

Añadir al puré de fruta la cantidad de jarabe necesaria (cada fruta necesita un porcentaje diferente). Es muy importante que la fruta sea de buena calidad y esté en perfecto estado de maduración. Para que mantenga todo su sabor y frescor habitualmente la fruta no debe cocerse (salvo aquéllas que se oxidan) A continuación, pasarla por la sorbetera; a diferencia de los helados, los sorbetes se pueden pasar por la sorbetera, e incluso es aconsejable realizar esta operación, ya que se apelmazan y endurecen con mayor facilidad que los helados, sobre todo en el caso de sorbetes con un porcentaje bajo de azúcar.

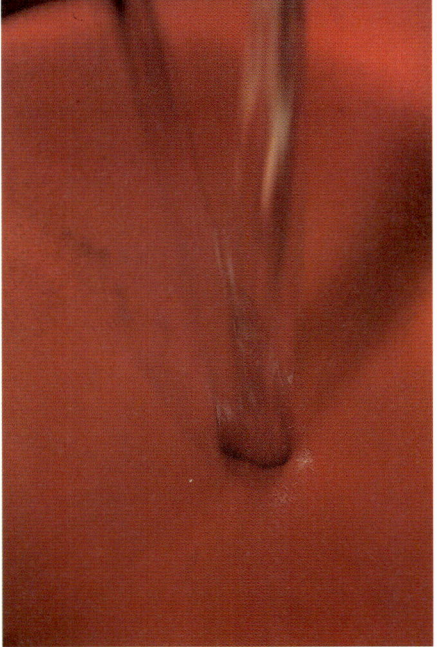

granizados

Los granizados han sido el pariente pobre de la familia durante mucho tiempo, pero desde hace poco su uso se está generalizando. El motivo de ello no es, como podría parecer, la sencillez de su confección sino, en mi opinión, una desconfianza hacia estas elaboraciones.

La definición es muy simple: un granizado es una preparación helada realizada a base de aguas, zumos o jarabes ligeros; son muy refrescantes y no necesitan un tratamiento especial, salvo conservarlos en el congelador. Si bien es cierto que son muy fáciles de hacer, existe una dificultad posterior a la hora de darles el trato adecuado de congelación y conservación para aprovechar al máximo las cualidades del producto que se haya elegido.

Tal y como he explicado en el capítulo dedicado a los sorbetes, existe un grupo de ingredientes que se caracteriza por su abundancia de agua y que, por ello, si uno quiere convertirlos en sorbetes es necesario equilibrarlos en tal medida con azúcar que el resultado muchas veces no es del todo satisfactorio. Este grupo de ingredientes, más numeroso de lo que en un principio se podría pensar, es ideal para confeccionar granizados. Con ellos se busca la apariencia más natural del producto y, por qué no, una cierta comodidad.

No obstante, en el mundo de la cocina no hay reglas fijas, por lo que puede ser que el día de mañana tanto yo como otros cocineros nos decidamos a preparar sorbetes de productos integrantes del grupo al que he aludido, y viceversa. Entretanto, sólo me resta aconsejar que se confeccione un sorbete y un granizado del mismo producto y se compare.

cómo hacer los granizados

Para una elaboración tan sencilla como ésta, se deben de cumplir tan sólo unos requisitos mínimos.

Como ya he explicado anteriormente, para obtener la sensación única del granizado es aconsejable utilizar frutas o verduras acuosas, que sin duda nos plantearían problemas en la sorbetera. Las aguas de hierbas (pág. 134) son perfectas, así como el café, el té o, tal como veremos en este caso, la naranja.

Hacer el zumo de naranja y rectificarlo de jarabe si fuera necesario; pasarlo a través del colador para que nos quede tan sólo el zumo, sin pulpa, y ponerlo en un recipiente hermético de plástico. Es vital que siempre quede cerrado.

Congelar el zumo de naranja en un congelador cuya temperatura no descienda de los -8° para que el hielo no se queme y a fin de poderlo trabajar posteriormente.

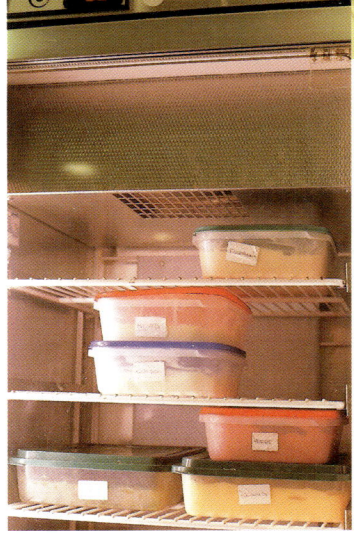

Es aconsejable hacer poca cantidad de granizado y cambiarlo muy a menudo, ya que a medio plazo siempre se quema por exceso de frío (2 ó 3 días). Una vez el hielo esté congelado, romperlo con una espátula ancha. En este punto estará listo para su uso. En algunos casos añado 3 hojas de gelatina por litro de líquido para que aguante más una vez emplatados. Este ingrediente es imperceptible para la persona que lo consume.

compactos

De entre todas mis creaciones, tal vez la más original sea la de los compactos de hielo. De entrada puede parecer chocante que una placa de hielo elaborada con agua de fruta, de hierbas o de verduras pueda añadirse como un ingrediente más a un postre elaborado, sin que se funda o resulte problemático a la hora de emplatar. Después de varios años de trabajar con compactos, puedo asegurar que no plantean ningún problema.

Lo más importante para realizar compactos es el tipo de líquido que se empleará. Debe ser de sabor fuerte, pues en caso contrario, al comerlo tan frío, su gusto quedaría mermado debido justamente a la temperatura. Yo realizo mis compactos, por ejemplo, con ácidos como el limón o la fruta de la pasión, con aguas de hierbas frescas, como el cilantro o el hinojo, con café o con jarabes ligeros de especias, caso del jengibre.

El tratamiento de los productos es el mismo que el que se efectúa en el caso de los granizados; la única diferencia radica en la propia confección, pues en boca no existen prácticamente diferencias. Su ventaja principal es que permite variar las formas de emplatado, aspecto que siempre es interesante.

Si las aguas son muy dulces, los compactos no alcanzarán el cuerpo suficiente; si son muy pulposas, perderán todo su atractivo. Otro punto a tener en cuenta es el grosor, pues si éste es excesivo, la sorpresa que se ha obtenido visualmente se convertirá en decepción al probarlos. En cuanto a los alcoholes, su dificultad para congelar desaconsejan su uso.

El listado de productos que anteriormente he utilizado para los granizados nos será perfectamente útil en el caso de los compactos.

compactos
cómo hacer los compactos

A la hora de elegir el producto con el que se pretende hacer el hielo, se deben tener en cuenta dos cosas: a) su porcentaje de azúcar, que debe ser relativamente bajo para que congele bien; b) su densidad; el producto debe ser líquido para que al fundirse en la boca se note que se trata de un granizado. En definitiva, todos los productos que son problemáticos en forma de sorbete y no lo son en forma de granizado sirven para hacer compactos.

Sumergir en el líquido elegido, en este caso café, aros del diámetro deseado, comprobando que no presente juntas para que el compacto quede totalmente redondo. Poner a congelar a -20° para que el líquido resbale del aro y actue como sellante. Se debe procurar que tanto la placa como la superficie en la que se vayan a congelar los aros estén bien rectas.

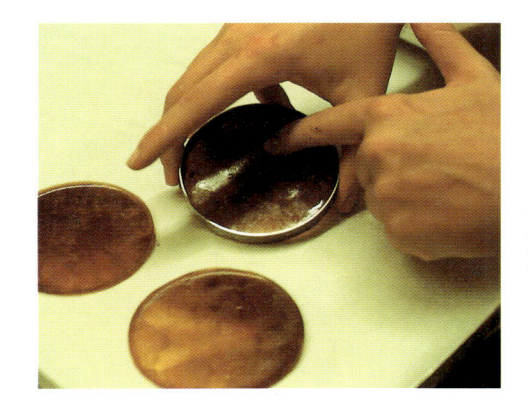

Es importante utilizar silpats o transparencias como superficie de congelación, puesto que el papel podría absorber humedad y los compactos no quedarían completamente lisos.
Una vez congelados los aros, se acaban de llenar con una capa fina de café y se vuelven a congelar a -20° (una temperatura superior también puede ser válida, aunque proporciona un menor tiempo de manipulación).

Una vez congelados y desmoldados, sí se pueden pasar a un papel para mantenerlos listos para su uso. En el momento del pase es conveniente poner debajo de la placa otra de igual tamaño llena de hielo hasta arriba para que su uso sea cómodo y no se fundan. Es conveniente hacer los compactos cada día, ya que a causa del frío se queman, y a la larga pueden absorber algún regusto.

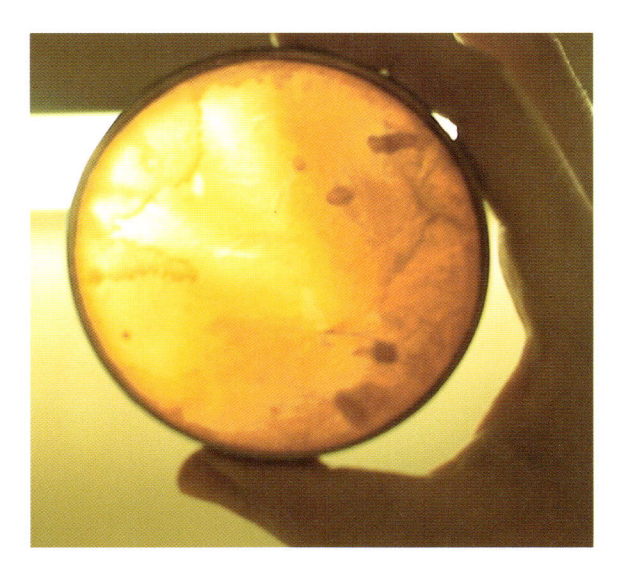

175

pastelería helada

berenjena-yogur-miel

Ingredientes para 4 personas: Elaboración:

sorbete de berenjena confitada
500 g de berenjena cocida al horno (escalibada)
300 g de jarabe oscuro
200 cc de agua

Cocer las berenjenas envueltas en papel de aluminio en el horno. Una vez frías, pelarlas y caramelizarlas a fuego lento con el jarabe oscuro; por último, escurrir las berenjenas y pasarlas por el vaso americano con los 200 cc de agua.

salsa de caramelo de berenjenas

El caramelo que se habrá obtenido al escurrir las berenjenas debe reducirse hasta obtener una textura densa.

raviolis de berenjena
250 cc de agua
200 g de azúcar
100 g de berenjena entera
60 g de yogur griego

Cortar finas láminas de berenjena, de 2x3 cm, en la máquina cortadora. Entretanto, levantar el hervor del jarabe (agua y azúcar), tirar las láminas de berenjena y, una vez vuelva a levantar el hervor, retirar del fuego. Montar los raviolis, poniendo una cucharada de yogur en el centro y doblando la berenjena sobre sí misma.

gelatina de miel

Elaboración en pág. 135.

philo de fisherman's
1 hoja de philo
jarabe (c.s.)
3 pastillas de FISHERMAN's

Pintar la hoja de philo con jarabe por ambas caras y espolvorear con las pastillas FISHERMAN's molidas en el vaso americano. Cocer a 200° durante 4 min.

yogur griego a la naranja
125 g de yogur griego
15 g de jarabe
la piel rallada de 1 naranja

Mezclar los tres ingredientes en frío, rallando la piel de naranja en el momento de la mezcla.

montaje y pase
Poner la gelatina de miel en el fondo del plato, a continuación los raviolis de berenjena y yogur y la quenelle de sorbete de berenjenas encima. Salsear con el caramelo de berenjenas y el yogur griego a la naranja (suelo usarlo porque no deja suero). Por último, las tiras de philo con FISHERMAN's u otro caramelo balsámico.

"Este postre sustenta su base en el helado de berenjenas combinado con el yogur. Aunque pueda parecer una combinación extraña, no es necesario trasladarse a países lejanos para encontrarla, pues en Cataluña su uso es muy antiguo."

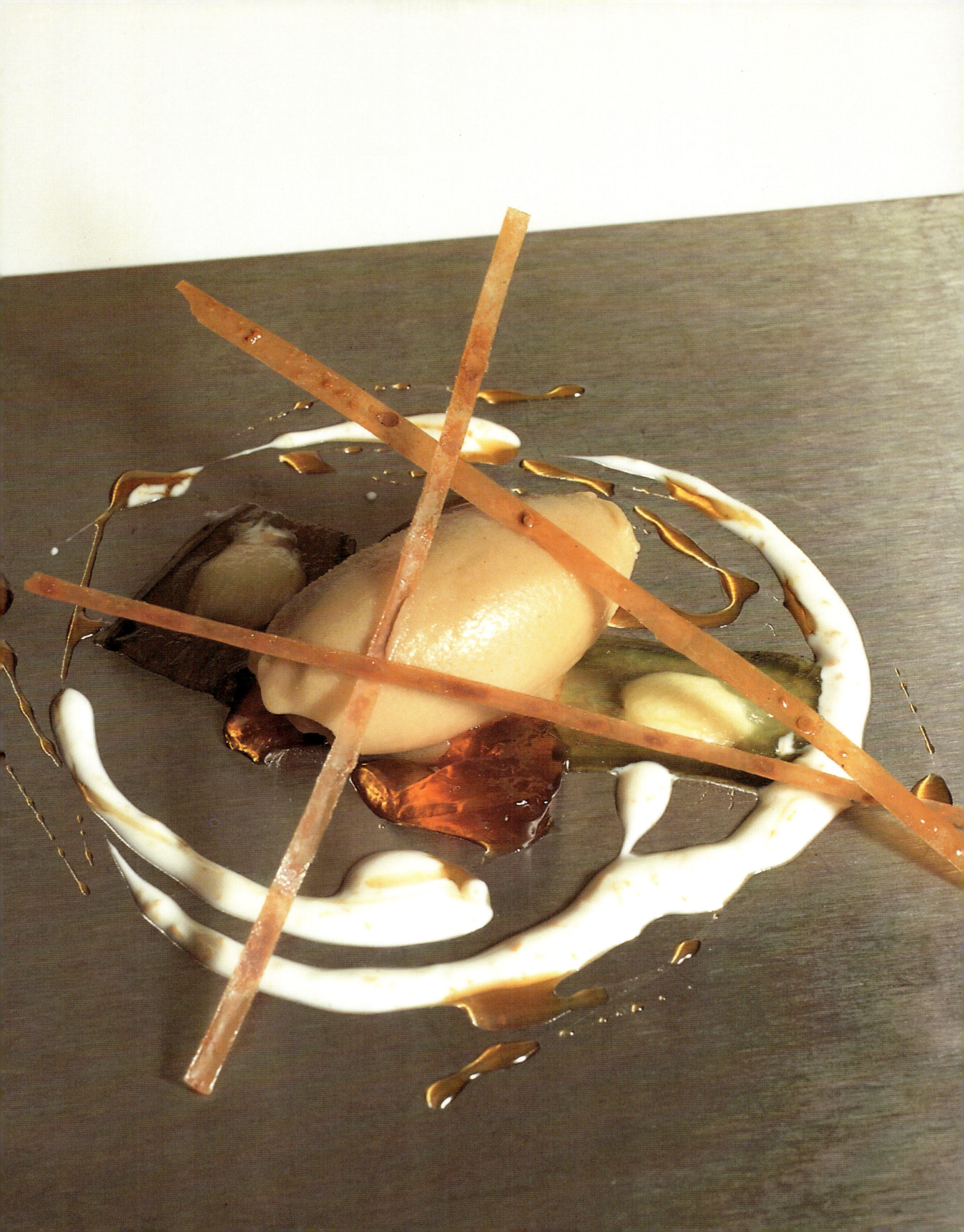

pastelería helada

chocolate blanco·mango·oliva negra

	Ingredientes para 4 personas:	Elaboración:
granizado de chocolate blanco	100 g de chocolate blanco 75 cc de nata 200 cc de agua	Fundir el chocolate blanco en el microondas e ir añadiendo poco a poco y ligando como si se hiciera una mayonesa la nata y el agua que previamente se habrá hervido. Congelar a -20°.
puré de oliva negra caramelizado	25 g de puré de oliva negra 25 g de azúcar agua (c.s.)	Poner en un colador el puré de oliva negra unas horas antes de su uso. Hacer un caramelo rubio con el azúcar, añadir el puré de oliva negra, dejar que se integren los dos ingredientes y, si fuera necesario, descaramelizar con un poco de agua hasta obtener la textura de una reducción.
otros	· 125 g de puré de mango · sal MALDON	
montaje y pase	Poner en el fondo de las copas una cucharada de puré de mango y, a continuación, rallar el granizado de chocolate blanco como si se tratara de virutas de chocolate. En el momento del pase poner el granizado encima del puré de mango y acabar con 4 trozos de sal MALDON por copa y el caramelo de oliva negra.	

"Increíble postre de contrastes claros en el que la oliva negra juega por un lado un nuevo papel y en el que la sal Maldon mezclada con el sorbete de chocolate blanco resulta, cuanto menos, curiosa. Además, el equilibrio y conexión entre los tres ingredientes resultan perfectos."

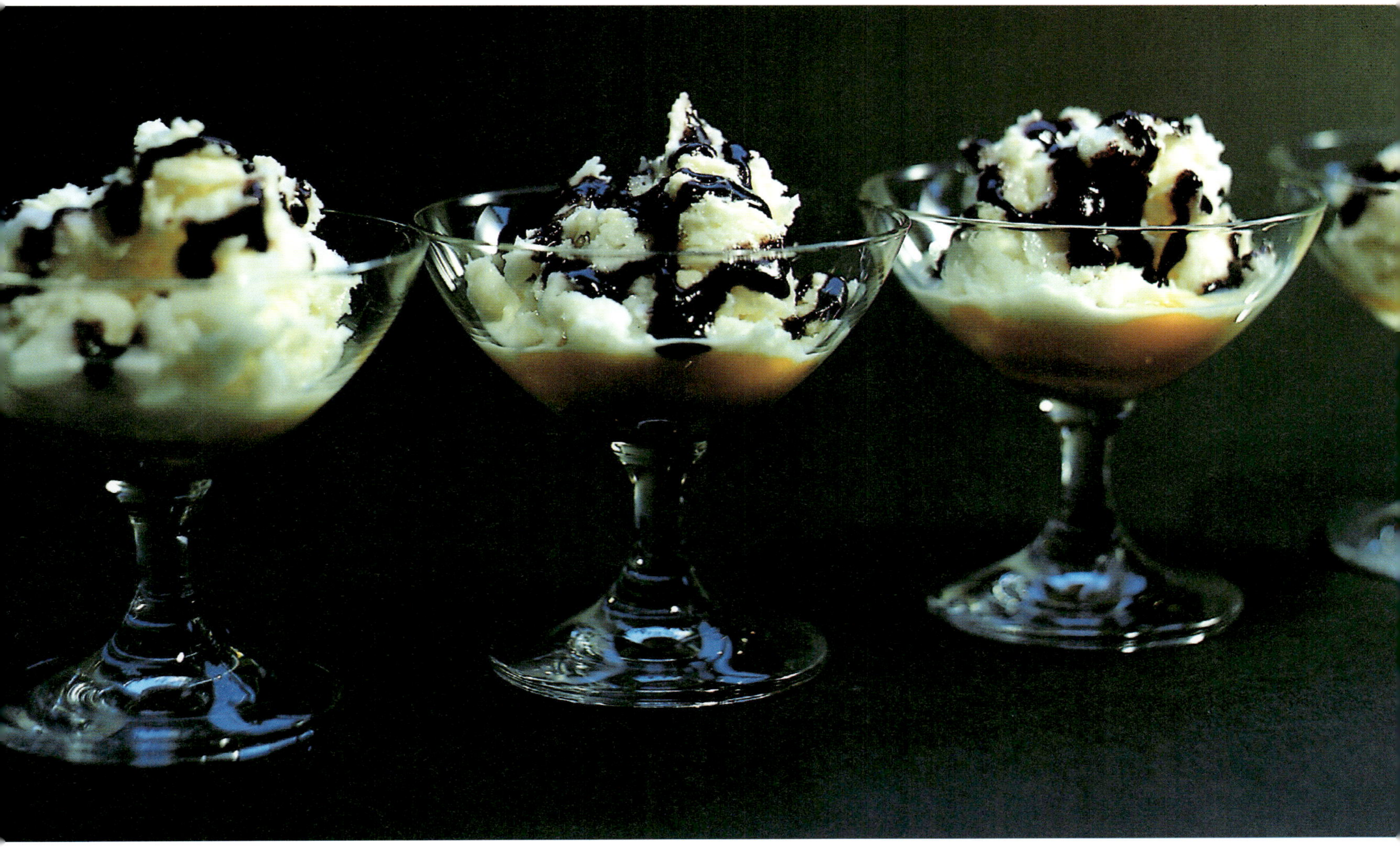

pastelería helada

granizado de uvas con toques florales y frutales

	Ingredientes para 4 personas:	Elaboración:
granizado de uvas	250 g de uva tipo moscatel 3/4 de hoja de gelatina	Triturar las uvas en el vaso americano con golpes de encendido muy cortos para evitar que se rompan las pepitas y quede amargo. Colar, rectificar el color con un poco de colorante verde y fundir la gelatina. Congelar a -4°.
triángulos de piña caramelizada	4 láminas de piña triangulares jarabe (c.s.)	Cortar longitudinalmente la piña en la máquina cortadora lo más fina posible, secarla 24 h a temperatura ambiente; cortarla en triángulos y cocerla 20 min a 140° en el horno.
azúcar de rosas	20 g de azúcar 5 cc de agua de rosas	Mezclar el azúcar con el agua de rosas hasta formar una pasta muy densa, estirar sobre un silpat con una espátula y secar durante 2 h a 60° en el horno.
gelatina de miel		Elaboración en pág. 135.
reducción de fruta de la pasión	100 cc de fruta de la pasión 30 g de azúcar	Reducir en un cazo a fuego lento la fruta de la pasión y el azúcar, hasta obtener una textura densa.
uva caramelizada a la canela	4 uvas peladas 50 g de caramelo neutro canela en polvo	Estirar el caramelo neutro lo más fino posible y cortarlo en cuadrados de 2 cm. Poner encima de la uva y calentar en la salamandra para que se adhiera el caramelo. Espolvorear con canela.
gelatina de romero	50 g de romero agua (c.s.) jarabe (c.s) gelatina (6 hojas por litro de agua de romero)	Seleccionar, deshojar y lavar 50 g de romero. Escaldar en agua hirviendo durante 15 seg y enfriar las hojas en agua con hielo. Triturar en el vaso americano con un poco de agua del escaldado del romero y jarabe. Poner la gelatina necesaria según la cantidad y una vez fría cortarla en pequeños cuadrados.
otros	· 1 rama de vainilla natural · 4 dados de mango natural de 1cm^3 · 4 tiras en juliana de hoja de eucalipto	
montaje y pase	Caramelizar la uva, poner el granizado en un plato sopero previamente congelado para evitar que se funda rápidamente. A continuación, poner el resto de ingredientes, que se habrán separado por tipo y cantidad de platos: vainilla, mango, eucalipto, gelatina de romero y de miel, azúcar de rosas, piña caramelizada, reducción de fruta de la pasión y, por último, la uva caramelizada a la canela.	

"Postre que surgió de la idea conceptual de reconvertir un vino en uva. Por esto intento transmitir las impresiones que se producen al beber un vino blanco, los toques florales, frutales y de especias que aportan distintas sensaciones."

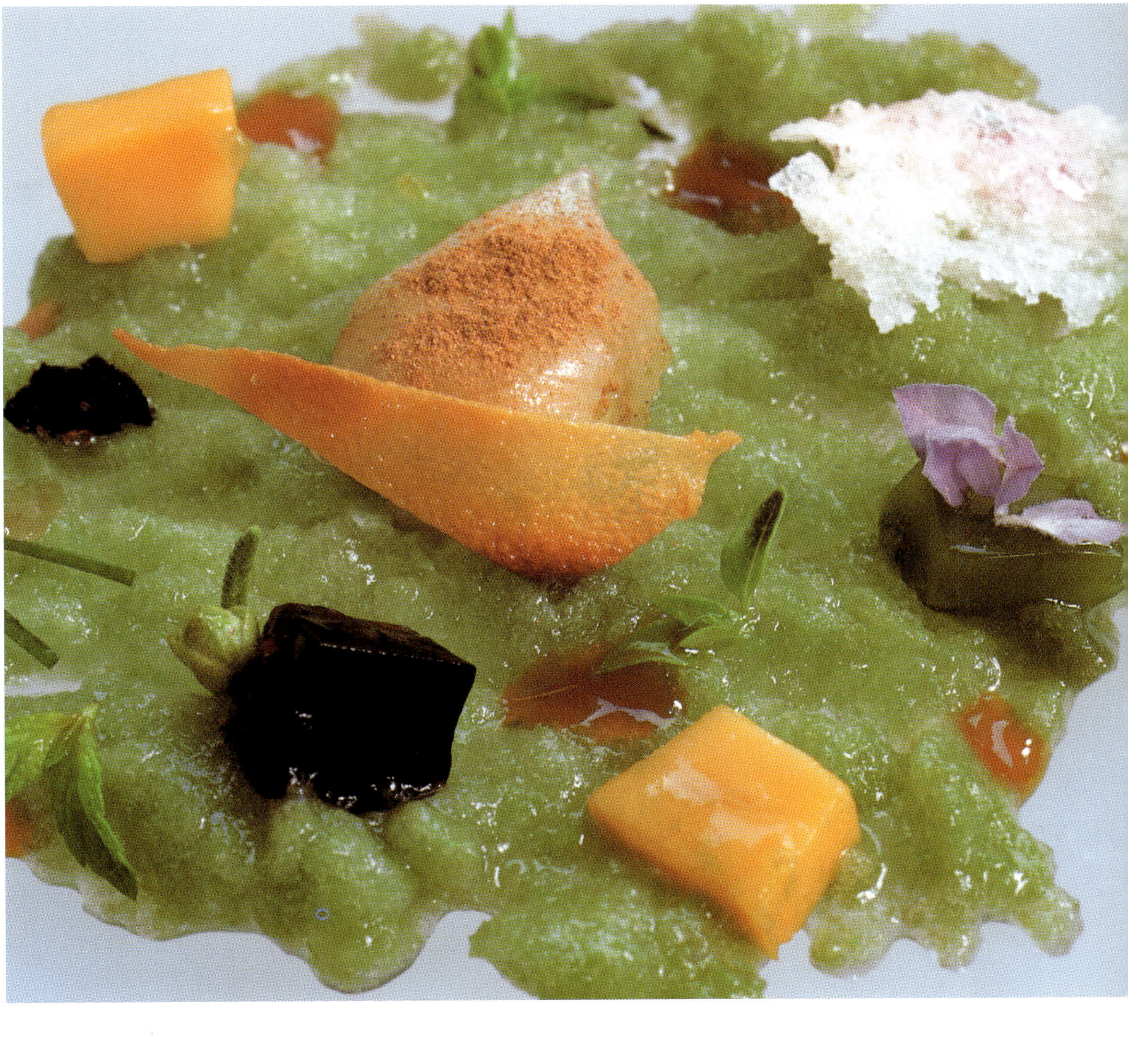

pastelería helada

peras·avellanas·toffee·maíz

	Ingredientes para 4 personas:	Elaboración:
sorbete de peras	1/2 kg de peras 1 l de agua 200 g de azúcar el zumo de medio limón 6 g de estabilizante aprox. (opcional)	Pelar, descorazonar y frotar las peras con el zumo de limón antes de ponerlas a cocer en el almíbar ligero (1 l de agua, 200 g de azúcar); una vez cocidas, escurrirlas y pasarlas por el vaso americano, añadiendo un poco de almíbar, teniendo en cuenta que ha de quedar pulposa, (la cantidad dependerá del porcentaje de agua de la pera), colar y pasar por la sorbetera.
pera caramelizada	2 peras jarabe oscuro (c.s.)	Reducir el jarabe oscuro en la sartén y caramelizar lentamente 4 medias peras. Cortarlas escalopadas.
salsa de chocolate		Elaboración en pág. 152.
puré de maíz	125 g de maíz hervido y escurrido	Triturar el maíz en el vaso americano y pasarlo por un colador.
galleta de leche condensada	50 g de leche condensada 6 g de harina	Mezclar la leche condensada y la harina, estirar con la manga y cocer a 180° durante 7 min.
otros	· 12 avellanas garrapiñadas	
montaje y pase	Caramelizar la pera con el jarabe oscuro y escaloparla. Montar en el plato las tres salsas (de maíz, de chocolate y de toffee); a continuación, hacer una quenelle de sorbete de peras, rebozar con el garrapiñado de avellanas picado y ponerla en el plato apoyando la pera caramelizada. Por último, atravesar el plato con la galleta de leche condensada, que se habrá cocido previamente.	

"Este postre fue el precursor del timbal de chocolate (pág. 236). En él utilizo por primera vez la combinación maíz / chocolate / toffee. Aunque es un postre que he hecho muy pocas veces, me gusta bastante."

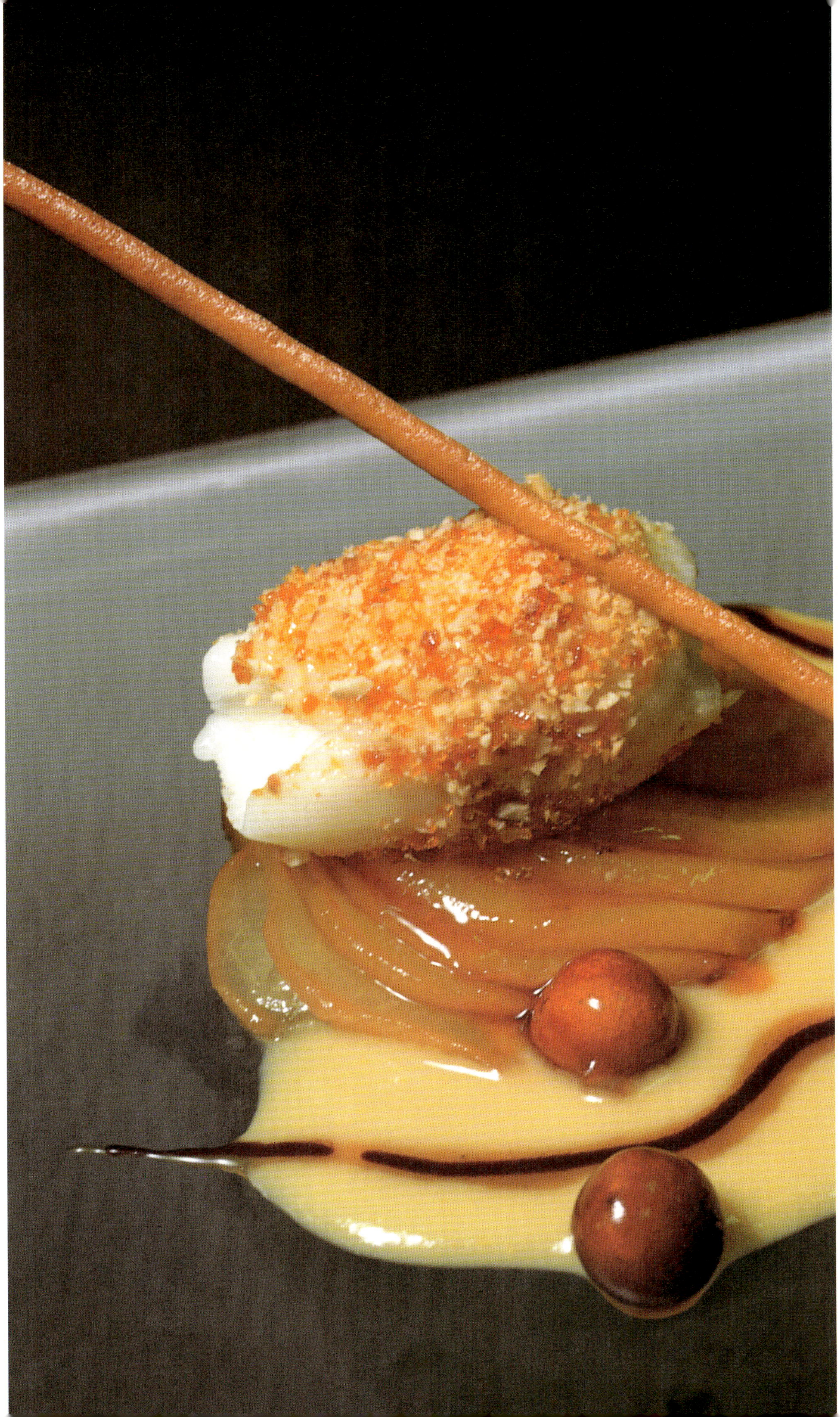

pastelería helada

zanahoria-jengibre-miel

	Ingredientes para 4 personas:	Elaboración:
gelatina de zanahoria	200 g de zumo de zanahoria 1 hoja de gelatina	Pelar y licuar la zanahoria, calentar una pequeña parte y deshacer en ella la gelatina, equilibrar las temperaturas y dejar cuajar. Sorprendentemente, no todas las zanahorias responden igual a un número de hojas determinado.
compacto de jengibre	150 cc de agua 20 g de jarabe 30 g de jengibre fresco	Pelar el jengibre y triturarlo con el agua y el jarabe, colar y congelar tal y como se explica en el apartado de los compactos.
gelatina de miel		Elaboración en pág. 135.
helado de miel	1/2 l de leche 75 cc de nata 125 g de miel 5 yemas de huevo 5 g de estabilizante	Hervir la leche y la nata con la miel; una vez arranque el hervor, retirar del fuego y añadir las yemas, a las que se habrá mezclado el estabilizante. Dejar madurar durante 12 h y pasar por la sorbetera.
otros	· 4 hojas pequeñas de romero, hierba luisa, tomillo, hinojo, albahaca y menta	
montaje y pase	Cuajar la gelatina de zanahoria en un plato sopero, de igual modo que en el plato de las especias. Poner seis trocitos de gelatina de miel en las esquinas con su respectiva hierba y dejar en el frigorífico. En el momento del pase, poner el compacto de jengibre en el centro y una quenelle de helado de miel encima del compacto.	

"Evolución del plato de las especias, que se ha visto anteriormente. Se dan distintos gustos a la miel para complementar el helado de miel, y un toque exótico proporcionado por el compacto de jengibre."

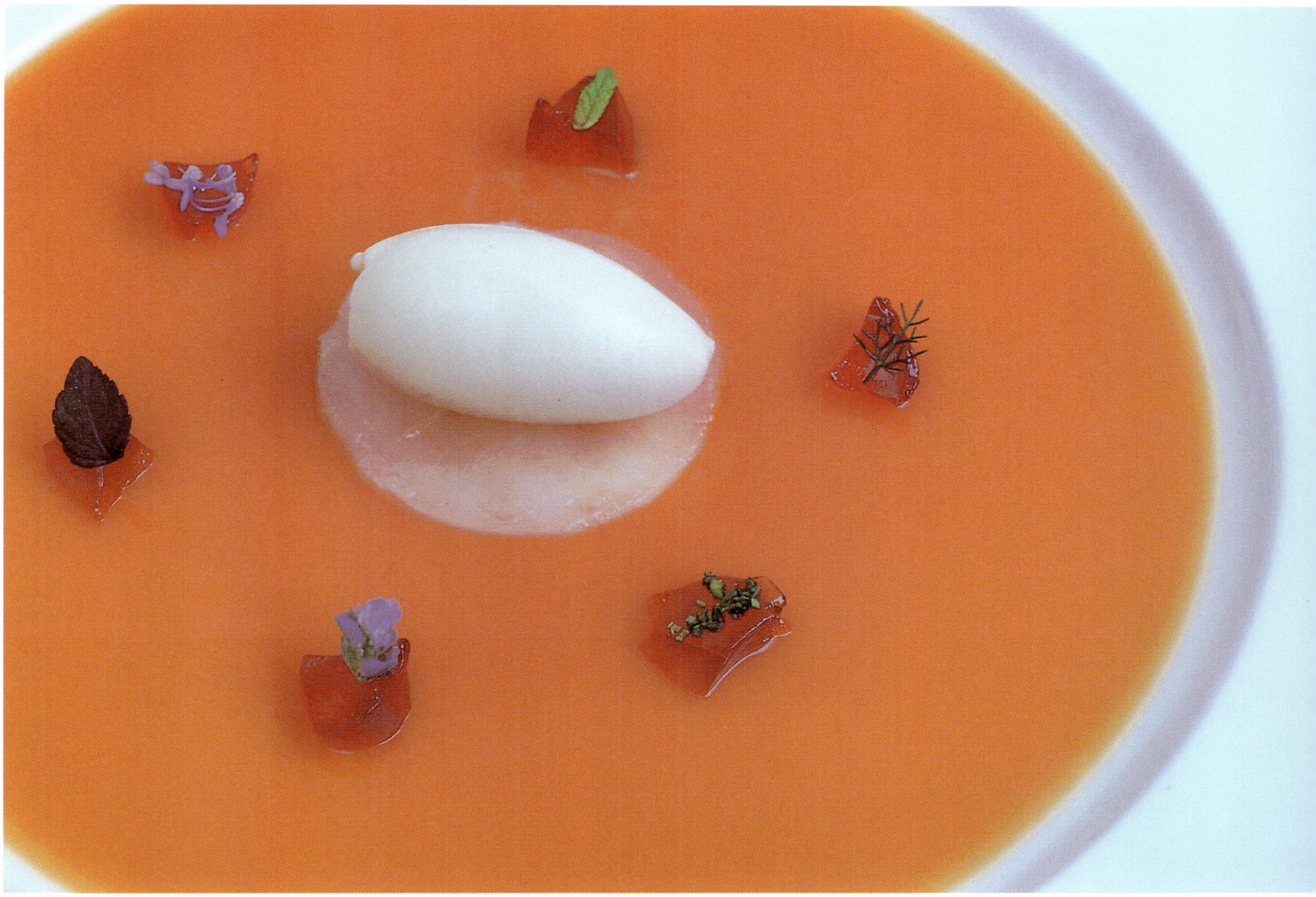

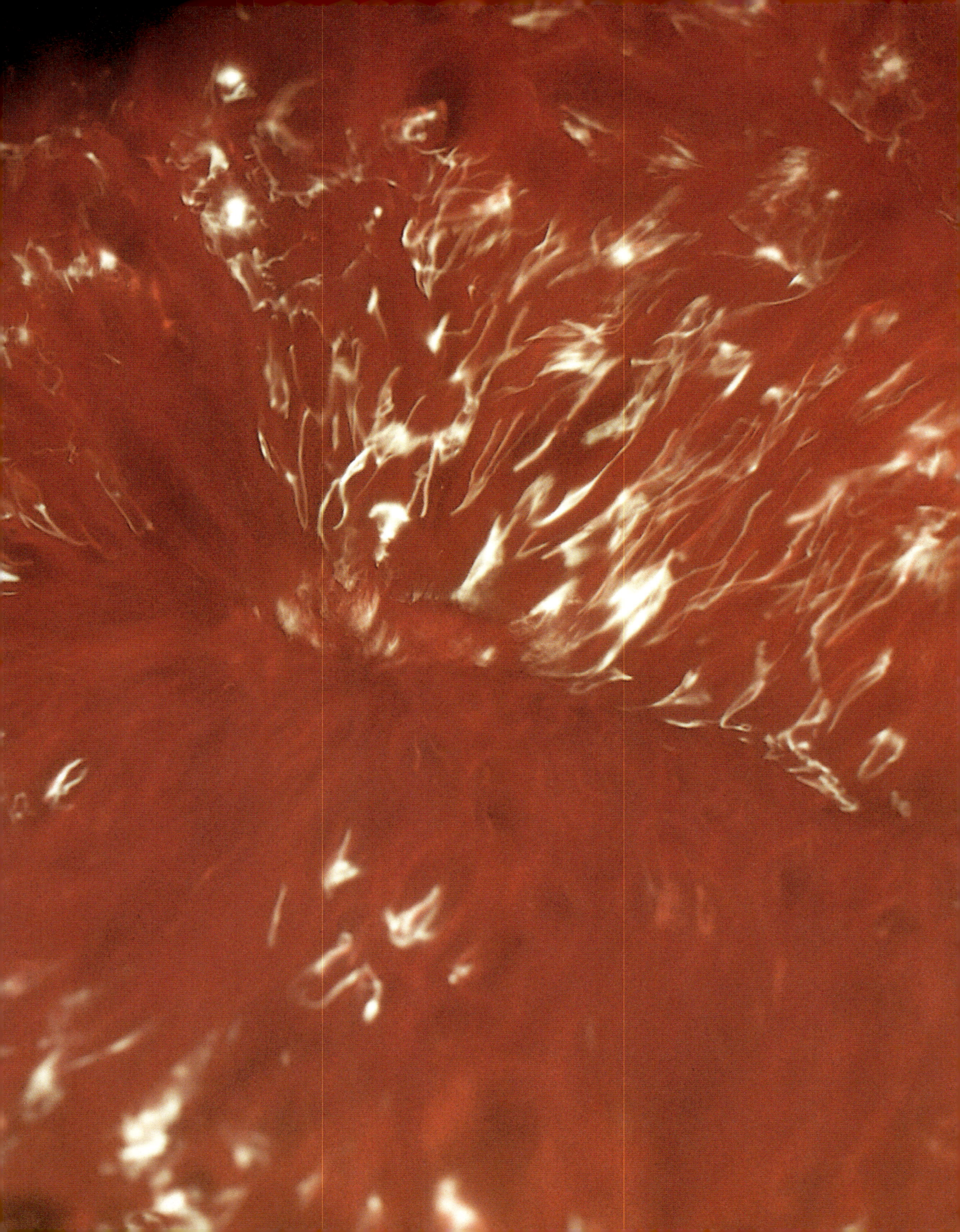

frutas preparadas

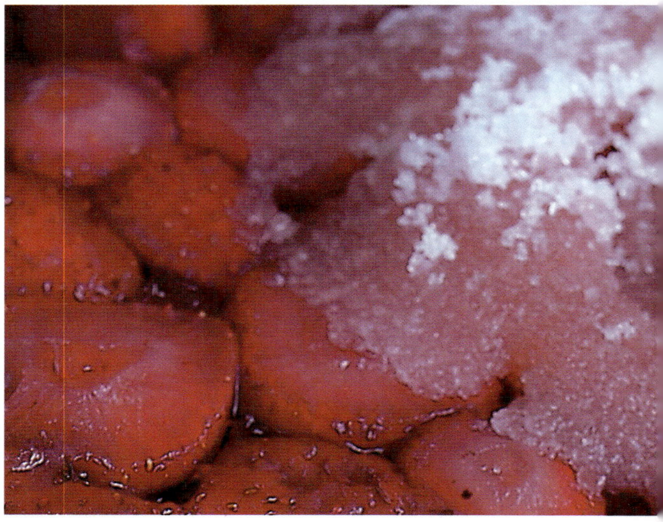

frutas preparadas

En este capítulo pretendo englobar las preparaciones a base de frutas que sufren una manipulación. Ésta puede ser mínima, como en el caso de los zumos, o compleja, como en el de las frutas confitadas.

Las frutas preparadas forman un grupo que, si bien en principio parece desempeñar un papel secundario en el montaje de mis postres, representa una parte importante en la pastelería de restaurante de siempre, además de constituir un punto de contacto entre ésta y las preparaciones caseras (mermeladas, etc.).

Nos encontramos, además, ante los elementos más dulces y más golosos de todos los que aparecen en el libro, las frutas cocidas con azúcares. Si en otros capítulos he intentado explicar dónde empiezan o acaban las recetas y cada vez cuesta más definir las elaboraciones (caso de las gelatinas y las sopas), en las preparaciones que nos ocupan ahora todo parece bastante más definido. A pesar de ello, curiosamente los cocineros muchas veces confundimos los términos de estas preparaciones y otorgamos el nombre de mermelada a una compota, el de jalea a una confitura, etc.

Las elaboraciones suelen ser sencillas pero exigen cierta precisión. Por su misma naturaleza son eminentemente dulces; el azúcar blanco refinado es el endulzante más utilizado, aunque no hay que olvidar los sabores alternativos, algo más pronunciados, constituidos, entre otros, por el azúcar de caña, el muscovado, la miel o el jarabe de arce.

He establecido la presente clasificación teniendo en cuenta los sistemas de elaboración, las características de la fruta, el tiempo de cocción y, por último, la conservación de la preparación sin someterla a procesos como la esterilización o el vacío.

frutas preparadas

frutas	tipo	azúcares	tiempo de cocción	conservación
zumos	acuosa	-	-	mínimo
purés	pulposa	10%	corto/sin cocción	3 días
coulis	pulposa	25 a 30%	medio	7 días
secadas	pulposa	-	-	meses
en alcohol	todas	0 a 20%	-	meses
en almíbar	todas	15 a 40%	medio	1 a 2 semanas
jaleas	acuosa	75%	medio	meses
confituras	pulposa	75 a 100%	medio	1 mes
compotas	pulposa	30 a 40%	medio	1 semana
mermeladas	todas	25% a 100%	medio	1 semana a 1 mes
pâte de fruits	todas	60%	corto	1 a 2 meses
confitadas	todas	30 a 40%	largo	meses

"Debido a que dedico un capítulo a las frutas caramelizadas, las he omitido en esta lista en la que, lógicamente, deberían estar."

El tiempo que pueden durar se ofrece sin ninguna operación de conservación (vacío o esterilización).
Obviamente, será mayor si se utilizan estos sistemas.

frutas preparadas

zumos

Es el resultado de filtrar (mediante licuación o triturado) frutas, generalmente acuosas, sin adición de ningún producto. La duración es muy corta, y suele prepararse como bebida refrescante.

purés

Son preparaciones que se obtienen a partir del triturado de las frutas pulposas. Pueden ser cocidos o no, dependiendo de su grado de oxidación. Normalmente llevan un 10% de azúcar por kg de puré y se congelan sin ningún problema.

coulis

Se trata de preparaciones cocidas obtenidas a partir de una pulpa de frutas tamizada, a la que se añade un 25-30% de azúcar.

frutas secadas

Aunque el proceso de secado se elabora industrialmente, también es posible hacerlo artesanalmente. Las frutas, generalmente pulposas, se secan al sol o al horno a temperaturas muy suaves. Las que se utilizan con mayor frecuencia son el albaricoque, el melocotón, la manzana, la uva (pasas), la ciruela, el higo y la pera.

frutas en alcohol

Preparaciones obtenidas mediante maceración de frutas (con o sin azúcar) y alcoholes. Es muy común conservar la fruta en su propio licor. Si se prepara con azúcar, la cantidad que debe añadirse es de 150 a 250 g de azúcar aproximadamente.

Ejemplos: pera/pera williams
manzana/calvados
cereza/kirsch o marrasquino

frutas en almíbar

Son frutas preparadas (peladas y sin pepitas o huesos), cocidas en un almíbar ligero, que puede ser de distinta densidad, según el producto y su futura utilización. La cantidad de azúcar puede variar entre 150 y 400 g por litro de agua.

frutas preparadas

jaleas

Son preparaciones obtenidas a partir de zumos de fruta ricos en pectina y azúcares, que se cuecen a fuego lento a fin de que se produzca una progresiva deshidratación y se obtenga una consistencia suficiente que permita su conservación. Las mejores frutas para elaborar jaleas son los membrillos, las grosellas, las manzanas, las moras, los arándanos, los albaricoques o las frambuesas.

confituras

Se trata de elaboraciones constituidas por frutas pulposas y azúcares que se cuecen a fuego medio. La cantidad de azúcar puede variar según se desee prolongar más o menos el tiempo de conservación, pero varía entre 750 g y 1 kg de azúcar por litro de zumo, pudiendo llegar incluso a 1,5 kg de azúcar por litro de frutas.

compotas

Estas elaboraciones son muy parecidas a las anteriores, pero las frutas pueden estar troceadas o bien enteras si contienen mucha agua, como en el caso de los higos o las manzanas. La cantidad de azúcar es menor que en las confituras (entre 300 y 400 g por kg de fruta), por lo que su conservación es mas limitada.

mermeladas

Nos encontramos ante una preparación muy similar, si bien, además de las frutas citadas, se suelen emplear también frutas más acuosas, como los cítricos, a menudo acompañadas por trozos o pieles de la fruta. Su porcentaje de azúcar puede ser desde 250 g por litro de zumo hasta 1 kg, y conservación también, por lo que se aconseja esterilizar en caso de desear prolongarla.

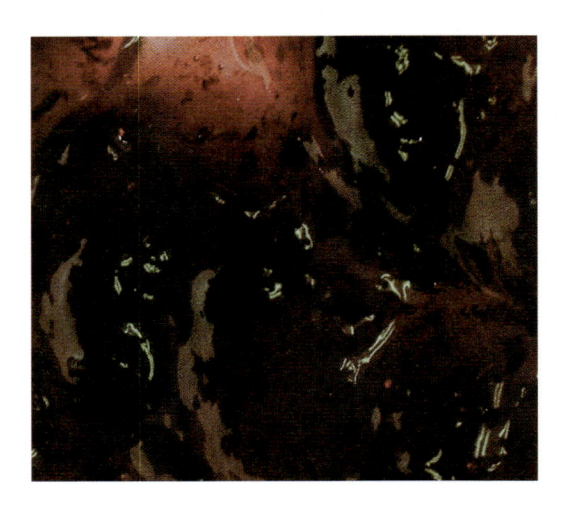

pâte de fruits

Se trata de una golosina muy conocida en Francia y que cada día va ganando más adeptos. Se obtiene a partir de la cocción de una pulpa, un puré o un zumo cuya receta deberá variar en cada caso. Un jarabe cocido a 107°, realizado a partir de distintos azúcares (glucosa, azúcar invertido) y pectina, que es un gelificante natural que contienen las frutas, adquiere una vez reposado una textura compacta y algo gomosa que permite cortarlo. Se puede rebozar con azúcar o bañar con chocolate.

frutas preparadas

frutas confitadas

Prácticamente todas las frutas se pueden confitar y, de hecho, la fabricación industrial de las mismas está muy desarrollada. La elaboración consiste en cocer la fruta entera, previamente blanqueada, y reemplazar su agua natural por una solución densa en azúcar que progresivamente va penetrando en la fruta. El proceso de cocción es largo (incluso una semana), y se realiza arrancando el hervor progresivamente para que el jarabe vaya adquiriendo densidad y penetre en la fruta. El número de veces que debe realizarse esta operación dependerá de la naturaleza de la fruta, de su maduración, del porcentaje de azúcar y de su tamaño.

• Para finalizar, es preciso señalar los tres factores que determinan la solidificación de las diferentes elaboraciones.

pectina-ácido-azúcar

Además, se debe tener en cuenta:

la calidad de la fruta
es importante elegir la fruta cuando se encuentre en un estado de maduración óptimo, procurando que sea de la máxima calidad.

los tipos de azúcar
todos los tipos de azúcar que existen (moreno, de caña, mascabado, aromatizado), además de sus variantes (glucosa, dextrosa, fondant, tremolina o jarabe de arce), también pueden formar parte de las elaboraciones.

la temperatura de cocción
es imprescindible que la temperatura sea la adecuada para que el jarabe vaya penetrando y las frutas queden bien impregnadas. La falta de control en la temperatura alterará el tiempo de cocción.

el tiempo de cocción
las prisas suelen ser malos compañeros de viaje. Las cocciones lentas o muy lentas, como los marrons glacés, requieren paciencia y control sobre la cocción.

frutas preparadas

arroz de coco·melocotón·fresitas

Ingredientes para 4 personas:

arroz caldoso con leche de coco
100 g de arroz
100 g de agua
Mezclar: 200 cc de puré
 de coco BOIRON
 300 cc de agua
 270 cc de puré
 de coco SICOLY
50 cc de puré de coco SICOLY

Elaboración:

Poner a cocer a fuego lento los 100 g de arroz junto a los 100 cc de agua. A medida que vaya cociendo, ir añadiendo la mezcla de los 2 purés y el agua, progresivamente, a fuego lento y sin parar de remover. Por último, una vez cocido, retirar del fuego e incorporar los 50 cc de puré SICOLY para detener la cocción y que quede jugoso.

gelatina de coco
150 cc de puré de coco SICOLY
1/2 hoja de gelatina

Calentar una pequeña parte del coco en el microondas y fundir en la misma la gelatina. Mezclar con el resto del puré y guardar en el frigorífico.

estofado de melocotón
100 g de melocotón
10 g de azúcar
puré de melocotón (c.s.)

Hacer un caramelo rubio con el azúcar y saltear en el mismo el melocotón cortado en dados pequeños; descaramelizar con puré de melocotón y dejar cocer a fuego lento.

arroz frito caramelizado
50 g de arroz
1/2 l de agua
aceite de oliva 0,4°
azúcar lustre (c.s.)

Hervir el arroz hasta que se pase de cocción, desespumándolo continuamente; dejar que se seque toda la noche con el horno apagado y freír en abundante aceite de oliva muy caliente. Espolvorear con azúcar lustre y gratinar en la salamandra.

virutas de coco caramelizado
12 láminas muy finas de coco
jarabe (c.s.)

Cortar las láminas de coco en la máquina cortadora y empaparlas en jarabe. Secar a 80° durante 3 h.

otros
· 16 fresitas del bosque
· 60 g de puré de melocotón

montaje y pase
Poner una base de compota de melocotón dentro de un molde circular de PVC; colocar encima dos cucharadas de arroz de coco y luego una de gelatina de coco, guardar en el frigorífico. En el momento del pase, desmoldar el arroz y añadirle las fresitas del bosque, el puré de melocotón y, en el último momento, el arroz frito caramelizado.

"Postre que basa toda su fuerza en el arroz con leche de coco, combinado con el propio arroz frito caramelizado y el perfume de una fruta, en este caso el melocotón."

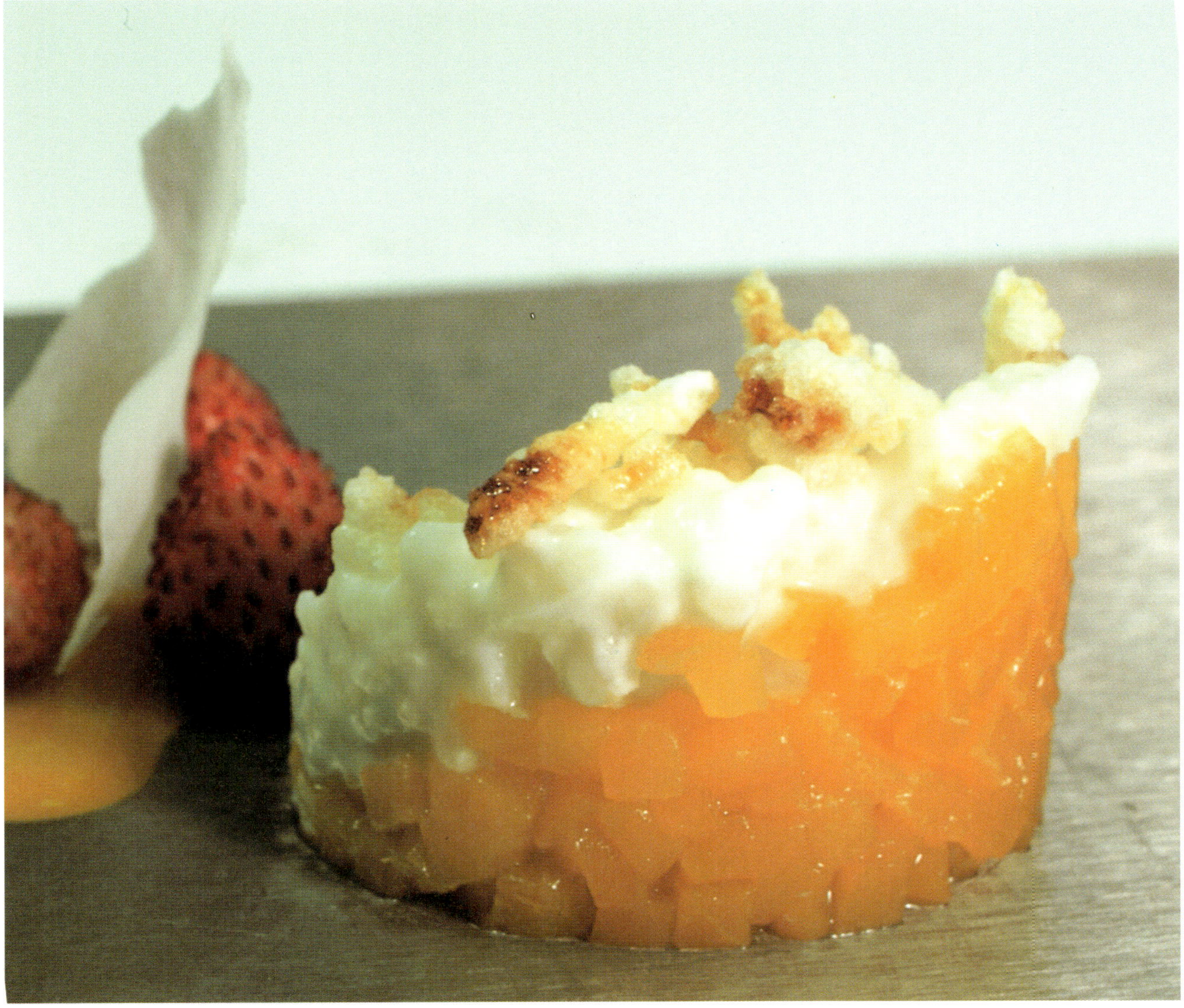

frutas preparadas

macedonia de frutas y verduras en texturas

	Ingredientes para 4 personas:	Elaboración:
sorbete de almendras	500 g de almendra en polvo 600 g de agua 100 g de jarabe para sorbetes (pág. 171)	Dejar las almendras 24 h en remojo con el agua y el jarabe. Pasar luego por el vaso americano y exprimir el jugo por una estameña. Colar y pasar por la sorbetera.
puré de tomate	2 tomates enteros 25 g de azúcar	Saltear los tomates pelados, despepitados y picados a cuchillo en una sartén hasta hacer un puré que se pasará por un colador y que se mantendrá colándose para que suelte el agua y quede el puré.
espuma de remolacha	250 g de puré de remolacha cocida 1 hoja de gelatina	Triturar la remolacha cocida hasta obtener un puré bien fino. Calentar una pequeña parte y fundir la hoja de gelatina en el mismo. Dejar enfriar y cuajar en el frigorífico, pasar por un colador, llenar el sifón y cargar.
puré de manzana	1 manzana 15 g de azúcar 15 cc de agua unas gotas de zumo de limón	Pelar y triturar la manzana en caliente junto al azúcar, el agua y el limón en la thermomix, durante 5 min a 80°. Guardar en el frigorífico.
granizado de melocotón	2 melocotones (300 g aprox.) 100 cc de agua 20 g de azúcar 1/2 hoja de gelatina	Poner en un cazo a hervir el agua y el azúcar. Una vez levantado el hervor, retirar del fuego y añadir los melocotones cortados y pelados. Cuando estén fríos, pasarlos por la licuadora y añadir el jarabe con 1/2 hoja de gelatina ya fundida al zumo de melocotón resultante. Congelar a -4°.
gelatina de albahaca		Elaboración en pág. 134.
mousse de maíz	125 g de maíz hervido y escurrido 40 g de nata montada 3/4 de hoja de gelatina	Pasar el maíz por la licuadora hasta 3 veces para sacarle todo el agua y calentar una pequeña parte para fundir la gelatina. Equilibrar temperaturas con el resto del puré de maíz y agregar la nata montada. Guardar en el frigorífico.
aguacate caramelizado	8 trozos de aguacate jarabe oscuro (c.s.)	Reducir en una sartén el jarabe oscuro e incorporar los trozos de aguacate sin dejar que se deshagan.
montaje y pase	Poner los dos trozos de aguacate caramelizado en el centro de un plato sopero, a continuación poner encima el sorbete de almendras y repartir a ambos lados la mousse de maíz, el puré de manzana, la gelatina de albahaca, el puré de tomate y, por último, la espuma de remolacha.	

"En este postre se produce la máxima similitud entre la cocina de Ferran y la mía. Corresponde a su famosa 'Menestra en texturas' (que creo vital en su trayectoria creativa), variando la sal por el azúcar."

197

frutas preparadas

chocolate-menta/regaliz-naranja/azahar

| | Ingredientes para 4 personas: | Elaboración: |

bizcocho de chocolate semilíquido
200 g de cobertura "guyabe"
200 g de mantequilla
280 g de yemas de huevo
80 g de azúcar
2 claras de huevo

Montar en caliente las yemas con el azúcar hasta que alcance una temperatura de 65°. Remontar hasta que enfríe. Fundir el chocolate y la mantequilla en el microondas. Remover para que se integren bien y dejar que alcance una temperatura de 35°. Mezclar entonces con las yemas y, por último, incorporar las dos claras poco montadas, llenar el molde elegido y congelar. Cocer justo antes de servir de 2 a 5 min a 180° (según tamaño elegido). Sacarlo del horno cuando esté medio cocido.

salsa de chocolate

Elaboración en pág. 152.

naranjas gelatinadas
100 g de gajos de naranja
100 cc de zumo de naranja
1 hoja de gelatina

Separar los gajos bien limpios y escurrirlos durante 30 min en el frigorífico, calentar una pequeña parte de zumo en el microondas y fundir la gelatina. Dejar enfriar, mezclar con el resto del zumo y añadirlo a los gajos.

helado de regaliz/menta
1/2 l de leche
65 g de menta fresca
30 g de regaliz en rama
5 yemas de huevo
75 g de azúcar
5 g de estabilizante

Infusionar el regaliz y la menta en la leche una vez hervida, durante 5 min. Mezclar y blanquear las yemas con el azúcar y el estabilizante, incorporar la leche de menta y regaliz una vez colada y cocer a fuego lento hasta que alcance una temperatura de 86°. Dejar madurar en el frigorífico durante 12 h y pasar por la sorbetera.

aroma de azahar
50 cc de agua de azahar
50 cc de alcohol de 98°
3 pieles de naranja
3 pieles de limón
3 gotas de esencia de jazmín

Mezclar todos los ingredientes y ponerlos en un pulverizador.

piel de naranja confitada

Elaboración en pág. 211.

otros
· caramelo de pasta de cacao estirado (pág. 84)
· 4 campanas

montaje y pase
Poner el bizcocho en el horno de 5 min a 180° justo antes de servir, y colocar la campana encima de la gratinadora. Disponer en el plato la piel de naranja confitada y la gelatinada, luego el bizcocho al salir del horno, rellenarlo de salsa presionando hacia su interior con un dosificador. Luego poner una quenelle de helado de menta/regaliz y el pañuelo de caramelo de pasta de cacao. Por último rociar la campana con el aroma de azahar, tapar y servir.

"La particularidad, nada común, de este postre es que huele. Teniendo en cuenta que los guisos y estofados calientes suelen oler, se me ocurrió hacer un postre que, sin la necesidad de estar caliente, pudiera oler. El resultado, después de varias pruebas, es este plato."

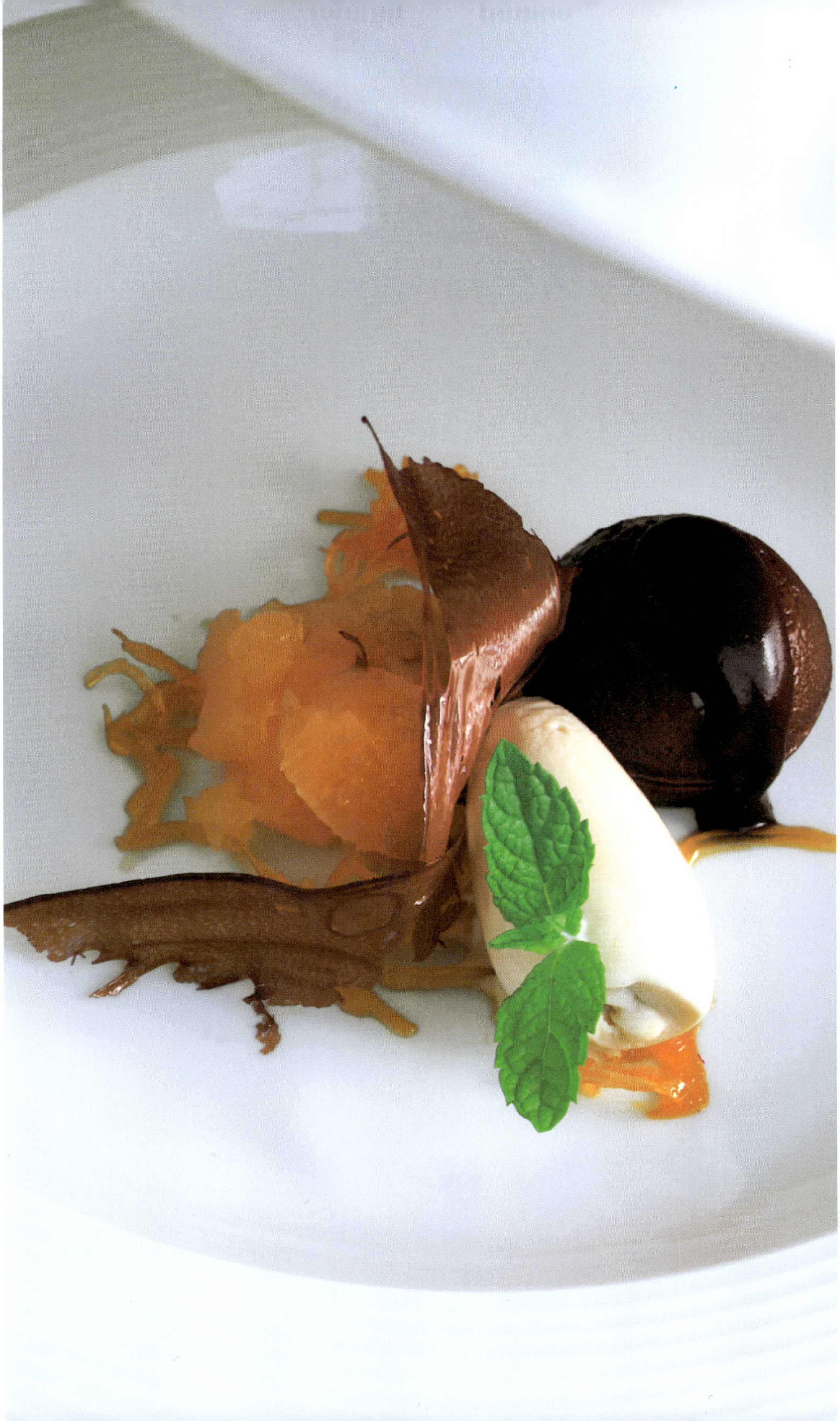

frutas preparadas

coco-fresitas-limón

	Ingredientes para 4 personas:	Elaboración:
estofado de plátano a la frambuesa	1 plátano troceado 25 g de jarabe oscuro 25 g de puré de frambuesa	Cortar cuadrados de plátano de 3 mm. Poner en una sartén el jarabe oscuro a reducir; saltear el plátano y descaramelizar con puré de frambuesa.
gelatina de limón a la pimienta rosa	50 cc de zumo de limón 50 cc de agua 50 g de jarabe 3/4 hoja de gelatina	Calentar el agua en un cazo y deshacer la hoja de gelatina, mezclar el jarabe y el zumo de limón. Dejar enfriar y cuajar en el frigorífico.
espuma de coco	250 g de puré de coco SICOLY 50 cc de agua 1 hoja de gelatina	Colar el puré de coco y añadir el agua a la pulpa que haya quedado, ponerla en un cazo a fuego lento y deshacer en el mismo la hoja de gelatina; mezclar con el resto de leche de coco, dejar cuajar y llenar el sifón.
otros	· 40 ó 50 fresitas del bosque · 16 granos de pimienta rosa	
montaje y pase	Poner una cucharada pequeña de estofado de plátano, a continuación 10 ó 12 fresitas del bosque y encima una cucharada pequeña de gelatina de limón a la que se añadirá la pimienta rosa recién molida. En el momento preciso del pase, incorporar la espuma de coco.	

"Este postre deleitará a todos los que, como yo, sean amantes del coco. Presenta una combinación suave que no altera el gusto neutro de la espuma, que aquí cobra más sentido que nunca. Es importante comerse el postre de abajo arriba para sentir todos los ingredientes a la vez."

201

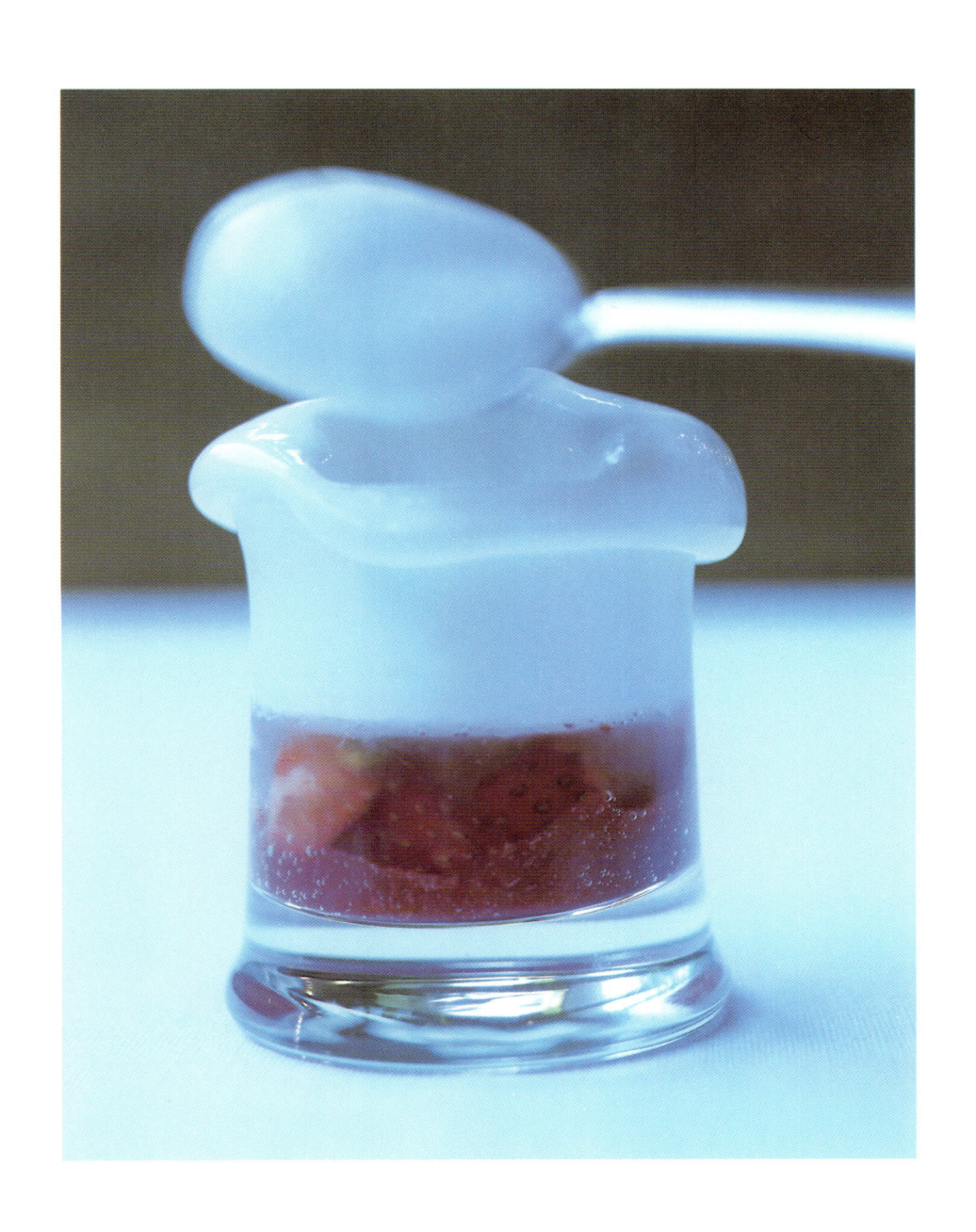

frutas preparadas

remolacha·pistachos·frambuesas

| | Ingredientes para 4 personas: | Elaboración: |

raviolis de remolacha

500 cc de agua
400 g de azúcar
100 g de remolacha entera
8 frambuesas
8 pistachos

Pelar las remolachas y cortarlas en la máquina cortadora lo más finas posible. Entretanto, hacer un jarabe con el agua y el azúcar. Tirar las láminas de remolacha y, al volver a levantar el hervor, retirar del fuego. Colocar 1/2 frambuesa y 1/2 pistacho en cada lámina de remolacha y cerrar las láminas dándoles una forma triangular.

sorbete de remolacha

500 g de remolacha entera
4 g de estabilizante

Cocer en agua abundante las remolachas peladas, una vez cocidas pasarlas por la licuadora y añadir el estabilizante. Pasar por la sorbetera, añadir algún tipo de azúcar (aunque no suele ser necesario).

salsa de pistachos

100 g de pistachos tostados
50 cc de agua
20 g de jarabe

Triturar los 3 ingredientes en el vaso americano, pasarlo todo por un colador y guardar en el frigorífico (esta receta fermenta a los 2 días).

espuma de frambuesas

Elaboración en pág. 64.

yogur al limón

125 g de yogur
15 g de jarabe
la piel rallada de 1 limón

Mezclar los 3 ingredientes en frío, rallando la piel de limón en el momento de juntarlo todo.

otros

· pistacho verde laminado
· puré de remolacha
 (Elaboración en pág. 94)

montaje y pase

Montar el plato poniendo en el centro el yogur al limón, con la salsa de pistachos y el puré de remolacha alrededor. En el momento del pase colocar la quenelle de sorbete de remolacha, a su lado la espuma de frambuesas, apoyar los raviolis y, por último, el pistacho fresco laminado.

"Como en el caso de la macedonia en texturas, este plato es una adaptación directa de la cocina de Ferran. Merecen una especial atención los raviolis, que sin duda sorprenden al probarlos."

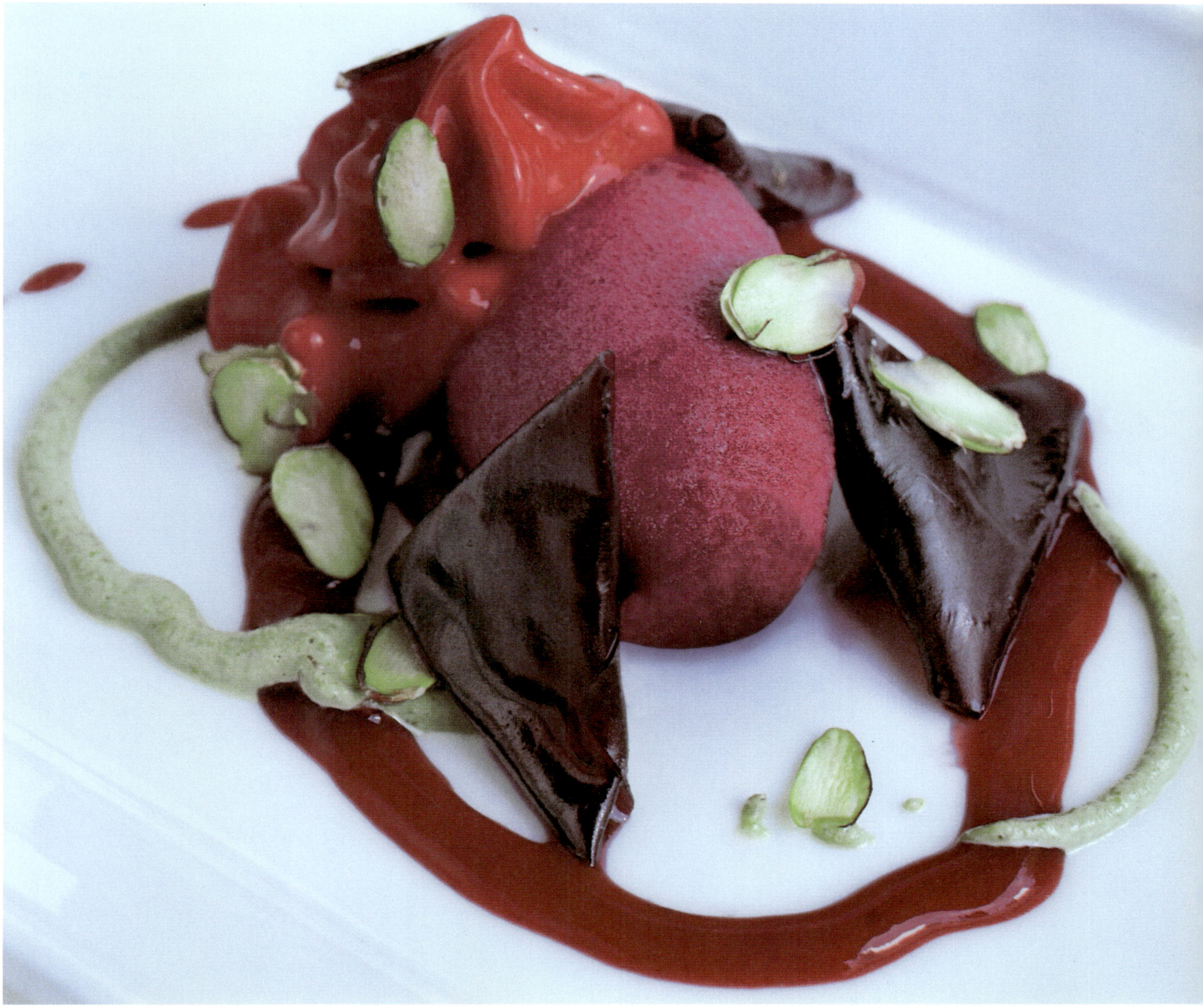

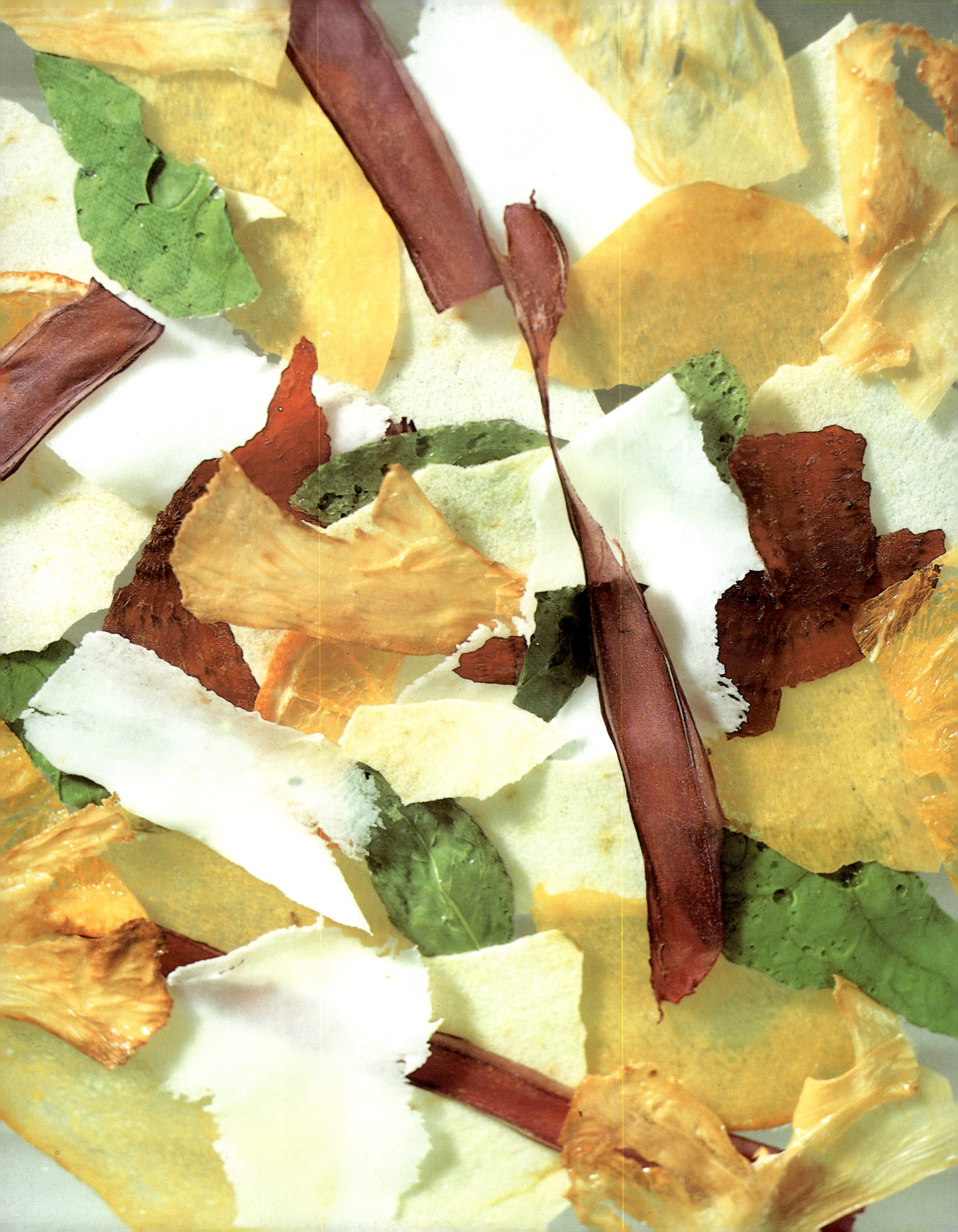

frutas caramelizadas

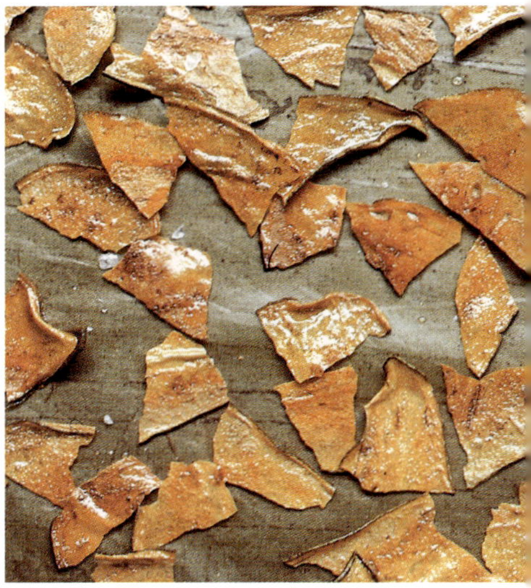

frutas caramelizadas

Cuando hace ya algunos años surgió el cristalino de manzana (uno de los postres más copiados de los últimos tiempos, junto al famoso "coulant" de Michel Bras), la sorpresa fue tremenda, pues a la vista de aquellos caramelos transparentes clavados en el sorbete resultaba difícil imaginar que éstos también eran de manzana.

Su artífice, Michel Trama, logró algo tan lógico como increíble: acompañar las frutas con sus propios caramelos. Se trataba de una técnica realmente innovadora y que a nivel creativo podía representar una de las aportaciones más importantes a los postres de restaurante, como así ha resultado ser. En definitiva, permitía hacer todos los tipos posibles de frutas caramelizadas y combinarlos como un ingrediente más en los postres.

Desde entonces, esta técnica ha evolucionado mucho, y en la actualidad existen distintas maneras de caramelizar las frutas, si bien hay que decir que, en algunos casos, los resultados son inciertos. Por otro lado, hay frutas cuya caramelización es más fácil que otras, aunque creo que aún queda mucho campo por investigar; por ejemplo, será interesante buscar opciones para los cítricos, muy difíciles de caramelizar mediante el método habitual, si bien, como veremos más adelante, existen otros sistemas.

El hecho de que existan tantos tipos de frutas y verduras (e incluso setas), de azúcares y de tipos de cocción posibilita muchas variantes para llegar a hacer frutas caramelizadas.

Es aconsejable siempre tener paciencia cuando uno se inicia en este tipo de elaboraciones. Si, por ejemplo, se quiere hacer un caramelo de mango, la clase de fruta y su grado de maduración repercutirá en el resultado final, por lo que es necesario no desanimarse e intentarlo repetidas veces, probando los sistemas de cocción que explicaré a continuación.

los caramelos de fruta

pueden ser

a caramelizados — b secados — c secados — d escaldados — e precocidos — f azucarados
directamente   y secados   y horneados   y fritos u   y horneados   y secados
                                              horneados   u horneados

de estas frutas y verduras

calabaza
flor de calabacín
mango
manzana
melocotón
papaya
pera
piel de cítricos
piña
plátano
remolacha
sandía confitada
zanahoria...

- La diferencia entre el secado y el horneado radica en que el secado es más lento pero otorga a la fruta un color más bonito y, en algunos casos, hasta casi transparente con un escaldado previo; además, es más seguro en frutas que contienen mucha agua. Si, por el contrario, se tiene prisa o no importa que el color salga algo más oscuro, puede cocerse entre 140° y 160°.

- La lista que he incluido en esta página no es exhaustiva, pero en ella aparecen las frutas que mejor caramelizan.

frutas caramelizadas

formas

Aunque pueda parecer extraño, resulta más sencillo dar formas distintas a las frutas caramelizadas que a los caramelos. Pese a disponer de un menor tiempo de manipulación cuando salen del horno en el primer caso, el hecho de disponer de una sujeción clara (la lámina de fruta) simplifica mucho el trabajo. Por ejemplo, para hacer conos de caramelo se precisaría la ayuda de un molde, y aun así resultaría complicado. Con una fruta, en cambio, no hay problema.

Podría decir que las frutas caramelizadas se parecen mucho a los crocants, pero al enfriarse más rápidamente no plantean ningún problema de deformidad una vez se les ha dado una forma concreta (por ejemplo, de cilindro alargado). Además, resulta muy sencillo obtener láminas finísimas.

conservación

Al tratarse de un caramelo, el sistema de conservación es el mismo que en el caso de los caramelos y crocants, con la salvedad de que éstos retienen más la humedad y, en consecuencia, durarán menos tiempo. Recomiendo que se cuezan siempre lo más tarde posible; en el caso de tener que hacer una cantidad elevada de frutas de caramelo, se pueden hacer previamente y conservarlas en recipientes herméticos con gel de sílice.

frutas caramelizadas
caramelos de fruta

Existen distintas maneras de caramelizar frutas (y sin duda surgirán nuevos métodos). Me limitaré a describir algunas de estas técnicas, indicando para qué fruta puede ser más apropiada cada una de ellas. Es interesante probar varios sistemas para caramelizar la misma fruta, puesto que, aparte de algunas de éstas, que ya están muy establecidas (caso de la manzana, el mango o la pera), el resto de frutas y verduras no cuenta con un tratamiento tan claro.

a caramelizado directamente

Como es lógico, es el sistema más rápido, pero sólo es apto para las frutas que caramelizan mejor (pera, manzana, mango...). La técnica es muy sencilla: se corta la fruta con la máquina cortadora, se moja en jarabe y se cuece al horno, a 160°, durante 7 minutos.

b secado y secado

Este método es, quizás, el más seguro, pero también el más lento; por otra parte, precisa de la utilización de un horno durante bastante tiempo. Se seca la fruta cortada muy fina en el horno a 80° durante 2 horas (o bien se deja deshidratar durante 1 ó 2 días a temperatura ambiente). Luego se sumerge la fruta seca en jarabe y se vuelve a secar en el horno 2 horas más. Los cítricos, normalmente complicados, pueden quedar bien con este sistema.

c secado y horneado

Es el sistema que utilizo más. Con él se asegura la caramelización secando la fruta previamente a temperatura ambiente. Luego se moja la fruta en jarabe y se cuece a 160° durante 7 minutos. Es el sistema que empleo cuando pruebo un producto por primera vez, ya se trate de frutas, verduras o hasta setas, como ceps o champiñones.

d escaldado y frito u horneado

Con este sistema el resultado siempre será algo más graso, pero para algunas verduras es muy adecuado. Se escalda la fruta o la verdura en un jarabe a 30° (el jarabe que uso como base); se escurre y se seca muy bien, y se fríe a fuego medio o se pone en el horno. Las julianas de remolacha, de zanahoria o de plátano verde laminado pueden ir muy bien.

e precocido y horneado

Se trata de un método válido para aquellos productos que necesiten una cocción previa, como en el caso de las pieles de cítricos o de algunas verduras (que pueden ser las mismas que las del sistema d). Como en el caso anterior, se cuecen en un jarabe y se finaliza la cocción en el horno.

f azucarado y secado u horneado

En este caso se espolvorea azúcar lustre sobre el producto y se pone entre 2 silpats para que sude y forme un jarabe denso, que caramelizará una vez en el horno. Es válido para todos los productos, con especial atención a las flores.

- Es importante recordar que el resultado final de la caramelización dependerá directamente del porcentaje de azúcar y agua que contenga el producto elegido. Por ejemplo, nunca caramelizará igual una pera seca y pulposa que otra dulce y acuosa.

frutas caramelizadas

caramelización de hierbas

Elaboración:

Seleccionar las hierbas y empaparlas en jarabe.
Ponerlas en una placa en el horno a 140° durante unos 15 minutos.

caramelización de flores

Es preciso señalar que se trata de un proceso delicado; hay que elegir bien el tipo de flor, ya que no todas van bien, y en algunos casos el resultado es mejor estética que culinariamente.

Elaboración:

Mojar los pétalos con claras semimontadas y espolvorear con azúcar lustre.
Secar los pétalos a 80°, lo necesario hasta que queden bien secos y caramelizados.

caramelización de cítricos

Ingredientes:

100 g de zumo de naranja
30 g de azúcar
50 g de juliana de piel de naranja

Elaboración:

Blanquear las pieles de naranja 3 veces y, a continuación, cocerlas en el jarabe de naranja durante 2 horas como mínimo a fuego lento.
Secar las pieles a 80° hasta que queden cristalizadas y picarlas con el cuchillo o por el vaso americano para conseguir un azúcar de cítricos.

frutas caramelizadas

piña en texturas-enebro-toffee

	Ingredientes para 4 personas:	Elaboración:
piña natural	12 trozos de piña natural cortada en semicírculos	Pelar una piña entera y eliminar el corazón con un vaciador de piñas. Cortar con un cortapastas para marcar el exterior y hacer rodajas de 4 mm de grosor en la máquina cortadora. Por último, volver a cortar por la mitad.
compacto de piña	250 cc de agua de piña natural	Elaboración en pág. 175.
piña caramelizada	12 trozos de piña secada en semicírculos jarabe (c.s.)	Proceder como en la piña natural pero cortándola en rodajas de 2 mm. Dejarla secar al horno a 90° durante 1 h, mojarla en jarabe y volverla a poner en el horno para cocerla durante 25 min a 130°.
toffee a la pimienta blanca	100 cc de nata 100 g de azúcar pimienta blanca molida (c.s.)	Hacer un caramelo rubio con el azúcar y caramelizar con la nata. En el momento del pase, añadir la pimienta blanca recién molida.
c.m. de bayas de enebro	250 cc de nata 3 yemas de huevo 40 g de azúcar bayas de enebro (5 g aprox.)	Hervir la nata con el azúcar en un cazo, retirar del fuego e incorporar las yemas batiendo sin parar. Dejar reposar durante 12 h en el frigorífico, montar e incorporar las bayas de enebro recién molidas.
montaje y pase	Disponer un semicírculo de piña natural en el centro del plato, a continuación el toffee en el hueco y encima pimienta blanca recién molida; luego la C.M. de bayas de enebro y por último intercalar una capa de compacto de piña, piña caramelizada, otra vez piña natural y por último compacto de piña. Poner esta superposición de texturas en la otra piña del plato y servir.	

"Plato importante por el hecho de haber abierto un camino, al jugar con las 3 texturas de un mismo producto. Las posibilidades son muy grandes, y a partir de este postre realizaré variantes con otras frutas."

213

frutas caramelizadas

mango·queso fresco·miel·arándanos

| | Ingredientes para 4 personas: | Elaboración: |

mousse de queso fresco
125 g de queso tipo Quark
125 g de nata montada

Mezclar el queso fresco y la nata montada y guardar en el frigorífico.

gelatina de miel

Elaboración en pág. 135.

raviolis de mango
16 láminas de mango natural
mousse de queso fresco
gelatina de miel

Seleccionar el mango en su mejor estado de maduración y cortarlo transversalmente en láminas de 1 mm en la máquina cortadora. Estirar sobre una placa plastificada las láminas y realizar una cruz imaginaria. En la parte inferior derecha poner la mousse de queso, doblar la mitad del mango hacia abajo, volver a doblar la mitad e incorporar la gelatina de miel.

salsa de arándanos
125 g de arándanos frescos
25 g de azúcar
25 cc de agua

Poner a cocer en un cazo a fuego lento los arándanos, el azúcar y el agua durante 5 min. Triturar en el túrmix y colar. Volver a poner en el cazo con 15 arándanos enteros que se habrán reservado. Levantar el hervor y guardar en el frigorífico.

mango caramelizado
8 láminas de mango
jarabe (c.s.)

Cortar el mango con la máquina cortadora, en láminas lo más finas posible, secarlas en el horno a 80° durante 1 h. Empapar en jarabe y cocer al horno a 160° durante 6 min. Al sacarlas del horno, darles la forma de pequeños cilindros.

otros
· jarabe (c.s.)
· 250 g de sorbete de mango

montaje y pase
Poner tres raviolis de mango con queso fresco y miel repartidos en el plato, y luego la salsa de arándanos. Llenar el cilindro de mango caramelizado con el sorbete de mango y ponerlo en el lado contrario del plato, pegado con una punta de mousse de queso por debajo.

"Se trata del primer postre que hice con fruta y que hoy sigo haciendo. Su forma, su colorido y la facilidad para trabajar lo convierten en uno de mis preferidos. La idea del dobladillo de los raviolis se puede aprovechar para otras preparaciones."

215

frutas caramelizadas

melanosporum·castañas·chocolate

	Ingredientes para 4 personas:	Elaboración:
espuma de trufa "melanosporum"	50 cc de jugo de trufa neutro 25 cc de jugo de trufa salado 75 cc de nata 75 cc de agua 25 g de jarabe 0,8 hojas de gelatina	Disolver la gelatina en el jarabe previamente calentado e ir añadiendo el resto de ingredientes. Llenar el sifón y cargar. Guardar en la nevera.
sopa de chocolate amarga (caliente)		Elaboración en pág. 76.
castañas estofadas	8 castañas enteras 35 g de jarabe oscuro	Poner en una sartén las castañas junto al jarabe oscuro y cocer a fuego lento hasta que absorban el jugo y queden bien cocidas.
castañas caramelizadas	2 castañas laminadas jarabe (c.s.)	Congelar las castañas y cortarlas lo más finas posible en la máquina cortadora. Bañar las láminas en jarabe y cocer a 140° durante 20 min.
otros	· 20 g de trufa fresca	
montaje y pase	Calentar a la vez en el microondas las castañas y la sopa de chocolate. No dejar que esta última alcance una temperatura superior a 45°. Llenar un chupito con la sopa de chocolate y empezar el plato poniendo la espuma de trufas, a continuación dos castañas calientes y las láminas de castaña caramelizada. Rallar en el último momento la trufa fresca y servir.	

"Postre en el que se puede ver cómo 2 elementos, el sifón y la trufa, se unen para proporcionar una nueva perspectiva. Además, tuve que encargar la fabricación del jugo de trufas sin sal y buscar una textura que respetara su sabor, la espuma. Curiosamente, el chocolate es mejor si se toma por separado que si se mezcla con la trufa."

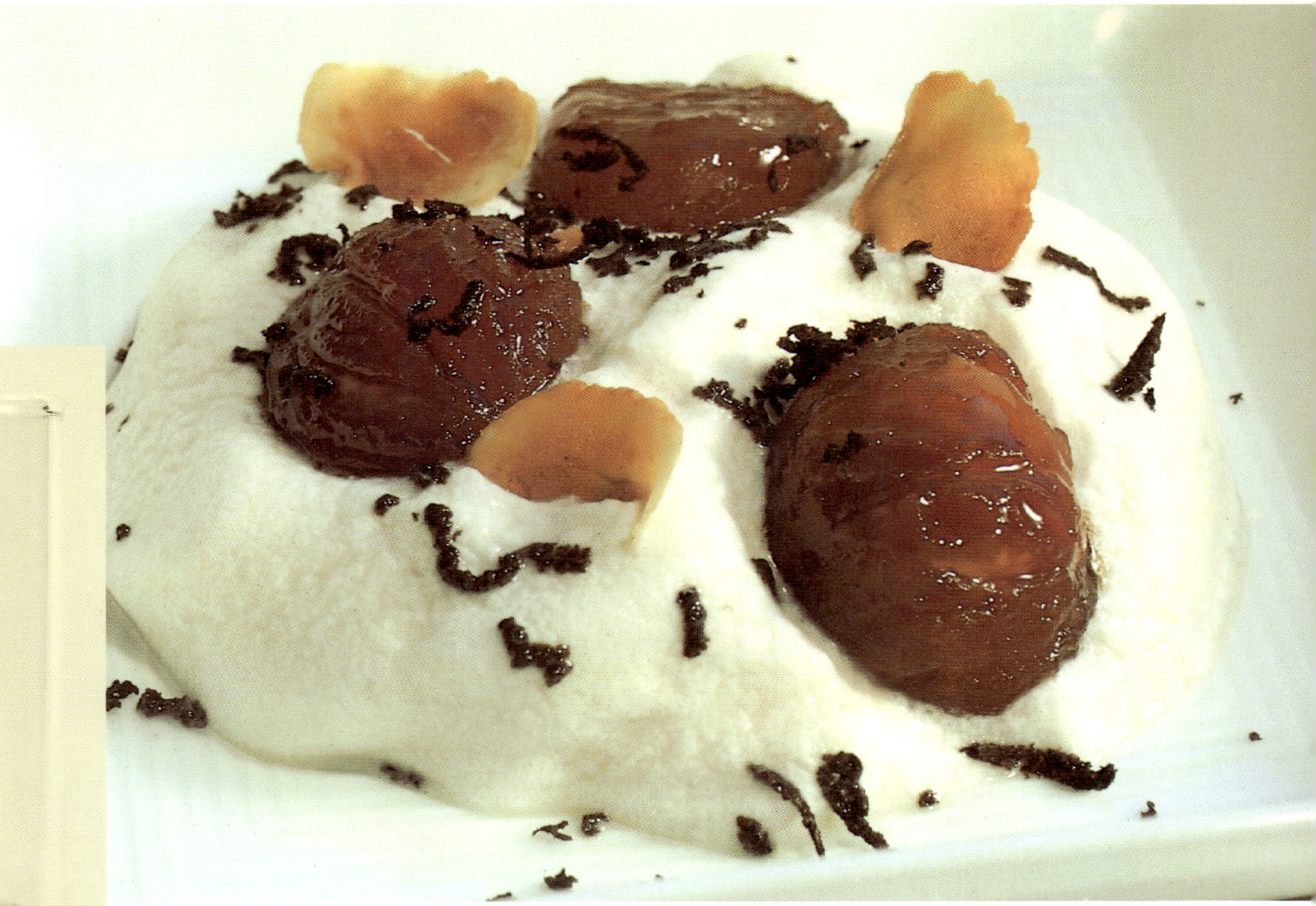

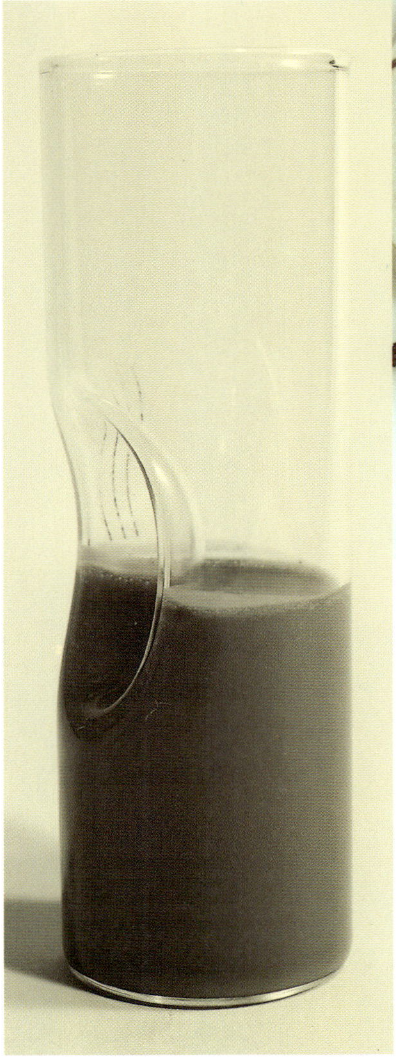

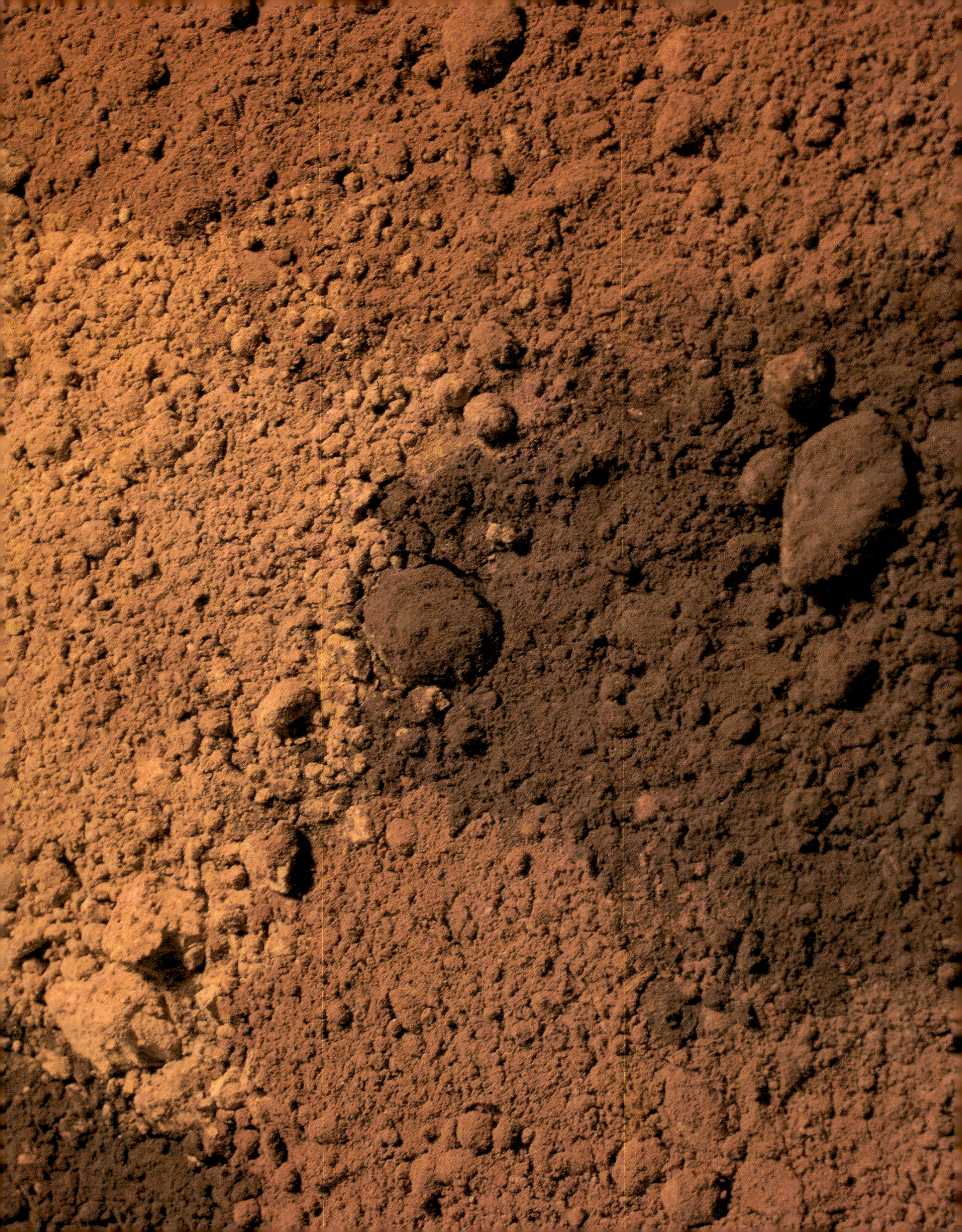

el chocolate

el chocolate

No es casual que haya optado por dejar el capítulo que trata sobre el chocolate para el final. El chocolate es, sin duda, mi gran pasión a la hora de abordar mi trabajo. Más allá de las enormes posibilidades que proporciona para la elaboración de postres, un trozo de buen chocolate puede compararse al más suntuoso manjar, opinión que imagino que mucha gente comparte conmigo.

A lo largo de las siguientes páginas efectuaremos un recorrido por los distintos tipos de chocolate que existen, su tratamiento y uso. Finalmente expondré algunas de mis técnicas. He intentado explicarlas del modo más sencillo posible, sobre todo en el caso del templado, un proceso indispensable para empezar a trabajar con el chocolate y cuyas dificultades desaniman a muchas personas a la hora de iniciarse. Sólo existe un modo de dominar la técnica del templado, y ésta no es otra que la de probar y probar, tantas veces como sea necesario, hasta obtener un buen resultado. Una vez se controle el proceso, sin duda la operación parecerá bien fácil.

También veremos distintas recetas de postres elaborados con chocolate (aunque, como ya he señalado, son las que mayores dificultades presentan). De todos modos, los resultados pueden llegar a ser sorprendentes, como en el caso del coco/choco/curry o del chocolate en texturas (una versión personal del clásico sacher).

Como comprobaremos, las posibilidades que ofrece el chocolate, esta mezcla pastosa de agradable tacto al paladar y de gusto difícilmente definible, son enormes, y todas ellas no persiguen más que un fin, el de hacernos disfrutar aún más de los postres que con él se realizan.

el chocolate
el producto

Al abordar el chocolate como producto debemos tener en cuenta que, a lo largo de su ya dilatada historia, su fisonomía y gusto han ido cambiando. Hasta la llegada de las máquinas refinadoras, el chocolate no se convirtió en el producto que hoy en día conocemos. Incluso el sabor ha variado, imponiéndose en la actualidad un respeto hacia el sabor original del cacao frente a los sabores de los chocolates más elaborados. En primer lugar es importante diferenciar al chocolate propiamente dicho de la cobertura; esta diferencia está reglamentada mediante una normativa, según la cual, la cobertura debe contener un mínimo de un 31% de manteca de cacao (o manteca de cacao + grasa de leche en el caso de cobertura de chocolate con leche). Podríamos establecer este porcentaje para decidir que todo producto que no alcanza dicho umbral no posee unas propiedades reológicas adecuadas para "cubrir" (bañar), y de ahí el nombre de cobertura. Este alto contenido en grasa propicia una sensación en boca más agradable. Por esta razón, y por su incidencia sobre el precio, se ha asociado la calidad al contenido en manteca de cacao. Por otra parte, el porcentaje de pasta de cacao se ha ido elevando en los últimos años (hasta llegar a cifras increíbles, de un 72%). No me parece lejano el día en que el chocolate se consuma casi tan amargo como aquel brebaje ciertamente duro que debían de beber los aztecas.

En el mercado existen tres tipos de chocolate: negro, con leche y blanco. Como ya expondré más adelante, en mi opinión el más interesante es el negro, puesto que el chocolate con leche no es más que chocolate negro con leche en polvo, y el blanco contiene tan sólo la parte grasa del cacao (manteca) y normalmente desodorizada.

cacao

El árbol del cacao es de altura media y su fruto, que tiene forma amelonada y un tamaño que varía entre 15 y 25 cm de longitud, está provisto de una corteza fibrosa y resistente en cuyo interior se encuentra la pulpa azucarada, que se consumirá durante la fermentación, y las semillas (habitualmente entre 24 y 40) que constituirán la materia prima utilizada en la fabricación de los productos de cacao y chocolate.

En el país de origen, la mezcla de pulpa azucarada y semillas obtenida al abrir el fruto fermenta de manera espontánea. Este proceso de fermentación será fundamental para la posterior calidad del chocolate y constituye el primer paso en el desarrollo de los precursores de aroma. Al final de la fermentación, consumida la pulpa, las semillas se someten a un proceso de secado y se envían a las plantas procesadoras de cacao.

La limpieza, tueste y descascarillado de las habas y posterior refinado (molienda), nos proporcionará la pasta de cacao. Esta pasta sometida a presiones elevadas nos dará finalmente el cacao en polvo desgrasado, en mayor o menor grado, y la manteca de cacao, que representa la parte grasa de la semilla o haba.

el chocolate

La "calidad" del cacao puede establecerse desde distintos puntos de vista.

Según su contenido en taninos (bastante discutible):   **ordinarios**   **finos**
Según su porcentaje de granos en malas condiciones: **segunda**   **primera**   **extra**

Lógicamente, los cacaos finos extra son los de mejor calidad y constituyen una excelente base para el mejor chocolate.

Dentro de la categoría de cacaos finos (los que realmente nos interesan), existen tres clases:
criollos   **forasteros**   **trinitarios**
Los trinitarios son un híbrido de los otros dos cacaos.

Cada uno de ellos presenta una acidez y un aroma distintos. Lo común, en todas las marcas de chocolate (pese a que hay excepciones, representadas por excelentes chocolates monovarietales), es contar con una mezcla de los tres tipos, debido a que los precios y las cosechas son muy variables.

el chocolate

pasta de cacao

Es la parte comestible del haba de cacao, y podría definirse como un chocolate sin azúcar, fuertemente amargo y de difícil ingestión. A pesar de todo, es ideal para equilibrar recetas con un excesivo porcentaje de azúcar (trufas dulces, caramelo de chocolate, etc.).

manteca de cacao

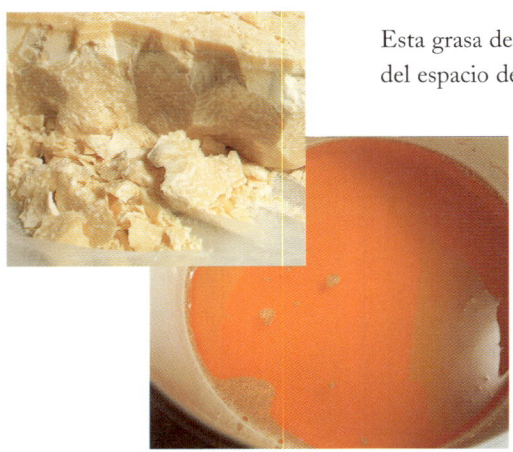

Esta grasa de color blanco amarillento y de dureza considerable ocupa el 55% del espacio de la haba y se obtiene al prensar el cacao. Como ya hemos indicado, se vende por separado y se emplea en multitud de recetas relacionadas con el chocolate. También se puede añadir un porcentaje de manteca de cacao a la cobertura y dotarla de este modo de una mayor fluidez, lo cual irá muy bien para bañar bombones a mano.

Su temperatura de fusión es de unos 35°, pero como en el caso del chocolate es recomendable llevarla a 45°/50° para asegurar que no queden restos de grasa cristalizada. Al no contener azúcar y ser fluida puede fundirse aparte del chocolate, llegando incluso a 60° y con menos precauciones.

nibs

Se trata de cacao fermentado, tostado y descascarillado que se pica en granillo y se emplea como tropezón en multitud de elaboraciones (bombones, helados, petits-fours...). Tiene un sabor amargo e intenso, respondiendo a la moderna tendencia de acentuar la acidez y el amargor que se está imponiendo en los grandes chocolates. Aunque pueden ser un recurso interesante, en cocina es mejor no abusar de ellos.

tipos de chocolate

chocolate negro

Es el resultado de mezclar pasta de cacao, manteca de cacao y azúcar. Estos tres ingredientes son los principales, imprescindibles; se suelen añadir aromatizantes a los chocolates, principalmente la vainilla. En mi opinión, si se quiere preservar el gusto puro del cacao, los elementos que se añadan a los tres básicos son innecesarios.

Cuando se compra un chocolate se puede comprobar su calidad a través del porcentaje indicado de cacao (pasta + manteca), que oscila normalmente entre el 45% y el 70%. Éstos son los elementos que pueden hacer aumentar su precio, y por ello en muchas ocasiones se sustituyen por grasas vegetales pudiendo conservar la denominación chocolate con la consiguiente merma de su calidad.

chocolate con leche

Seguramente es el chocolate de mayor éxito comercial, pues es el que gusta a un mayor número de personas. Como he apuntado anteriormente, en realidad se trata de una variante del chocolate negro, cuyo sabor se suaviza y endulza con la adición de leche en polvo y azúcar. Con ello se reduce su porcentaje de pasta de cacao en un 35% (proporciones habituales 5-10%). Tal y como he dicho, el porcentaje de pasta de cacao es determinante en la calidad del chocolate, y de ahí la diferencia existente entre la del chocolate con leche y el negro. Ello no significa que el chocolate con leche sea un producto malo; más bien, efectuando un símil con el café, para el buen aficionado al chocolate, añadir leche a esta sustancia le puede parecer lo mismo que a un amante del café cortar un café de gran calidad con leche.

chocolate blanco

Más que chocolate, este producto podría llamarse "pasta de leche azucarada", puesto que no tiene nada que ver con el chocolate negro, entre otras cosas porque carece de un elemento imprescindible, la pasta de cacao. Los ingredientes del llamado chocolate blanco son manteca de cacao, leche en polvo, lecitina de soja (empleada como emulgente en casi todas las fórmulas y tipos de chocolate en una proporción no superior a 0,4%) y mucho azúcar; por este motivo no es de extrañar que sea el preferido de los niños. En mi cocina lo suelo mezclar con yogur, pues opino que la combinación resultante entre agrio y dulce es excelente.

el chocolate
el templado

¿qué es un templado?

Se puede definir como un proceso mediante el cual se somete al chocolate a varios cambios de temperatura con el fin de provocar la cristalización de su elemento graso, la manteca de cacao, que está formada por cuatro cristales: Gamma, Alfa, Beta y Beta'.

¿por qué hay que templar el chocolate?

La respuesta es muy sencilla; cuando se compra el chocolate, éste ya está templado, y al fundirlo se destempla, con lo que se dispersa y se provoca la separación de los cristales citados anteriormente. La función del templado es reagruparlos de nuevo, mediante la curva de templado.

la curva de templado

Como he señalado, al calentarlo se provoca la separación de los cristales, que funden a las siguientes temperaturas:

Gamma:	17°
Alfa:	23°
Beta:	33°
Beta':	28°

Para volver a agruparlos, se deben provocar unos cambios de temperatura cuya finalidad sea dejar el chocolate tal y como estaba antes de fundirlo.

En primer lugar se fundirá el chocolate a una temperatura de 50°, con lo que se provoca la fusión del mismo y la disociación de los cristales. Luego se somete en tres cuartas partes aproximadamente a un proceso de enfriamiento, trabajándolo sobre un mármol que debe estar a una temperatura de 19° para que se formen suficientes cristales (a una temperatura mayor o menor, la proliferación de cristales no sería tan importante). Este chocolate deberá alcanzar una temperatura de 25°, con lo que se estabilizarán los cristales Beta. Al mezclar los dos chocolates, el trabajado en el mármol y el que se había reservado, la temperatura final debe ser de unos 29 a 31°.

Es importante recordar que si el chocolate queda por encima de los 31° se debe repetir el proceso, mientras que si queda por debajo de 29° se habrá conseguido la unión de los cristales, pero será necesario dar un golpe corto de calor para alcanzar la temperatura adecuada, pues ésta es la que proporciona una seguridad total a la hora de trabajar con el chocolate.

el chocolate

el símil

Ciertamente, las primeras veces cuesta saber si el chocolate está templado o no, y la única indicación es la temperatura que ofrece el termómetro. Con la práctica (es importante probar no sólo una vez, sino continuamente durante una o dos semanas), casi es posible saberlo observando la textura al removerlo. Me gustaría exponer un símil a todos los cocineros que aún creen que no es necesario templar el chocolate y que piensan que existen trucos para obtener un resultado parecido. Cuando se está haciendo una mayonesa y ésta se corta, se tiene que remontar con una base de otra mayonesa para ligar la cortada. En el chocolate pasa algo que sin ser lo mismo es parecido, pues al fundirlo se podría decir que se corta y es necesario volverlo a ligar.

¿es necesario templar *siempre* el chocolate?

Pese a que existen varios sistemas que podrían denominarse de templado rápido o de engaño al templado, en la práctica totalidad de elaboraciones en las que se usa chocolate es necesario templarlo. Y ello no sólo en usos individuales, como moldes, transparencias, baños o plantillas, sino también en elaboraciones compuestas, como en las trufas cocidas o en las mousses de chocolate. Después de lo explicado anteriormente, es fácil adivinar que el resultado final dependerá de la temperatura del chocolate (a 30° la proliferación de cristales será mayor).

las temperaturas

Realmente, las temperaturas en este proceso son muy importantes. Para un cocinero, el respeto a este factor ha de ser enorme para obtener un templado en condiciones, pese a que muchas veces es difícil mantener las condiciones en el interior de una cocina. Por esta razón, propongo dos opciones. La primera sería la de trabajar el chocolate en los restaurantes sólo por temporada, del mismo modo que existen otros productos que sólo se consumen en una época determinada. En este caso, el chocolate se trabajaría durante los meses en los que la temperatura es la correcta, y siempre por las mañanas, antes que los fogones propaguen calor. Durante los meses calurosos se podría dejar el uso del chocolate para las elaboraciones heladas y otras preparaciones.
La segunda posibilidad (para mí la más acertada) es fabricarse un cuartito cerca de la cocina, en el que se puede instalar un pequeño aparato de aire acondicionado. En él se podrá trabajar y conservar el chocolate todo el año.
Creo que es necesario que los cocineros comiencen a templar asiduamente el chocolate en los restaurantes, porque ello significaría haber dado un paso de gigante en el desarrollo de los postres emplatados.

el chocolate

cómo obtener un templado

Los pasos para obtener un buen templado, una vez se ha comprendido su explicación teórica, son los siguientes:

con chocolate negro

Fundir totalmente el chocolate en el microondas, graduado en nivel de descongelación para evitar que se queme el producto, hasta que alcance una temperatura máxima de 50°.

Verter 3/4 partes del chocolate fundido sobre el mármol y trabajarlo con 2 espátulas anchas, removiendo sin prisas para evitar que entre aire y se espese.

Cuando, al remover con la espátula, se observa que el chocolate se "monta" sobre el de abajo, significa que se encuentra a la temperatura adecuada (27°).

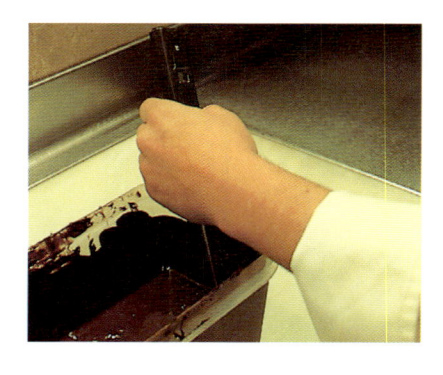

En este momento, tirar el chocolate del mármol sobre el resto de chocolate que se había reservado, y con el termómetro comprobar que la temperatura de templado sea la correcta, entre 29° y 31°.

El proceso de templado para el chocolate blanco y para el chocolate con leche es el mismo, aunque la curva de temperaturas de templado debe ser la siguiente:

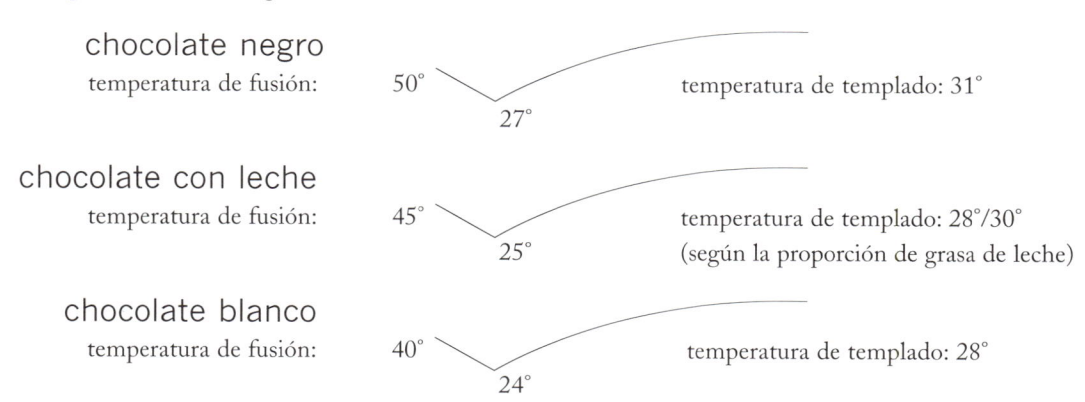

chocolate negro
temperatura de fusión: 50° — 27° — temperatura de templado: 31°

chocolate con leche
temperatura de fusión: 45° — 25° — temperatura de templado: 28°/30°
(según la proporción de grasa de leche)

chocolate blanco
temperatura de fusión: 40° — 24° — temperatura de templado: 28°

es importante recordar...

- Cada vez que se temple el chocolate o se caliente un poco cuando se enfría, se debe hacer un test de comprobación con un trozo de papel, mojándolo en el chocolate y dejándolo un momento que se enfríe para observar cómo reacciona; de este modo evitaremos sorpresas desagradables.

- El chocolate no debe trabajarse con un batidor, pues podría coger aire y espesarse.

- No sirve de nada fundir el chocolate y esperar a que enfríe a 30°; es imprescindible que efectúe la curva de templado.

- No se debe reparar en gastos a la hora de comprar el mejor chocolate. Como resulta obvio, sólo con el mejor producto se obtendrá el mejor resultado.

- Cuanto mayor sea el porcentaje de manteca de cacao, menos complejo resultará el templado, ya que es el elemento que lo provoca y facilita el movimiento de la masa.

- Aunque se necesite utilizar poco chocolate, es mejor templar siempre una buena cantidad; el tiempo de la operación no variará mucho, y en cambio se evitará que se bloquee con rapidez.

- Si al probar el chocolate una vez fundido se nota una textura terrosa en el mismo, probablemente el azúcar se haya quemado; en este caso el resultado deberá desecharse totalmente.

- Si en el test se observa: *solidificación discontinua*
  dilatación al solidificar
  solidificación lenta
  que funde al tocarlo
  que blanquea rápidamente

  probablemente el templado no es correcto.

- Para trabajar el chocolate no se debe añadir absolutamente nada, ni miel, ni mantequilla ni, por supuesto, azúcar. Sólo necesita un buen templado.

- Si el chocolate queda frío al efectuar el templado se pueden equilibrar las temperaturas, dando un pequeño golpe de microondas; si, por el contrario, queda demasiado caliente, se puede añadir chocolate solidificado muy picado o restos de virutas que siempre conviene ir guardando, ya que funden muy bien.

- Es importante recordar que la única manera de aprender a templar es intentarlo sin desanimarse, y siempre con la ayuda del termómetro. La operación resulta bastante fácil.

- Recomiendo el uso del termómetro para evitar posibles fracasos las primeras veces que se temple chocolate.

- La temperatura ideal del lugar en el que se trabaja debe ser de unos 20°; la humedad, de un 60% como máximo.

- Una vez templado el chocolate y realizada la pieza deseada, es importante ponerla en el frigorífico durante unos dos minutos para que se reafirme el proceso de secado y la manteca cristalice con mayor facilidad.

el chocolate
técnicas y usos

el timbal

Una de las características que más sorprenden en esta técnica es la capacidad que posee de "engañar" al cliente, de hacerle creer a primera vista que el postre que se le ha servido es un cilindro de cobertura relleno de mousse de chocolate. A la hora de romperlo con la cuchara, se sorprenderá al observar que el cilindro también es de mousse.

La receta que empleo es la del timbal de chocolate al maíz (pág. 236). Veamos esta técnica recurriendo al trabajo en cadena.

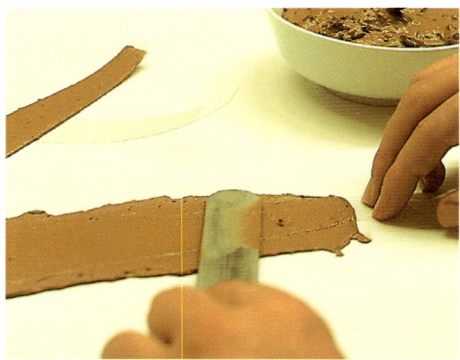

Cortar el diámetro deseado de PVC y modificar su altura cortando con las tijeras la parte superior de un lado, hasta llegar al centro del otro.

Estirar la mousse de chocolate con una espátula sobre el PVC, lo más fina posible, teniendo en cuenta que ha de tener un mínimo grosor para aguantar su propio peso y el que contendrá posteriormente.

Confeccionar las bases del mismo grosor que los cilindros; cerraremos estos últimos con cinta adhesiva y los pondremos encima de las bases.

Congelar a -20° y envolverlos individualmente para que estén bien conservados. Para evitar que se "quemen" por efecto del frío o que absorban malos sabores, aconsejo que se hagan cada 5 días.

230

el chocolate

el cilindro

En este caso el cilindro sí está hecho de cobertura, pero la sorpresa (una sopa) se encuentra en su interior. Partiendo de la base que uno de los enemigos del chocolate es la humedad, si se logra que el cilindro lleve dentro una sopa sin romperse o sin perder brillo, se habrá logrado superar el elemento técnico, añadiendo un elemento sorpresa, lo cual no siempre es fácil de conseguir.

Cortar la longitud y altura deseada de PVC y estirar la cobertura templada, esta vez con el mínimo grosor posible.

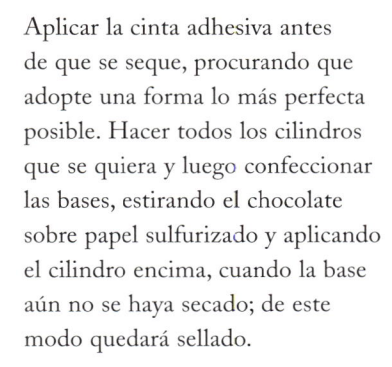

Aplicar la cinta adhesiva antes de que se seque, procurando que adopte una forma lo más perfecta posible. Hacer todos los cilindros que se quiera y luego confeccionar las bases, estirando el chocolate sobre papel sulfurizado y aplicando el cilindro encima, cuando la base aún no se haya secado; de este modo quedará sellado.

Guardar los cilindros en un lugar en el que la temperatura sea aproximadamente de 20° y taparlos hasta el momento de usarlos. El mismo día de su uso se pondrá una mínima base de trufa neutra (1 l de nata por 1 kg de chocolate) para evitar fugas del líquido. A continuación, llenar con la sopa elegida, en este caso de coco.

Hacer otra base de chocolate, que en esta ocasión se pondrá encima. Con la espátula plana se presiona para que quede bien sellado. Guardar en el frigorífico y quitar el PVC lo más tarde posible (máximo 1 hora antes del pase), pues de otro modo absorbería humedad y perdería brillo.

231

el chocolate
técnicas y usos

Éstos son algunos de los sistemas y técnicas que se suelen utilizar para conseguir formas diversas con el chocolate.

en PVC, plásticos o transparencias

Al contraerse por el frío, el chocolate provoca una corriente de electricidad estática. Los plásticos son agentes conductores; por este motivo se desmolda tan fácilmente y desarrolla tanto brillo.

en papel

Cuando la cantidad de placas que se deban estirar sea muy grande y se tengan que cortar para formas concretas, suelo emplear papeles siliconados, así como para las bases de cilindros u otras aplicaciones en las que el brillo no tenga importancia.

en moldes

Ya sea para bombones, formas concretas o piezas de chocolate, los moldes de materiales plásticos aseguran un perfecto desmoldado.

en placa caliente

Esta técnica sirve para confeccionar los famosos abanicos o virutas. En primer lugar se funde el chocolate y se añade un aceite suave (maíz o girasol) en una cantidad equivalente a un 10% del volumen de chocolate, para darle mayor elasticidad; a continuación se calienta una placa metálica a unos 35°/40° y se extiende el chocolate (siempre caliente). Se pone en el frigorífico y se deja que se seque; a continuación se saca la placa, se deja que alcance la temperatura ambiente y, con un cuchillo fino y elástico, se pueden formar los abanicos. Para las virutas se emplea una espátula ancha.

en mármol frío

Con esta técnica se pueden confeccionar pañuelos o alguna forma concreta cuando se tiene mucha prisa, cosa habitual en las cocinas. La víspera se debe colocar un mármol o una piedra en el congelador. Fundir el chocolate, siempre sin templar, y con una espátula, estirar una franja ancha y corta de chocolate; se podrá manipular y darle la forma deseada casi al instante. También se pueden hacer nidos, siguiendo el mismo proceso pero tirando el chocolate con un cono.

conservación

Este aspecto suele ser el que más descuidan muchos cocineros. La justificación que se suele argüir es que, en las cocinas, las temperaturas son demasiado elevadas y el chocolate no puede soportarlas; por este motivo se suele recurrir a los frigoríficos, lo cual constituye un grave error. A continuación ofreceré algunos consejos importantes respecto a la conservación del chocolate, sobre todo cuando se trata de productos acabados como bombones, placas estiradas o moldes.

- El chocolate nunca se debe conservar mucho tiempo en el frigorífico. La humedad del mismo puede hacer variar su estructura y brillo. Por otra parte, la importancia de la grasa en su composición propicia que el chocolate absorba con mucha facilidad los aromas.
- El chocolate templado debe trabajarse sólo en condiciones estables. En lugares en los que se producen cambios continuos de temperatura (de 20° a 40°, por ejemplo, como sucede en verano), yo limitaría su uso a mousses, helados o combinaciones concretas que ahorrarán las complicaciones del templado.
- La temperatura ideal de conservación es de 17° a 21°.
- El porcentaje ideal de humedad para conservar el chocolate es de 50% a 55%.
- Aunque el chocolate es un producto que tiene una larga conservación, recomiendo su uso hasta 6 meses después de haberlo adquirido. Por otra parte, en mi caso prefiero los bloques a las gotas, ya que estas últimas pierden con mayor rapidez el aroma. El tiempo que se pierde en picar un bloque está bien empleado.
- Yo guardo el chocolate en la bodega, lugar en el que no se producen los inevitables cambios de temperatura, con lo cual se mantiene un perfecto estado de conservación.
- Una vez se hayan seguido todas estas normas, el tiempo de consumo se prolongará, manteniendo todo el aroma del chocolate. De todos modos, es mejor templar chocolate cada día y consumirlo a corto plazo una vez el producto esté elaborado.

el chocolate

sablée tibia de avellanas con hierba luisa

| | Ingredientes para 4 personas: | Elaboración: |

tarta sablée de avellanas
225 g de mantequilla pomada
75 g de azúcar
1 huevo
50 g de polvo de avellana
250 g de harina
3 g de impulsor

Poner la mantequilla pomada junto al azúcar en la mezcladora con la pala, ir añadiendo los huevos uno a uno intercalando polvo de avellana para evitar que se corte. Bajar la velocidad al mínimo e incorporar la harina con el impulsor. Forrar los moldes deseados y cocer durante 10 min a 160°.

mousse de chocolate
125 g de cobertura "guaranda"
60 g de mantequilla
250 g de claras de huevo
2 yemas de huevo
25 g de azúcar
10 g de cacao

Fundir la cobertura en el microondas y añadir la mantequilla picada para que se funda y se integre. Mezclar las 2 yemas y el cacao. Por último, hacer un merengue con las claras y el azúcar, mezclarlo a la crema de chocolate y llenar los moldes de sablée de avellanas ya cocidos. Congelar.

helado de hierba luisa
1/2 l de leche
5 yemas de huevo
60 g de azúcar
25 g de glucosa
4 g de estabilizante
50 g de hierba luisa

Hervir la leche y la glucosa; infusionar la hierba luisa. Separar las yemas, mezclarlas con el azúcar y el estabilizante, incorporar la leche y volver a cocer a fuego lento hasta que alcance una temperatura de 84°. Pasar por un colador, dejar madurar 12 h en el frigorífico y pasar por la sorbetera.

salsa de chocolate

Elaboración en pág. 152.

avellanas caramelizadas
50 g de avellanas
35 g de azúcar
agua (c.s.)

Elaboración en pág. 90.

otros
· decoración de chocolate

montaje y pase
Existen dos maneras de calentar la sablée: la primera se realiza llenándola de crema de chocolate en el momento del pase e introducirla 2 min en el horno a 160°. El sistema que yo utilizo en El Bulli, debido a que lo sirvo en segundo lugar en los postres de menú al ser de chocolate, es congelarla con la crema de chocolate incorporada y, cuando sale el primero de menú, lo pongo 5 min al horno a 160°. De los dos modos el resultado es el mismo, pero este último es más cómodo.
Poner la sablée tibia de avellanas en el plato con las avellanas caramelizadas, la salsa de chocolate y por último el helado de hierba luisa con la decoración de chocolate.

"Postre que surgió del deseo de realizar un chaud-froid de chocolate. No deja de ser una tarta tibia, con un helado excelente como el de hierba luisa."

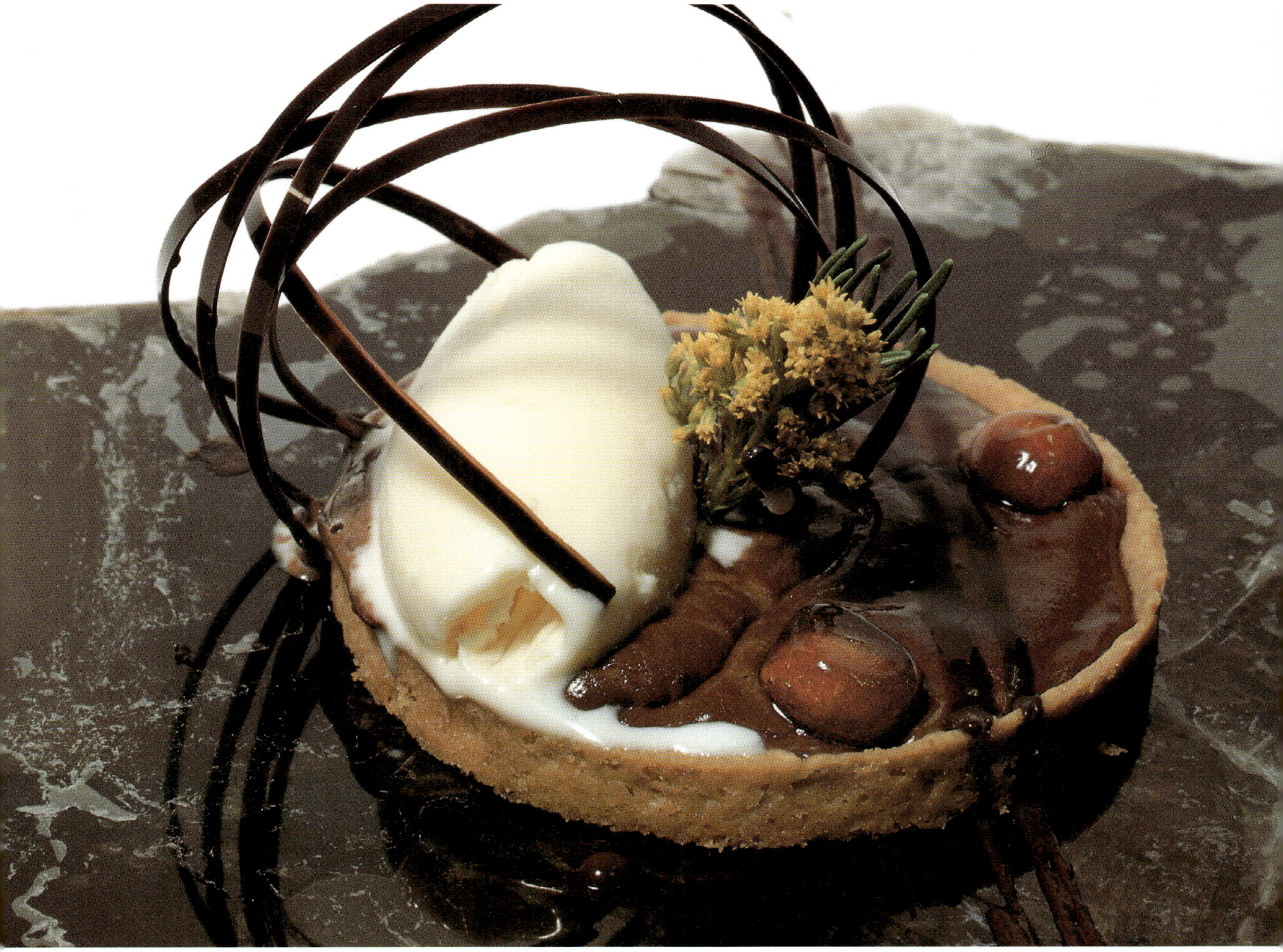

el chocolate

chocolate·maíz·toffee·cacao

	Ingredientes para 4 personas:	Elaboración:
mousse de chocolate para el timbal de maíz	125 cc de leche 60 g de yemas de huevo 125 g de cobertura "guaranda" 100 g de nata montada	Hervir la leche, retirar del fuego y añadir las yemas; cocer a 86°, retirar otra vez del fuego y añadir a la cobertura bien picada para que se funda. Dejar enfriar a temperatura ambiente y añadir la nata montada. Proceso de elaboración del timbal en pág. 230.
puré de maíz	125 g de maíz hervido y escurrido	Triturar el maíz en el vaso americano y pasarlo por un colador.
toffee	50 cc de nata 50 g de azúcar	Cocer el azúcar en un cazo hasta formar un caramelo rubio. Incorporar poco a poco la nata, con cuidado, hasta que se forme el toffee. Guardar en la nevera.
granizado de cacao	25 g de cacao 25 g de azúcar 100 g de agua 15 g de glucosa	Hervir en un cazo el agua con el azúcar y la glucosa, retirar del fuego y disolver el cacao. Pasar por el túrmix, colar y congelar a -8°.
salsa de chocolate		Elaboración en pág. 152.
crocant de maíz frito	140 g de maíz frito Mr. Corn 140 g de fondant 75 g de glucosa	Hervir en un cazo a fuego lento el fondant y la glucosa y controlar la temperatura con la ayuda de un termómetro hasta que alcance los 163°; retirar del fuego y añadir el maíz tostado en polvo. Estirar entre dos silpats un pequeño trozo de crocant de maíz, cortarlo en tiras y dar volumen.
otros	· decoración de chocolate	
montaje y pase	Desmoldar un timbal de chocolate y emplatar. Llenar de mousse de chocolate y, mientras se descongela el timbal (lo cual se produce muy rápidamente), poner las distintas salsas: chocolate, maíz y toffee. Acabar poniendo el granizado de cacao dentro del timbal, el crocant de "quicos" y la decoración de chocolate.	

"Delicado postre de chocolate de difícil ejecución técnica, que exige un equilibrio total entre el maíz y el resto de ingredientes."

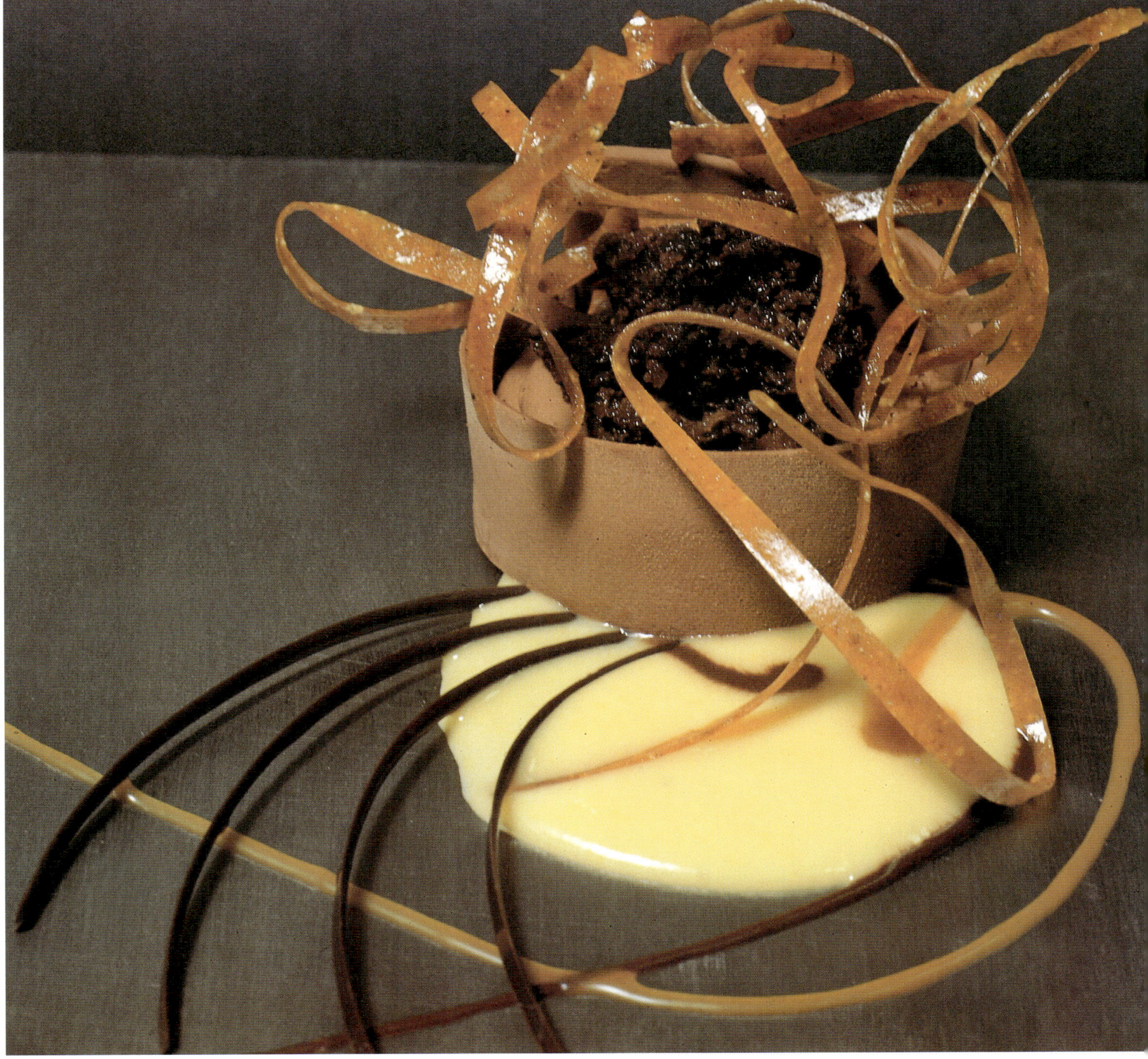

el chocolate

coco·choco·curry

	Ingredientes para 4 personas:	Elaboración:
plátano estofado	1 plátano 15 g de jarabe oscuro	Cortar el plátano en trozos de 3x1 cm. Reducir en una sartén el jarabe oscuro y saltear el plátano a fuego lento hasta que pierda todo su jugo.
gelatina de curry	100 cc de agua 4 g de curry 1/2 hoja de gelatina 25 g de azúcar	Hervir el agua en un cazo, agregar el azúcar, el curry y disolver la gelatina. Dejar enfriar y cuajar en el frigorífico.
c.m. de curry	125 cc de nata líquida 2 yemas de huevo 25 g de azúcar 4 g de curry	Hervir la nata con el azúcar, retirar del fuego y añadir las yemas batiendo enérgicamente. Colar y dejar reposar 24 h. Montar a 3/4 partes para que quede con textura de sabayón y añadir el curry.
cilindro de chocolate y coco		Elaboración en pág. 231.
salsa de chocolate		Elaboración en pág. 152.
otros	· 250 cc de sopa de coco Sicoly colada	
montaje y pase	En un plato sopero que dividiremos imaginariamente en cruz, poner en la parte superior el plátano estofado con un poco de gelatina de curry, extender C.M. de curry desde la parte inferior hasta dar con el plátano y la salsa de chocolate de igual manera, pero encima de la C.M. de curry. Por último, poner los cilindros y servir.	

"Postre ideado y ofrecido para una cena de 'Relais Desserts', aunque no adoptó su forma actual hasta un mes más tarde de la cena. Es uno de los que han marcado una época dentro de mi trabajo y que, aún hoy, seis años después de su creación, sigue estando entre mis preferidos."

239

el chocolate

chocolate en texturas con albaricoques

	Ingredientes para 4 personas:	Elaboración:
brownie	100 g de mantequilla pomada 50 g de cobertura "guyabe" 80 g de huevos enteros 100 g de azúcar 45 g de harina	Montar en la batidora la mantequilla pomada, retirar y mezclar el chocolate fundido. Montar por otro lado los huevos y el azúcar, mezclar la mantequilla y el chocolate con los huevos y el azúcar y, por último, la harina con la mano. Cocer en un molde con 2 cm de masa unos 12 min a 170°.
gelatina de chocolate	100 g de cobertura "guyabe" 160 cc de agua 0,8 hojas de gelatina	Hervir el agua en un cazo y disolver la gelatina. Fundir el chocolate en el microondas y mezclar los dos ingredientes cuando sus temperaturas se asimilen. Enfriar y dejar cuajar.
sorbete de chocolate	400 cc de agua 40 g de azúcar 35 g de cacao 3 g de estabilizante 160 g de cobertura "guyabe"	Hervir el agua con el azúcar, retirar del fuego y disolver el cacao con el estabilizante. Fundir el chocolate y mezclar el jarabe de cacao en caliente ligándolo como si fuera una mayonesa. Dejar enfriar y pasar por la sorbetera.
caramelo de pasta de cacao	120 g de azúcar 120 g de glucosa 50 g de pasta de cacao agua (c.s.)	Cocer en un cazo el azúcar y la glucosa con un poco de agua a fuego lento y sin remover. Cuando el termómetro nos indique una temperatura de 163°, retirar del fuego, añadir la pasta de cacao y manipular como en la pág. 86.
caramelo de cacao	50 g de azúcar 25 g de glucosa 20 cc de agua 50 g de pasta de cacao 75 cc de agua	Hacer un caramelo con el azúcar, la glucosa y los 20 cc de agua (163°). Descaramelizar con los 75 cc de agua y disolver la pasta de cacao, controlar su densidad y, si fuera necesario, añadir más agua o poner a reducir un poco el caramelo de cacao.
otros	· puré de albaricoques · láminas de oro para decorar	
montaje y pase	Cortar un rectángulo de brownie y ponerlo en el centro del plato, encima del flan gelatinado de chocolate y separada, pero cerca, la salsa de albaricoque con el caramelo de cacao. Por último, en el momento del pase poner una quenelle de helado de chocolate al lado del brownie y el caramelo de pasta de cacao (que previamente habremos pintado con un poco de oro) dando volumen.	

"Postre para los verdaderos amantes del chocolate, con un cierto nivel de dificultad técnica debido a los pañuelos de chocolate, que deben ser finísimos."

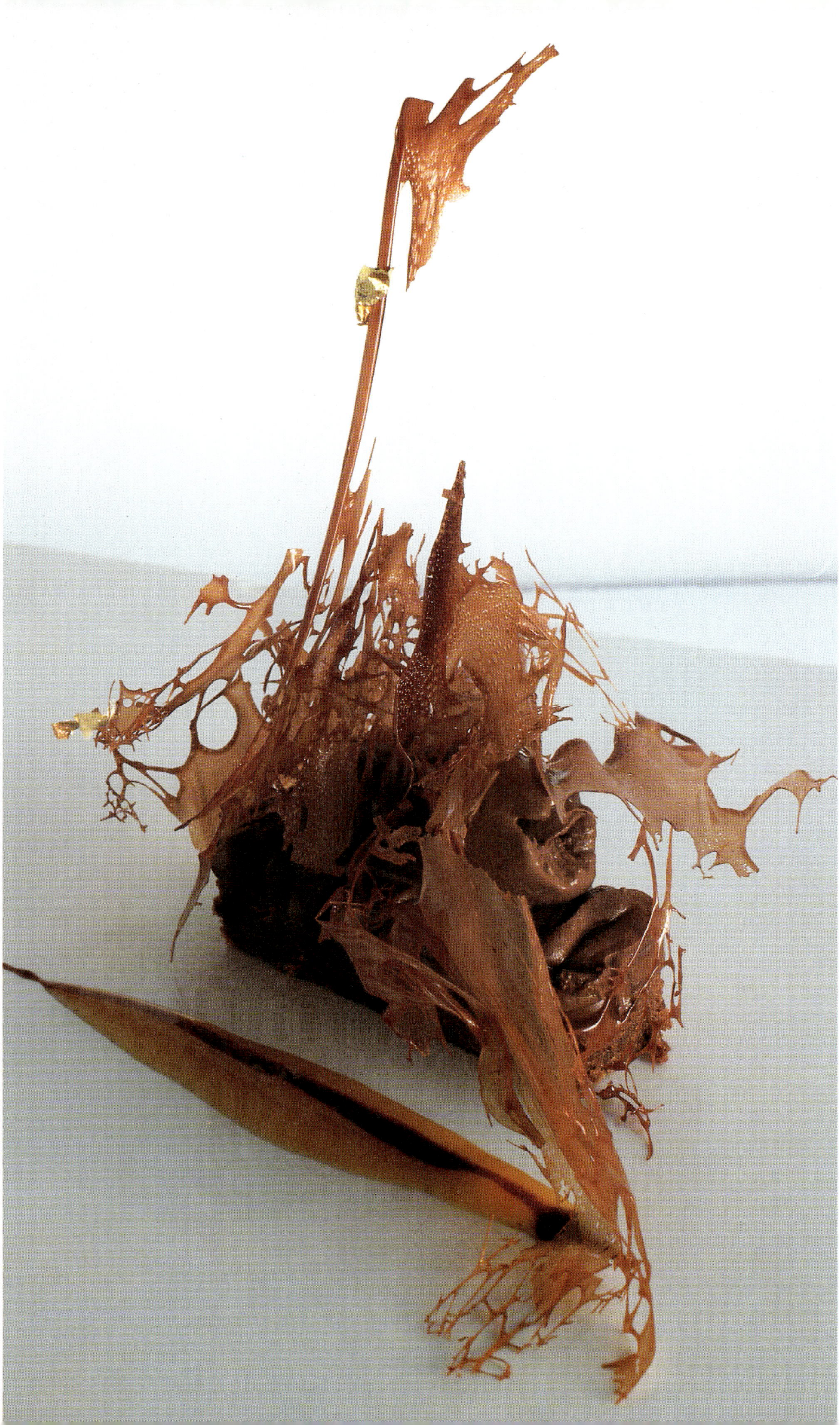

el chocolate

pistacho·yogur·cacao·pera·cítricos

	Ingredientes para 4 personas:	Elaboración:
yogur a la vainilla	125 g de yogur griego 1 rama de vainilla	Mezclar el yogur con la vainilla y pasarlo por un colador.
caramelo de cacao		Elaboración en pág. 240.
granizado de cítricos	25 cc de zumo de naranja sanguina 25 cc de zumo de mandarina 25 cc de zumo de pomelo rosado 25 g de jarabe 1/3 de hoja de gelatina un poco de piel rallada de los cítricos	Calentar el jarabe y añadir la gelatina para que se disuelva. Mezclarlo entonces a los tres zumos y, por último, rallar las pieles. Congelar a -8°.
puré caliente de peras	150 g de peras enteras	Pelar y descorazonar las peras y "escalibarlas" al horno envueltas en papel de plata durante 40 min aproximadamente a 160°. Dejar enfriar y triturarlas en el vaso americano; a continuación dejar el puré en un colador y reservar en la nevera.

encerrados de cítricos y pistacho	100 g de caramelo de pasta de cacao (pág. 86)
	16 pistachos
	· Para la trufa:
	  80 g de cobertura "guyabe"
	  75 g de cobert. de leche "jade"
	  8 g de tremolina
	  90 cc de nata
	  8 g de mantequilla
	  15 g de pieles ralladas de cítricos
		En primer lugar, hacer la trufa, infusionando las pieles de cítricos en la nata. Poner las 2 coberturas en el vaso americano, tirar la nata y triturar. Equilibrar la temperatura final de la trufa, que debe ser de unos 35° con la tremolina y la mantequilla. Dejar reposar 12 horas, hacer pequeñas bolas a las que se incrustarán 2 pistachos y, a la hora de montar el postre, hacer los encerrados tal como se explica en la pág. 92.

montaje y pase	Hacer dos líneas paralelas y largas de yogur a la vainilla y cruzarlas con caramelo de cacao. En el momento del pase, poner a calentar el puré de peras al microondas y, entretanto, hacer el encerrado. Empezar emplatando el postre por el encerrado, a continuación el granizado de cítricos y, por último, el puré de peras caliente.	

*"Curioso postre de contraste de matices y temperaturas. El motivo de hacer dos líneas de postre no es otro que proporcionar la posibilidad de disfrutar dos veces del postre. Digamos, pues, que la primera vez se degusta y la segunda se **disfruta**."*

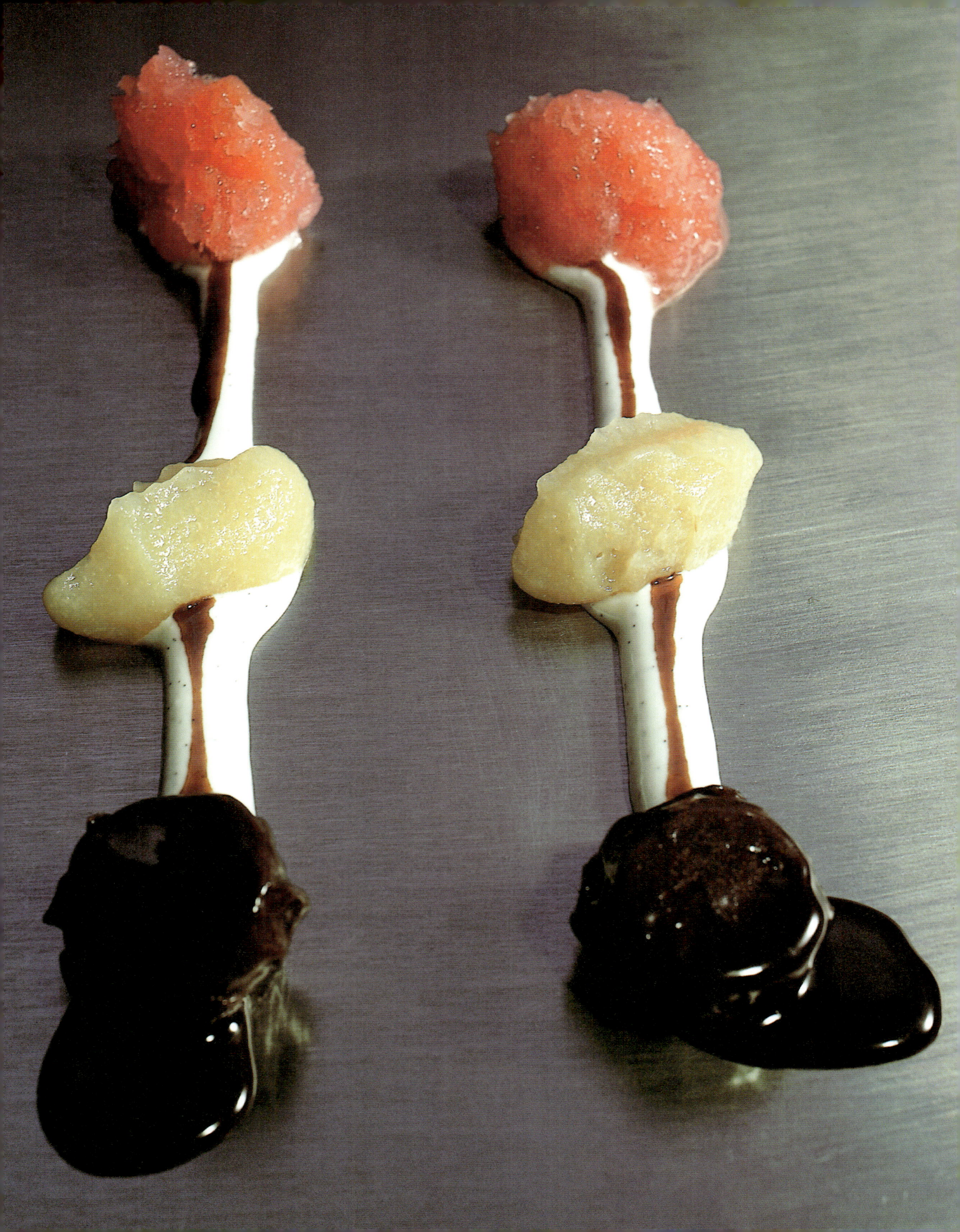

Escultura: Xavier Medina-Campeny

el bulli

Marc Puig-Pey y Montserrat Núñez
llevan muchos años conmigo,
y son los responsables de que todo
el engranaje de pastelería funcione
como un reloj.

Los jefes de cocina Marc Cuspinera y Eduard Bosch,
secundados por Oriol Castro y Rafael Morales,
en una de sus reuniones habituales.

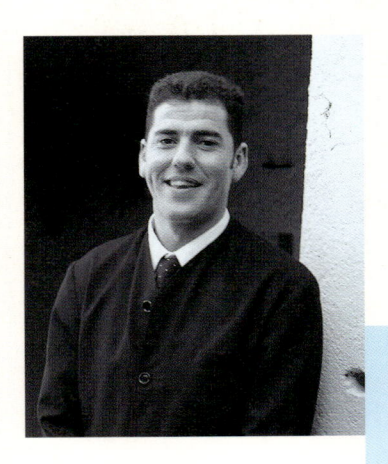

Lluís Biosca y Lluís García, responsables de sala, son viejos amigos y grandes profesionales.

El sommelier, Agustí Peris.

247

El ritmo en un servicio es frenético...

El equipo de sala, siempre muy importante en cualquier restaurante.

248

Los cocineros que pasan cada temporada por el restaurante
son muchos, y rápidamente los integramos en el equipo.

249

Juli y Ferran.

La Escuela Chocovic
me ofrece la posibilidad
de impartir cursos
en los que dar a conocer
mi trabajo.

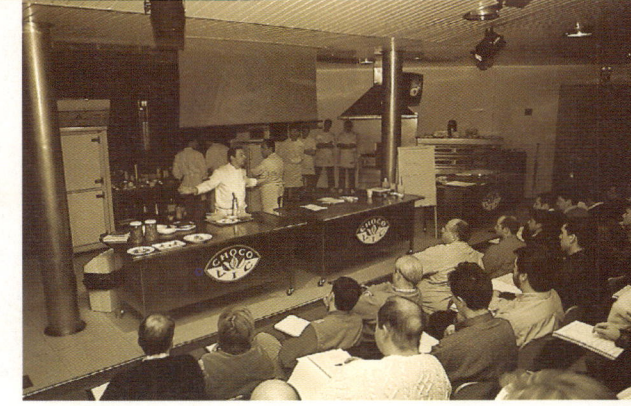

Quim Muria fue mi mano derecha
durante cuatro años; nos dejó
para montar la pastelería que lleva
su nombre, en Terrassa.

índice de nombres

aguacate 36, 196
albahaca 32, 65, 72, 134, 184, 196
albaricoque 112, 126, 240
almendra 112, 146, 196
almendra (granillo de) 65
almendra tierna 112
amaretto 50, 112, 135
anís estrellado 47, 142, 144
anís seco 36, 144
anís (semillas de) 96, 155
apio 72
arándano 214
arándano (puré de) 94, 140, 214
arroz 194
avellana 114, 182, 234
azafrán 65, 142, 155
azahar (agua de) 198
bacon 88, 96
berenjena 176
cacahuete 88, 121, 124
cacao 47, 50, 54, 76, 108, 126, 236
cacao (pasta de) 30, 76, 86, 458, 198, 240, 242
café 45, 50, 74, 94, 96, 114
calabaza 89
canela en polvo 52, 142, 180
canela en rama 52, 67, 156
cardamomo 142
castaña 216
cereza 54, 110
cereza (puré de) 54, 110
cilantro en polvo 121, 122
cobertura de chocolate blanco 31, 94, 138, 160, 178
cobertura de chocolate con leche 242
cobertura de chocolate "guaranda" 76, 152, 216, 234, 236
cobertura de chocolate "guyabe" 30, 198, 240, 242
cobertura de chocolate "ocumare" 31, 120, 158
coco 194
coco (puré de) 31, 38, 94, 194
coco (sopa de) 238
curry 134, 142, 238
enebro (bayas de) 142, 212
eucalipto (juliana de hoja de) 180
ficoïde glaciale 72
FISHERMAN'S 176
frambuesa 64, 70, 100, 202
frambuesa (puré de) 100, 200, 202
fresa 72, 146
fresa congelada 134, 146
fresita del bosque 194, 200
fruta de la pasión (zumo de) 38, 66, 98, 155, 180
galleta OREO 54, 108
gianduia 76
ginebra 66
hierba luisa 36, 87, 184, 234
higo 98
hinojo (bulbo) 140, 144
hinojo fresco 76, 138, 144, 184
jazmín (esencia de) 198
jengibre 32, 142, 184
kirsch 54
lichi 94, 140
lichi (en almíbar) 94
lima (piel rallada de) 158
lima (zumo de) 158
limón 36, 74, 160
limón (piel rallada de) 30, 34, 36, 67, 72, 74, 126, 146, 198
limón (zumo de) . . . 30, 70, 74, 126, 155, 156

maíz frito (quicos)	89, 236
maíz (puré de)	31, 182, 196, 236
mandarina	52
mandarina (juliana de piel de)	52
mandarina (piel rallada de)	54, 242
mandarina (zumo de)	52, 155, 242
mango	32, 89, 180, 214
mango (puré de)	178, 214
manzana verde	72, 140, 142, 196
marrasquino	110, 122
mascarpone	48, 50
mató	100
melocotón	194, 196
menta	38, 70, 72, 134, 142, 184, 198
miel	45, 87, 88, 100, 124, 135, 138, 184, 214
naranja	32, 87, 124, 156, 158, 198, 211
naranja (piel rallada de)	67, 176, 198
naranja (zumo de)	155, 158, 198
naranja amarga (mermelada de)	124
naranja sanguina (zumo de)	242
nuez moscada	142
oliva negra (puré de)	178
pan de especias	108, 110
pasa de corinto	140
Pedro Ximénez	96, 155
pera	34, 182, 242
philo	156, 176
pimienta blanca	212
pimienta de Sechuán	70, 142
pimienta negra	146
pimienta rosa	142, 200
piña	122, 138, 144, 180, 212
piña (agua de)	122, 144, 155, 212
piña (puré de)	122
piñón	96
pistacho	126, 202, 242
pistacho verde	202
plátano	36, 74, 160, 200, 238
pomelo	70
pomelo (zumo de)	155
pomelo rosado (piel rallada de)	242
pomelo rosado (zumo de)	242
praliné	45, 114, 120
praliné de avellanas	120
queso idiazábal	155, 160
queso Quark	72, 214
queso salado fresco cremoso	124
regaliz	155, 198
remolacha	88, 94, 196, 202
romero	30, 34, 180, 184
rosas (agua de)	49, 52, 98, 135, 138, 180
sal Maldon	112, 178
tomate	32, 196
tomillo	184
trufa	216
trufa (jugo de)	216
uva moscatel	180
vainilla en rama	67, 74, 110, 114, 142, 156, 180, 242
vinagre dulce tipo Cabernet	110, 146, 155
vino dulce	155
whisky	114
yogur	68, 72, 138, 202
yogur griego	34, 98, 126, 176, 242
zanahoria (zumo de)	184

jarabe: 1 l de agua por 1 kg de azúcar

jarabe oscuro: 1 1/4 l de agua por 1 kg de azúcar caramelizado

índice de recetas

Receta	Página
arroz de coco·melocotón·fresitas	194
bacon·piñones·anís·pedro ximénez	96
berenjena·yogur·miel	176
cacahuetes·naranja·miel·chocolate	124
canela·mandarina·rosas	52
cerezas·vainilla·vinagre·pan de especias	110
chocolate en texturas con albaricoques	240
chocolate·hinojo·menta	76
chocolate·maíz·toffee·cacao	236
chocolate·menta/regaliz·naranja/azahar	198
chocolate y cítricos	158
chocolate blanco·mango·oliva negra	178
coco·choco·curry	238
coco·fresitas·limón	200
el plato de las especias	142
flan de huevo·naranja·limón	156
frambuesa·pimienta de sechuán	70
fresas·almendra·vinagre·pimienta	146
fruta de la pasión·coco·menta	38
granizado de uva con toques florales y frutales	180
higos·fruta de la pasión·rosas	98
jengibre·naranja·mango·tomate·albahaca	32
la tatin de peras "coulant" de romero	34
lichis·manzana·hinojo	140
lichis·remolacha·café·coco	94
limón·anís·plátano·aguacate	36
limón·café·plátano	74
macedonia de frutas y verduras en texturas	196
mango·queso fresco·miel·arándanos	214
manzana·yogur/queso fresco·albahaca	72
melanosporum·castañas·chocolate	216
mi sara	112
mi selva negra	54
mi tarta al whisky	114
mi tiramisù	50
miel·mató·frambuesas	100
peras·avellanas·toffee·maíz	182
piña·anís estrellado·hinojo	144
piña en texturas·enebro·toffee	212
piña·marrasquino·cilantro	122
pistacho·yogur·cacao·pera·cítricos	242
queso ahumado·chocolate blanco·plátano	160
remolacha·pistachos·frambuesas	202
sablée tibia de avellanas con hierba luisa	234
tarta ácida	126
zanahoria·genjibre·miel	184

Pati Núñez y Laura Meseguer
son las responsables del diseño
de este libro.

Josep M. Pinto ha sido el encargado
de elaborar los textos.

Paco Igual y su equipo han realizado
el fotocromo.

Las fotografías han sido obra
de Francesc Guillamet.

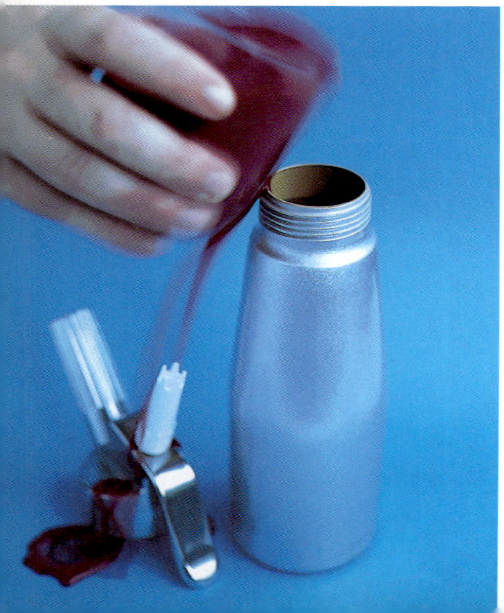

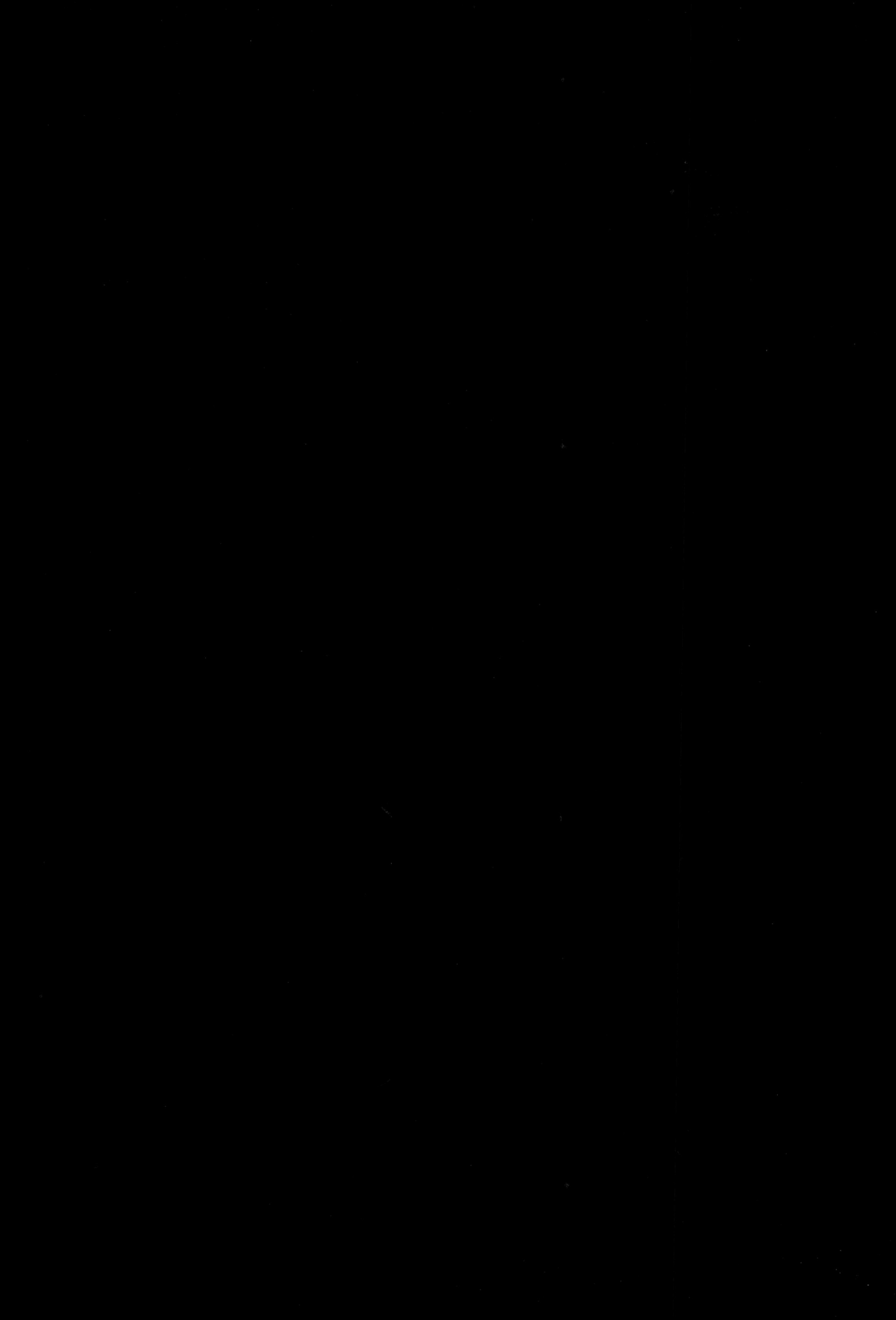